普通高等教育"十一五"国家级规划教材
21世纪交通版高等学校教材

高速公路

（第三版）

方守恩　主编

张雨化　
符锌砂　主审

人民交通出版社

内 容 提 要

本书为普通高等教育"十一五"国家级规划教材。本教材系统介绍了高速公路的规划与勘测设计，包括路线线形设计、立体交叉设计以及路基路面设计的基本原理和方法，同时也介绍了高速公路交通安全及沿线设施的有关内容。

本教材可作为高等院校土木工程专业、道路桥梁与渡河工程专业、交通工程及其他相关专业的教材，也可供有关设计、施工和管理人员参考。

图书在版编目(CIP)数据

高速公路/方守恩主编.—3 版.—北京：人民交通出版社，2011.5
ISBN 978-7-114-09039-4

Ⅰ.①高⋯ Ⅱ.①方⋯ Ⅲ.①高速公路－高等学校－教材 Ⅳ.①U412.36

中国版本图书馆 CIP 数据核字(2011)第 070037 号

普通高等教育"十一五"国家级规划教材
21 世纪交通版高等学校教材

书　　　名：	高速公路(第三版)
著 作 者：	方守恩
责任编辑：	沈鸿雁　丁润铎
出版发行：	人民交通出版社
地　　　址：	(100011)北京市朝阳区安定门外外馆斜街 3 号
网　　　址：	http://www.ccpress.com.cn
销售电话：	(010)59757973
总 经 销：	人民交通出版社发行部
经　　　销：	各地新华书店
印　　　刷：	北京印匠彩色印刷有限公司
开　　　本：	787×1092　1/16
印　　　张：	16.5
字　　　数：	404 千
版　　　次：	1990 年 6 月第 1 版　2002 年 9 月第 2 版　2011 年 5 月第 3 版
印　　　次：	2020 年 12 月第 3 版第 8 次印刷　累计第 34 次印刷
书　　　号：	ISBN 978-7-114-09039-4
定　　　价：	34.00 元

(有印刷、装订质量问题的图书由本社负责调换)

21 世纪交通版
高等学校教材（公路与交通工程）编审委员会

顾　　　问：王秉纲　（长安大学）
主 任 委 员：沙爱民　（长安大学）
副主任委员：（按姓氏笔画排序）
　　　　　　王　炜　（东南大学）
　　　　　　陈艾荣　（同济大学）
　　　　　　徐　岳　（长安大学）
　　　　　　梁乃兴　（重庆交通大学）
　　　　　　韩　敏　（人民交通出版社）
委　　　员：（按姓氏笔画排序）
　　　　　　马松林　（哈尔滨工业大学）
　　　　　　王殿海　（吉林大学）
　　　　　　叶见曙　（东南大学）
　　　　　　石　京　（清华大学）
　　　　　　向中富　（重庆交通大学）
　　　　　　关宏志　（北京工业大学）
　　　　　　何东坡　（东北林业大学）
　　　　　　陈　红　（长安大学）
　　　　　　邵旭东　（湖南大学）
　　　　　　陈宝春　（福州大学）
　　　　　　杨晓光　（同济大学）
　　　　　　吴瑞麟　（华中科技大学）
　　　　　　陈静云　（大连理工大学）
　　　　　　赵明华　（湖南大学）
　　　　　　项贻强　（浙江大学）
　　　　　　郭忠印　（同济大学）
　　　　　　袁剑波　（长沙理工大学）
　　　　　　黄晓明　（东南大学）
　　　　　　符锌砂　（华南理工大学）
　　　　　　裴玉龙　（哈尔滨工业大学）
　　　　　　颜东煌　（长沙理工大学）
秘 书 长：沈鸿雁　（人民交通出版社）

总　　序

当今世界,科学技术突飞猛进,全球经济一体化趋势进一步加强,科技对于经济增长的作用日益显著,教育在国家经济与社会发展中所处的地位日益重要。进入新世纪,面对国际国内经济与社会发展所出现的新特点,我国的高等教育迎来了良好的发展机遇,同时也面临着巨大的挑战,高等教育的发展处在一个前所未有的重要时期。其一,加入WTO,中国经济已融入到世界经济发展的进程之中,国家间的竞争更趋激烈,竞争的焦点已更多地体现在高素质人才的竞争上,因此,高等教育所面临的是全球化条件下的综合竞争。其二,我国正处在由计划经济向社会主义市场经济过渡的重要历史时期,这一时期,我国经济结构调整将进一步深化,对外开放将进一步扩大,改革与实践必将提出许多过去不曾遇到的新问题,高等教育面临加速改革以适应国民经济进一步发展的需要。面对这样的形势与要求,党中央国务院提出扩大高等教育规模,着力提高高等教育的水平与质量。这是为中华民族自立于世界民族之林而采取的极其重大的战略步骤,同时,也是为国家未来的发展提供基础性的保证。

为适应高等教育改革与发展的需要,早在1998年7月,教育部就对高等学校本科专业目录进行了第四次全面修订。在新的专业目录中,土木工程专业扩大了涵盖面,原先的公路与城市道路工程,桥梁工程,隧道与地下工程等专业均纳入土木工程专业。本科专业目录的调整是为满足培养"宽口径"复合型人才的要求,对原有相关专业本科教学产生了积极的影响。这一调整是着眼于培养21世纪社会主义现代化建设人才的需要而进行的,面对新的变化,要求我们对人才的培养规格、培养模式、课程体系和内容都应作出适时调整,以适应要求。

根据形势的变化与高等教育所提出的新的要求,同时,也考虑到近些年来公路交通大发展所引发的需求,人民交通出版社通过对"八五"、"九五"期间的路桥及交通工程专业高校教材体系的分析,提出了组织编写一套21世纪的具有鲜明交通特色的高等学校教材的设想。这一设想,得到了原路桥教学指导委员会几乎所有成员学校的广泛响应与支持。2000年6月,由人民交通出版社发起组织全国面向交通办学的12所高校的专家学者组成21世纪交通版高等学校教材(公路类)编审委员会,并召开第一次会议,会议决定着手组织编写土木工程专业具有交通特色的**道路专业方向、桥梁专业方向以及交通工程专业**教材。会议经过充分研讨,确定了包括**基本知识技能培养层次、知识技能拓宽与提高层次**以及**教学辅助层次**在内的约130种教材,范围涵盖**本科**与**研究生用**教材。会后,人民交通出版社开始了细致的教材编写组织工作,经过自由申报及专家推荐的方式,近20所高校的百余名教授承担约130种教材的主编工作。2001年6月,教材编委会召开第二次会议,全面审定了各门教材主编院校提交的教学大纲,之后,编写工作全面展开。

21世纪交通版高等学校教材编写工作是在本科专业目录调整及交通大发展的背景下展开的。教材编写的基本思路是:(1)顺应高等教育改革的形势,专业基础课教学内容实现与土木工程专业打通,同时保留原专业的主干课程,既顺应向土木工程专业过渡的需要,又保持服务公路交通的特色,适应宽口径复合型人才培养的需要。(2)注重学生基本素质、基本能力的培养,为学生知识、能力、素质的综合协调发展创造条件。基于这样的考虑,将教材区分为二个主层次与一个辅助层次,即基本知识技能培养层次与知识技能拓宽与提高层次,辅助层次为教学参考用书。工作的着力点放在基本知识技能培养层次教材的编写上。(3)目前,中国的经济发展存在地区间的不平衡,各高校之间的发展也不平衡,因此,教材的编写要充分考虑各校人才培养规格及教学需求多样性的要求,尽可能为各校教学的开展提供一个多层次、系统而全面的教材供给平台。(4)教材的编写在总结"八五"、"九五"工作经验的基础上,注意体现原创性内容,把握好技术发展与教学需要的关系,努力体现教育面向现代化、面向世界、面向未来的要求,着力提高学生的创新思维能力,使所编教材达到先进性与实用性兼备。(5)配合现代化教学手段的发展,积极配套相应的教学辅件,便利教学。

教材建设是教学改革的重要环节之一,全面做好教材建设工作,是提高教学质量的重要保证。本套教材是由人民交通出版社组织,由原全国高等学校路桥与交通工程教学指导委员会成员学校相互协作编写的一套具有交通出版社品牌的教材,教材力求反映交通科技发展的先进水平,力求符合高等教育的基本规律。各门教材的主编均通过自由申报与专家推荐相结合的方式确定,他们都是各校相关学科的骨干,在长期的教学与科研实践中积累了丰富的经验。由他们担纲主编,能够充分体现教材的先进性与实用性。本套教材预计在二年内完全出齐,随后,将根据情况的变化而适时更新。相信这批教材的出版,对于土木工程框架下道路工程、桥梁工程专业方向与交通工程专业教材的建设将起到有力的促进作用,同时,也使各校在教材选用方面具有更大的空间。需要指出的是,该批教材中研究生教材占有较大比例,研究生教材多具有较高的理论水平,因此,该套教材不仅对在校学生,同时对于在职学习人员及工程技术人员也具有很好的参考价值。

21世纪初叶,是我国社会经济发展的重要时期,同时也是我国公路交通从紧张和制约状况实现全面改善的关键时期,公路基础设施的建设仍是今后一项重要而艰巨的任务,希望通过各相关院校及所有参编人员的共同努力,尽快使全套21世纪交通版高等学校教材(公路类)尽早面世,为我国交通事业的发展做出贡献。

21世纪交通版
高等学校教材(公路类)编审委员会
人民交通出版社
2001年12月

前　　言

当张廷楷教授主编本书第一版的时候，我国的高速公路建设才刚刚起步，而至2010年底，我国大陆高速公路的通车里程已达到7.4万公里，居世界第二位。其间，我国的高速公路发展经历了初始发展期、快速增长期，目前已逐步进入稳定成熟期，主要表现为：一是高速公路网络总体布局的框架已经形成，今后的任务主要是网络的补充完善；二是建设技术特别是大型、复杂工程的建设技术日臻成熟，建设中更加关注运行安全、生态环境、节能环保、景观美学等方面；三是信息、智能技术越来越多地运用于高速公路的管理中。在2004年召开的全国公路勘察设计工作会议上，原交通部提出了"六个坚持、六个树立"的公路设计新理念，标志着中国的公路设计也进入了新的阶段。2004年开始实施的《公路工程技术标准》(JTG B01—2003)和2006年开始实施的《公路路线设计规范》(JTG D20—2006)都明确地体现了公路设计的新理念。作者在《高速公路》的本次修订中也尽力反映我国高速公路发展的新需求和设计新理念。

本次修订，第一章、第六章由方守恩、张兰芳编写，第二章、第四章、第五章、第七章、第九章由方守恩编写，第三章、第八章由张兰芳编写，第十章由谈至明编写，第十一章第一节、第二节由王俊骅编写，第十一章第三节由黄承明编写。全书由同济大学方守恩统稿、主编，由长安大学张雨化教授、华南理工大学符锌砂教授主审。

本次修订是在前两版的基础上进行的，张廷楷教授主编了第一版，朱照宏教授亲自参与了第二版的编写，在此对两位教授对本教材所作的贡献特表敬意！

由于作者水平有限，书中疏漏或错误在所难免，敬请读者斧正。意见和建议可与人民交通出版社联系，或径寄同济大学交通运输工程学院(上海市嘉定区曹安公路4800号，201804)。

作　者
2011年1月

目 录

第一章　绪论	1
第一节　国内外高速公路发展概况	1
第二节　高速公路的特点	18
第三节　高速公路的效益和意义	20
第二章　高速公路的设计依据	23
第一节　设计速度	23
第二节　设计车型	27
第三节　公路用地与建筑限界	27
第四节　交通量、通行能力与服务水平	28
第三章　高速公路的规划与勘测设计	37
第一节　高速公路网的规划	37
第二节　项目可行性研究	48
第三节　高速公路的选线	51
第四节　现代化测设技术	54
第四章　高速公路平面线形设计	61
第一节　平面线形诸要素	61
第二节　平面线形的组合	76
第三节　平面中线定线	78
第四节　平面图的绘制	89
第五章　高速公路纵断面设计	93
第一节　纵断面诸要素	93
第二节　高速公路纵断面的布局	104
第三节　纵断面图的设计和绘制	107
第六章　高速公路横断面设计	110
第一节　高速公路横断面的一般图式	110
第二节　各组成部分的细部构造	113
第七章　高速公路立体线形的组合设计	120
第一节　三维立体线形组合设计的方法	120
第二节　三维立体线形组合设计的原则	121
第三节　线形与环境、景观的协调要求	124
第八章　高速公路立体交叉设计	127
第一节　高速公路立交的常用形式	127
第二节　互通式立交的通行能力	138
第三节　高速公路立交的规划布置和方案设计	140

第四节 立交主线及匝道几何设计·················146
  第五节 匝道端部设计·················156
第九章 高速公路路基路面设计·················167
  第一节 概述·················167
  第二节 路基设计·················169
  第三节 路面设计·················174
第十章 高速公路交通安全·················183
  第一节 高速公路交通安全的特点·················183
  第二节 道路安全审计的定义·················186
  第三节 道路安全审计技术的应用·················190
第十一章 高速公路交通工程及沿线设施·················201
  第一节 交通安全设施·················201
  第二节 高速公路交通标志与标线·················219
  第三节 高速公路沿线服务设施·················233
  第四节 高速公路交通监控系统·················236
  第五节 高速公路收费运营管理系统·················241
  第六节 高速公路信息通信系统·················251
参考文献·················253

第一章 绪　　论

第一节　国内外高速公路发展概况

一、高速公路的概念

高速公路是汽车运输发展的产物,它既是技术标准提高后的公路,又与普通公路有某些质的区别,一般认为:它是中央设置有一定宽度的分隔带,两侧各配备两条或两条以上的车道,分别供大量上下行汽车高速、连续、安全、舒适地运行,并全部设置立体交叉和控制出入的公路(引自《中国大百科全书》)。我国的《公路工程名词术语》(JTJ 002—87)则将高速公路定义为:具有四个或四个以上车道,并设有中央分隔带,全部立体交叉并具有完善的交通安全设施与管理设施、服务设施,全部控制出入,专供汽车高速行驶的公路。《公路工程技术标准》(JTG B01—2003)将高速公路定义为:专供汽车分向、分车道行驶并应全部控制出入的多车道公路。

对高速公路这样一种道路的称谓在世界各国也是不同的。欧洲多数国家将其称为"汽车公路"、"汽车专用公路",如英国称为"Motorway",法国称为"Autoroute",德国称为"Autobahn",意大利称为"Autostrata",俄罗斯称为"Автомагистраль",瑞典等一些国家则称为"Expressway"。美国在早期称其为"超级公路(Superhighway)",对收费公路则称为"Turnpike";1968年统一称部分控制出入的快速公路为"Expressway",称全部控制出入的高速公路为"Freeway";另外,早期建设的一些国家公园路(Parkway)由于线形标准较高,又只允许通行小汽车,具有高速公路的部分特征,有时也作为高速公路的一种。日本在初期称其为"自动车道",第二次世界大战以后引入了"高速道路"的概念,目前这两个名称并用。

尽管各国对高速公路概念的表述不尽相同,但"汽车专用"、"各行其道"和"控制出入"三个要求是共同的。它们保证了汽车能高速、连续、安全和舒适地运行,从而扩大汽车运输的最佳半径,并对提高汽车运输在综合运输中的地位和作用产生深远的影响。

二、近代公路运输发展的特点

现代交通运输包括公路、铁路、水运、航空和管道运输五种形式。与利用人力、畜力、风力的旧的、传统的运输方式相比,现代交通运输的发展仅有约200年的历史,其中现代公路运输的历史则仅有100多年。1885年第一辆四冲程汽车在德国的诞生,标志着现代公路运输的开始。

随着现代汽车工业的飞速发展,加之公路运输具有机动、迅速、直达、方便、投资少、周转速度快、便于分期修建、技术改造比较容易等优势,公路运输在综合运输中的地位也发生了深刻的变化,特别是20世纪50年代以后,公路运输在各种运输方式中开始占据主导地位。现代公路运输具有以下特点。

1. 汽车工业发展迅速

(1)汽车生产和保有量大幅度增长。2007 年世界汽车总产量达到了 7 326.61 万辆,比 1999 年增加了约 28%。1999～2009 年全球汽车产量变化如图 1-1 所示。表 1-1 是 2008 年和 2009 年汽车生产量排名前 15 位的国家及其产量。从表中可以看出,与 2008 年相比,中国首次超过日本成为世界第一汽车生产大国。2009 年,排名前 10 位的国家共生产汽车 4 775.12 万辆,占世界汽车总产量的 77%。

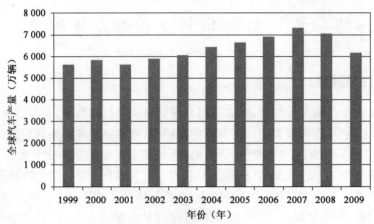

图 1-1　1999～2009 年全球汽车产量变化

注:数据源自国际汽车制造商协会 OICA。

2008 年和 2009 年汽车生产量排名(前 15 位)　　　　表 1-1

名次	2008 年			名次	2009 年		
	国家	产量(辆)	增幅(%)		国家	产量(辆)	增幅(%)
1	日本	11 575 644	-0.20	1	中国	13 790 994	48.30
2	中国	9 299 180	4.70	2	日本	7 934 516	-31.50
3	美国	8 693 541	-19.40	3	美国	5 708 852	-34.30
4	德国	6 045 730	-2.70	4	德国	5 209 857	-13.80
5	韩国	3 826 682	-6.80	5	韩国	3 512 926	-8.20
6	巴西	3 215 976	8.00	6	巴西	3 182 617	-1.00
7	法国	2 568 978	-14.80	7	印度	2 632 694	12.90
8	西班牙	2 541 644	-12.00	8	西班牙	2 170 078	-14.60
9	印度	2 332 328	3.50	9	法国	2 047 658	-20.30
10	墨西哥	2 167 944	3.50	10	墨西哥	1 561 052	-28.00
11	加拿大	2 082 241	-19.30	11	加拿大	1 490 632	-28.40
12	俄罗斯	1 790 301	7.80	12	伊朗	1 395 421	9.50
13	英国	1 649 515	-5.80	13	英国	1 090 139	-33.90
14	泰国	1 393 742	8.30	14	泰国	999 378	-28.30
15	土耳其	1 147 110	4.30	15	捷克	974 569	3.00
15 国总计		60 330 556	-4.8	15 国总计		53 701 383	-11.0
全球总计		70 520 493	-3.7	全球总计		61 714 689	-12.8

注:数据源自国际汽车制造商协会 OICA。

《中华人民共和国2009年国民经济和社会发展统计公报》显示(图1-2),2009年末,我国民用汽车保有量达到7 619万辆(包括三轮汽车和低速货车1 331万辆),较上年末增长17.8%,其中民用轿车保有量3 136万辆,增长28.6%。公报显示,2009年我国生产汽车1 379.5万辆,较上年增长48.2%,其中轿车748.5万辆,增长48.6%;汽车制造业增加值增长20.3%,汽车类零售额增长32.3%。

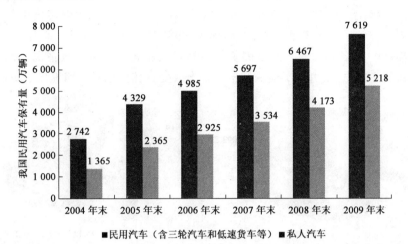

图1-2 2004～2009年我国民用汽车保有量的发展

注:数据源自国家统计局。

(2)汽车载质量向两极分化。一方面,由于轻型汽车机动灵活,使用方便,以及国际油价上涨等因素,小客车及不大于2t的轻型载货汽车大量增多。据资料显示,目前,世界商用车市场中小型车所占份额在70%以上,其中美国达到80%左右。另一方面,为了降低成本,提高运输效率,大型化、拖挂化车辆以及集装箱车辆大量增加,同时重型专用车辆的比例逐年上升。目前,世界上有20多个国家生产总质量15t以上的重型汽车,年产量达60多万辆,其中重型专用汽车占重型汽车产量的70%以上。据统计,美国大、中、小吨位汽车的构成比例为12.8%、2.3%、84.9%;日本则为7.0%、5.1%、87.9%。由于汽车数量的猛增和小型高速汽车以及重型车比重增大,对公路的发展提出了更高的要求,仅仅从增加一般公路数量着手,已远远不能适应汽车运输发展的要求。图1-3表示了2009年部分汽车大国轻型商用车和中重型载货汽车的产量。

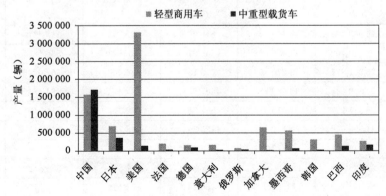

图1-3 2009年部分汽车大国的轻型商用车和中重型载货汽车的产量

注:数据源自国际汽车制造商协会OICA。

2. 公路运输发展速度远远超过其他运输方式

汽车工业的发展,刺激了公路运输的猛进。据统计,目前国外主要经济发达国家,公路旅客运输在交通运输体系中占有绝对的优势,客运周转量基本上占90%左右。

在我国,由于汽车化进程相对较迟,公路运输的发展从改革开放后开始加速,并在20世纪90年代后期达到了高潮。公路货物周转量由新中国成立初期(1952年)的1.9%,到1978年的2.8%,1999年猛增到14%,2005年统计结果为10.9%;公路客运周转量由新中国成立初期(1952年)的9.3%,到1978年的29.9%,到1999年为54.9%,2005年统计结果为53.2%。图1-4是我国2008年各种运输方式下的货物周转量及旅客周转量构成情况。汽车运输方式成为交通运输的主要力量,引起了运输结构的根本改变;同时,也对公路提出了更高的要求。

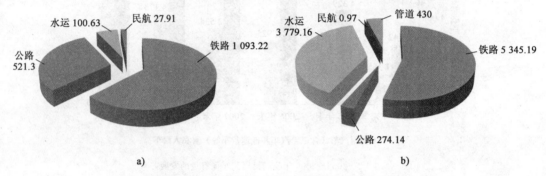

图1-4 我国2008年各种运输方式下的货物周转量及旅客周转量构成
a) 2008年我国旅客周转量组成(亿人次·km); b) 2008年我国货运周转量组成(亿人次·km)
注:数据源自2009中国统计年鉴。

3. 行车事故剧增

由于汽车数量剧增,一般公路远不能适应交通量的增长。由此带来的交通阻塞、交通事故已成为社会公害。根据世界卫生组织和世界银行2004年统计数据,全球每年大约有120万人死于道路交通事故,每天有3 242人死亡,而受到交通事故伤害的人数高达5 000万,相当于全球5个最大城市人口的总和。道路交通事故死亡率最高的国家是拉丁美洲的萨尔瓦多,每10万人中有41.7人死亡;最低的国家是英国,每10万人中只有5.9人死亡;中国每10万人中有19人死亡。表1-2列出了我国2000~2009年道路交通事故状况。

2000~2009年我国民用汽车拥有量和交通事故统计　　　　表1-2

年份(年)	民用汽车合计(辆)	汽车驾驶员人数(人)	事故次数(次)	死亡人数(人)	受伤人数(人)	直接经济损失(万元)
2000	16 089 100	37 465 123	616 971	83 853	418 721	266 890
2001	18 020 400	44 626 768	754 919	105 930	546 485	308 787
2002	20 531 677	48 270 803	773 137	109 381	562 074	332 438
2003	23 829 245	53 680 656	667 507	104 372	494 174	336 914
2004	26 937 137	71 016 414	567 753	99 217	451 810	277 478
2005	31 596 629	80 177 560	450 254	98 738	469 911	188 401
2006	36 973 531	93 172 381	378 781	89 455	431 139	148 956
2007	54 126 568	151 392 342	327 209	81 649	380 442	119 878
2008	62 256 750	173 365 617	265 204	73 484	304 919	100 972
2009	76 193 055	199 765 889	238 351	67 759	275 125	91 436

注:数据源自《2009年交通事故白皮书》。

正是由于汽车工业和汽车运输业的发展，以及交通事故的剧增，给公路提出了新的要求，需要寻求新的运输手段，从根本上提高公路的运输能力，解决连续、大量、安全、快速以及舒适行车的问题。而高速公路正是适应汽车运输发展而产生的一种新型交通手段，大力发展高速公路已成为当今公路运输发展的一个重要特征。

三、高速公路的产生与发展

20世纪20～30年代，新兴工业化国家汽车工业的蓬勃发展是高速公路产生的原动力。1876年，奥托发明了四冲程燃气发动机；1885年，戴姆勒和本茨发明了汽车；1890年，邓洛普发明了橡胶充气轮胎。所有这些发明对公路提出了高速的要求，公路也结束了泥结碎石路面"一统天下"的局面。1832年，焦油沥青路面第一次在英国出现，以后的几十年中贯入式、沥青混凝土等也相继出现，这些也使提高车速成为可能。在政治、经济、社会、军事等各种因素的推动下，公路高速化在20世纪初开始孕育。1924年，意大利首先建造了一条320mile长的高速公路，但它并不符合现代高速公路的标准（资料源自《简明不列颠百科全书》，1985年）。世界上第一条真正的高速公路诞生在德国。经过70多年的探索和发展，目前全世界已有80多个国家和地区拥有高速公路，通车里程超过了20万公里。其中美国、日本、德国等发达国家已经构筑起与本国经济社会发展相适应的高速公路网。

1. 德国

德国整个国家的现代化交通政策可追溯到1919年通过的德国宪法（魏玛共和国宪法）。根据这一宪法，1921年在柏林修建了一条长约10km的"汽车、交通及练习公路"（简称AVUS）。这条公路拥有上下行分离的行车道并且取消了平面交叉口，这在当时的德国是首次，可以被看作是高速公路最早的雏形。符合现代高速公路标准的第一条高速公路是德国在1929～1932年间建造的大约20km长的科隆—波恩高速公路。1933年，德国通过了"关于设立帝国高速公路企业"的法律，规划了4 800km长的高速公路网络；次年又通过了"公路新规定法"，将规划的"帝国高速"公路网扩大到6 900km；至1942年，共建造了3 860km的高速公路，并有2 500km高速公路在建。第二次世界大战以后，联邦德国将原"帝国高速"公路改称为"联邦高速公路"，1957年制订了"联邦长途公路扩建计划"。1970年当这一扩建计划完成时，联邦德国的小汽车（包括轿车和客货两用旅行轿车）却从750万辆增加到了1 680万辆，公路网仍不能满足交通需求，于是从1970年至1985年又进行了第二个扩建计划，将联邦高速公路长度翻了一番；同期，原民主德国的高速公路长度也从500km增加到1 880km。至1996年，德国的联邦高速公路长度达11 190km，占公路总里程的4.89%，表1-3是德国公路发展数据（含原民主德国的1 900km高速公路）。"两德"统一后，交通政策目标和交通需求都发生了新的变化：联邦政府的管辖范围扩大到了东部地区；东西向交通重新复苏，交通需求快速增加；汽车化程度的提高主要集中在东部地区。鉴于上述情况，1992年，德国联邦交通部制订了新的联邦交通干线规划（BVWP'92）。该规划提出至2012年，德国将新建2 882.6km、扩建2 617.3km高速公路，使之适应德国相应时期的交通需求。

2. 美国

美国是"装在车轮上的国家（The country on wheels）"，全国机动车辆总数为2.06亿辆，其中小客车1.3亿辆，平均每户拥有汽车2.2辆，每百个家庭拥有小客车180辆，其中3辆车的家庭占17.4%。美国也是世界上高速公路最发达的国家之一，目前高速公路总长达到了10万公里（数据源自2009年1月新华网），居世界第一，占美国公路总里程的1.53%，占全世界

德国公路长度的发展状况(1 000km)　　　　　表1-3

年份(年)	联邦高速公路	联 邦 公 路	州 级 公 路	县市级公路	乡镇级公路
1951	2.1	24.3	49.3	51.9	225
1955	2.2	24.4	53.4	49.3	228
1960	2.5	24.4	56.9	49.6	236
1965	3.2	29.9	66.2	56.3	249
1970	4.1	32.2	65.4	60.7	270
1975	5.8	32.6	65.4	64.4	294
1980	7.3	32.3	65.5	66.4	308
1985	8.2	31.5	63.3	70.1	317
1990	10.7	42.4	85.0	87.7	406
1993	11.0	42.2	85.2	88.4	413
1994	11.1	41.8	86.5	89.2	—
1995	11.2	41.7	86.7	89.3	—
1996	11.2	41.5	86.8	91.6	—
1997	11.3	41.4	86.8	91.5	—
1998	11.4	41.4	86.8	91.1	—
1999	11.5	41.3	86.8	91.1	—
2000	11.7	41.3	86.8	91.0	—
2001	11.8	41.2	86.8	91.0	—
2002	12.0	41.2	86.9	91.4	—
2003	12.0	41.1	86.8	91.4	—
2004	12.2	41.0	86.7	91.6	—
2005	12.4	41.0	86.6	91.6	—
2006	12.5	40.7	86.6	91.5	—
2007	12.6	40.4	86.6	91.6	—

注：1990年前统计数据仅包括老联邦州，1990年起包括新老联邦州。

高速公路总里程的近50%。1937年，美国在加利福尼亚州建成第一条11.2km长的高速公路。到1941年，美国参战前夕，完成了宾西法尼亚州高速公路和康涅狄格州梅里特高速公路。第二次世界大战一方面由于财政困难和战后恢复减缓了美国的高速公路建设，另一方面也使美国认识到高速公路的战略性作用。因此，1944年美国通过的联邦资助公路法案就提出了"国家州际高速公路系统"的概念，并确定了国家州际高速公路系统6.44万公里的规划总长度，当时预计能承担全国公路总交通量的20%～25%，并适应未来20年的交通需求；1956年又再次修订了联邦资助公路法案，将州际高速公路系统改称为"全国州际与国防高速公路系统"，同时将规划总长度调整为6.6万公里。不仅如此，联邦资助公路法案和公路税收法案还决定征收燃油税和重要汽车配件消费税等，建立州际公路信托基金，解决了公路建设费用的来源,从而大大促进了高速公路的建设。从1957年州际与国防高速公路网开始正式投资建设,经过连续30多年的建设,至20世纪80年代末,美国基本完成州际与国防公路网建设(98%);至1993年已建成州际高速公路系统70 642km,其中免费公路66 815km,收费公路3 827km,升级公路2 722km,加上州际高速公路系统以外的部分,高速公路里程超过8.5万公里,1999年进一步达到8.87万公里。表1-4为美国近年道路里程的发展概况。

美国近年道路里程的发展概况(万公里) 表1-4

年份(年)	道路总里程	高(快)速公路	其他主次干线	集散道路	地方道路
1990	622.1	8.49	57.15	130.1	426.4
1991	624.9	8.53	57.26	129.9	429.2
1992	627.7	8.68	58.78	128.9	431.2
1993	628.3	8.74	60.16	128.6	430.8
1994	628.6	8.78	60.54	128.6	430.6
1995	629.5	8.80	60.56	127.6	432.5
1996	630.7	8.86	60.74	127.6	433.5
1997	634.9	8.87	60.85	127.6	437.6
1998	628.5	8.89	60.95	127.5	431.1
1999	630.3	8.92	60.97	127.5	432.9
2000	633.3	8.94	61.08	127.6	435.7
2001	635.2	8.94	61.11	127.6	437.6
2002	638.2	8.98	61.18	127.2	440.8
2003	639.4	9.07	61.69	126.9	441.7
2004	640.6	9.14	62.51	127.1	441.8
2005	642.9	9.20	63.40	127.2	443.1
2006	646.3	9.23	63.74	127.2	446.1
2007	648.7	9.27	63.94	127.4	448.2

鉴于目前公路总量已经可以满足交通运输及国民经济发展的需要,1992年美国国会通过法案,明确指出今后30年公路建设的重点是完善公路与航空、铁路及水运各种交通运输方式之间的联运,加强对现有公路的养护工作,不断提高高速公路管理水平,降低交通事故,减少空气及噪声污染。美国公路建设与运营走上了一个新的台阶。

3. 意大利

意大利国土面积约30万平方公里,人口5 700多万,全国拥有汽车3 400多万辆。意大利是最早发展高速公路的国家之一,高速公路建设始于20世纪20年代,而大规模建设高速公路则是从50年代开始。1956年,意大利投入了1 000亿里拉,用10年时间建成了1 000km的高速公路,之后仍保持这样的投资额;到1970年基本建成高速公路框架,到1990年前后高速公路网络进一步完善。全国公路里程31.4万公里,其中高速公路8 860km(1995年)。总里程仅占全国公路里程2.8%的高速公路,承担20%和68.7%的客货运输量,高速公路交通流量年递增率为6%～10%,为一般公路的2倍,真正成为意大利交通运输的主动脉。另外,意大利的高速公路有80%是四车道,20%为六车道。由于意大利国土的面积80%是山地丘陵,为了保证达到技术标准和利于环境保护,高速公路大量采用高架桥和隧道通过,其工程量之大,耗资之多,在各国高速公路建设中也是罕见的。

意大利高速公路发展中的一条重要经验是实行公司化特许经营,由国家依照有关法律授权高速公路股份公司,在一定的期限内,对公共事业工程项目筹资建设并独立进行经营管理,从而增加了筹资渠道,加快了高速公路建设速度,对国家经济发展起到了巨大的促进作用。

4. 日本

日本是一个岛国,国土狭小,人口密度很大,但汽车工业十分发达,拥有丰田、三菱、本田等著名品牌的汽车。21 世纪初,日本机动车保有量为有 7 082 万辆,仅次于美国,其中小汽车 4 990 万辆,每百人拥有汽车 56 辆。日本是世界上公路密度最高的国家之一,面积密度约 3km/km^2。1997 年,日本高速公路总长达 5 860km,占公路总长的 0.51%,却承担了公路运输总量的 25.6%。日本高速公路建设起步较晚,高速公路建设开始于第二次世界大战以后。虽然,当时日本正处于战后恢复期,但仍于 1957 年颁发了"高速公路干道法",正式批准并实施建设 7 条纵贯国土、总长 3 700km 的高速公路。其中,第一条为 1963 年通车的名神高速公路。1966 年,日本又制订了新的高速公路修建计划,提出至 2000 年建设 32 条、总长 7 600km 的高速公路,届时日本全国 1h 可到达高速公路的地区占 70%,2h 可到达高速公路的地区占 90%。到 20 世纪 80 年代后期,这一计划已建和在建项目超过了计划的 2/3。于是在 1987 年,日本又提出了到 2015 年建设 14 000km 高标准干线公路的目标,其中国家干线高速公路在原 7 600km 的基础上再增加 3 920km,达到 11 520km,其中 2 480km 为一般国道汽车专用公路。其作用为:加强 10 万人以上地方中心城市的联系;强化东京、名古屋、京阪神三大城市环行和绕行高速公路;加强重要港口、机场等客货源集中地的联结;在全日本形成从城市、农村各地 1h 可到达高速公路的干线网络;建设在出现灾害时有可靠替代其他运输方式的高速公路网;消除已有高速公路中交通严重拥堵的路段。该计划正在实施,至 2004 年日本的高速公路里程已达 7 296km,主要的干线公路已基本完成高速化。

总结发达国家高速公路发展的经验,有如下启示。

1. 高速公路的普及与发展是工业社会的客观要求

西方发达国家的高速公路是在政治、经济、军事等多重因素的驱动下起步建设的。分析其内在的深层次原因可以发现,工业化和工业社会是高速公路在世界各地迅速普及与发展的动力源泉。在货运方面,工业化使货物需求结构趋向高附加值和多样化,对发展高速公路发展提出迫切要求;在客运方面,客运需求的个性化,对高速公路的发展提出了客观要求;在运输工具方面,20 世纪 30~50 年代,汽车工业技术的发展已经比较成熟,汽车的大规模生产和廉价供应推动了高速公路的发展。

2. 高速公路网络建设对各国经济与社会发展起到了巨大的推动和促进作用

大多数国家的高速公路里程仅约占公路网总里程的 1%~2%,但承担的汽车行驶量却占总量的 20% 以上。美国、法国、日本的高速公路网承担着汽车行驶量总量的 20%~25%,英国承担了 30%;原联邦德国的高速公路里程占公路总里程的 1.7% 左右,略高于其他国家,承担的汽车行驶量比例高达 37%。高速公路已经成为各国交通运输系统的主动脉。发达国家的实践证明,高速公路的建设与发展,能够有效地促进国民经济的增长,推动国土资源均衡开发,加快城市化进程,提高人民生活质量和水平,并在汽车等相关产业的发展、增加就业等方面发挥重要作用。

3. 发达国家一般都经历了集中 20~30 年的时间大规模建设高速公路的快速发展时期

主要发达国家高速公路的发展大都经历了建设起步时期、大规模建设时期、稳定发展与完善时期。以美国为例,在20世纪40年代中期至50年代初,美国高速公路开始起步建设,但发展速度相对较慢,平均每年新建高速公路不到1 000km;而在1956~1978年的20多年间,高速公路进入快速发展阶段,平均每年新建高速公路约3 000km,其中在1966年的一年间新增里程高达1.6万km。20多年的大规模建设使美国的州际公路系统基本形成。在以后的20多年间,美国的高速公路建设速度降至每年增长300km左右,开始进入稳定发展期。法国、日本等国家也都在20世纪60~70年代经历了相似的快速发展阶段,平均每年建成的高速公路由原来的几十公里增长到200~300km左右,经过在20多年的集中建设,基本形成覆盖全国的高速公路网。

4.中央政府高度重视、国家领导人亲自倡导与推动国家级高速公路网络的规划建设,并作为独立系统进行管理

出于政治、经济、国防等方面的需要,发达国家非常重视高速公路的发展,都在一定时期内规划建设国家级的高速公路网络,并作为独立系统进行管理,甚至以国家法令的形式给予保障,以保持规划的权威性和严肃性。如美国的"国家州际和国防公路系统"是在罗斯福总统的倡导和艾森豪威尔总统亲自推动下,由联邦政府统一制订的国家级高速公路网络。州际公路系统对美国经济和社会的发展起到了难以估量的作用。实践证明,规划建立国家级的高速公路网络,既有利于增强国家的控制力,优化高速公路网布局,集约利用资源,提高投资效率,又有利于提高高速公路运营质量、效率,为用户提高规范、优质的服务。

5.通过立法,制定相应的法律法规,为高速公路建设提供长期、稳定、充足的资金

建设高速公路耗资巨大,资金问题是关键。国外经验表明,通过立法,制定相应的法律法规,为高速公路建设提供长期、稳定和充足的资金来源,是高速公路发展规划得以有效实施的根本保障。美国于1956年制定公路税收法案,以燃油税和重要汽车配件消费税收入组成州际公路信托基金,解决了州际公路的建设资金问题;日本政府于20世纪50年代通过立法,建立高速公路公团和收费公路制度,采取贷款修路、收费还贷、政府贴息的办法解决资金不足的问题;德国通过制定石油税收法,以燃油税作为高速公路建设资金的主要来源;法国和西班牙则通过立法,建立享受政府补贴的收费高速公路特许企业,吸引国内外资金作为高速公路建设资金的主要来源。

6.各国根据国情采取不同的高速公路建设模式

发达国家的高速公路网基本上由中央统一进行建设规划,中央政府在高速公路建设中起主导作用。高速公路规划充分体现国家意志并具有权威性,任何建设和管理机构不得随意更改规划确定的路线、工程项目和技术标准。各国根据本国国情的不同,在投资、建设和管理方面则呈现多种模式。美国、德国和英国采取的是政府建设和管理的模式;日本、法国等国家则以法律的形式授权高速公路建设实体负责集资建设收费高速公路,建成后由公司经营,负责收费和养护管理。

7.各国都十分重视综合运输通道中的高速公路建设

由多种运输方式共同组成的综合运输大通道具有显著的聚集效应和规模效益,因此,发达国家十分重视综合运输大通道的建设。目前世界上航运量最大、密度最高的内河河流——莱茵河通航里程千余公里,年货运量相当于20条铁路干线的货运量。但随着沿线经济的不断发展,原联邦德国早在19世纪就开始沿莱茵河修建铁路干线,其后又分别在20世纪30年代和60年代,修建了沿莱茵河两岸高速公路,从而形成了沿莱茵河流域的综合运输大通道。目前,公路运输因其快捷、方便而在沿莱茵河运输通道中发挥着重要作用,其承担的货运量占通道运

输总量的80%左右。

8. 随着科技的进步,高速公路也在不断地发展和完善

20世纪60年代末期,美国就开始了智能运输系统方面的研究;90年代开始,美国、日本、西欧等国竞相大量投资进行智能车辆与高速公路系统(IVHS)的研究开发工作,运用现代信息、通信和控制等技术,通过车辆与道路的双向信息沟通,以达到缓解道路堵塞、疏导交通、提高通行能力、减少交通事故、降低环境污染等目的。据美国有关方面的研究,"智能车路系统"能使高速公路网容量提高1倍,使道路拥挤及油耗损失降低25%~50%,酝酿多年新的高速公路技术革命已引起人们的极大关注。

9. 高速公路网络国际化

随着全球和区域经济一体化的发展,为了更好地发挥高速公路的效益,加强国际之间的公路运输联系,一些发达国家正在把主要高速公路连接起来,逐步构成国际高速公路网。其中已经规划和正在实现的包括:

(1)欧洲高速公路网。第二次世界大战以后,西欧国家在经济、政治联合过程中,逐步形成了以统一的观点在欧洲扩建和命名欧洲国际公路网的思想,并于1975年11月在日内瓦通过了"关于国际干线公路的欧洲协定(简称AGR)"。其将欧洲国际干线公路统一编号,并以"E"作为编号标识。其中东西向公路包括:横贯全欧,东起奥地利维也纳,经荷兰、法国、西至西班牙的瓦伦西亚高速公路,全长约3 200km;此外,瑞士至奥地利、西班牙至葡萄牙、瑞典、丹麦、挪威、保加利亚、德国、匈牙利、捷克等国的高等级公路已连接成网;南北向公路包括:纵贯全欧,北起丹麦的哥本哈根,经原联邦德国和奥地利,南至意大利的罗马高速公路,全长2 100km;另一条纵贯全欧,北起波兰的格但斯克,经捷克、奥地利、意大利、原南斯拉夫、保加利亚、土耳其,南至叙利亚、伊拉克和伊朗,全长5 000km;第三条为北起俄罗斯的圣彼得堡,经波兰、匈牙利、罗马尼亚、保加利亚、希腊,最终到土耳其的伊斯坦布尔,长约2 000km。

(2)欧亚大陆公路。该路东起日本东京,经首尔、平壤、北京、河内、边卡、新德里、德黑兰、莫斯科、华沙、柏林、波恩、巴黎(或经巴格达、布达佩斯、维也纳、慕尼黑到巴黎),最后到达伦敦。该工程将穿过日本海峡、博斯普鲁斯海峡、厄勒海峡、费马恩海峡、英吉利海峡和比利牛斯山、阿尔卑斯山等,将亚洲和欧洲的公路网连接在一起。

(3)泛美公路网。北美地区的高速公路网已经形成,在此基础上,正在初步形成经美国、墨西哥、中美洲、南美洲直至阿根廷最南端的高速公路网。

(4)亚洲公路网。根据"亚洲公路网政府间协定",亚洲公路网由亚洲境内具有国际重要性的公路路线构成,包括大幅度穿越东亚和东北亚、南亚和西南亚、东南亚以及北亚和中亚等一个以上次区域的公路线路,在次区域范围内包括那些连接周边次区域的公路线路,以及成员国境内的亚洲公路线路。

设想中的亚洲公路网由15个国家的41条高等级公路组成,长约66 000km。被命名为亚洲公路1号(AH1)的线路是整个公路网中最长的一条线路,它始于日本东京,从福冈经轮渡到韩国的釜山,再经由中国的沈阳、北京、广州等城市,进入越南河内,随后经柬埔寨、泰国、老挝、缅甸、印度、巴基斯坦、阿富汗、伊朗、土耳其等十多个国家到达保加利亚边境。在亚洲开发银行倡导下,中国、老挝和泰国三国政府于2000年达成合作协议,决定共同努力修建昆明—曼谷高等级公路。昆曼公路从云南省省会昆明市经老挝到达泰国首都曼谷,公路全长1 807km。其中,中国境内昆明至磨憨全长688km,路段由高速公路和二级以上高等级公路组成;老挝境内全长229km;泰国境内890km,全部实现了高速或高等级化。昆明—曼谷公路将于2011年

全线贯通。

应该指出的是,由于各国政治制度、外交政策、交通规则等有诸多的不同,一些国际公路网在实际操作中还存在问题,如过境签证、海关申报等。另外,各国不同的交通规则、交通标志标线中的符号和文字也给国际高速公路网的实施带来很大困难。

10. 城市高速公路和都市圈内的城际高速公路发展异常迅速

在一些发达国家,由于城市人口集中,工商业十分发达,城市内汽车增长比郊区快得多。因此,高速公路的产生大多从城市的外环路和辐射路以及城内交通量大的路段开始,最后逐渐形成以高速公路为骨干的城市道路网。以美国为例,美国的公路运输量有51%集中于大城市,被称为美国"高速公路之都"的洛杉矶以占全市都会区公路里程2.5%的高速公路,承担了全市都会区汽车交通量的52%。

四、我国高速公路的发展

(一)我国公路的发展

在新中国成立至今的半个世纪里,我国公路交通的发展,先后经历了改革开放前30年的长期滞后阶段、改革开放后前10年的严重制约阶段和20世纪80年代末至今的明显缓解阶段。

1. 长期滞后阶段

新中国成立初期,我国公路交通经历一段时期的恢复后获得较快发展,1952年公路里程达到12.7万公里。20世纪50年代中后期,为适应经济发展和开发边疆的需要,我国开始大规模建设通往边疆和山区的公路,相继修建了川藏公路、青藏公路,并在东南沿海、东北和西南地区修建国防公路,公路里程迅速增长,1959年达到50多万公里。

60年代,我国在继续大力兴建公路的同时,加强了公路技术改造,有路面道路里程及其高级、次高级路面比重显著提高。70年代中期,我国开始对青藏公路进行技术改造,80年代全面完成,建成了世界上海拔最高的沥青路面公路。随着公路事业的发展,公路桥梁建设也得到发展,建成了一批具有中国特色的石拱桥、双曲拱桥、钢筋混凝土拱桥以及各式混凝土和预应力梁式桥。

在1949～1978年的30年间,尽管我国国民经济发展道路曲折,但公路建设仍基本保持续增长。到1978年年底,全国公路里程达到89万公里,平均每年增加约3万公里,公路密度达到$9.3km/100km^2$,比新中国成立之初增长了10倍;但高等级公路数量很少,仅有二级公路约1万公里。

由于当时我国国民经济基础十分薄弱,且长期处于计划经济的体制环境下,国家对公路交通的基础性和先导性作用认识不足,导致投资严重不足,公路交通长期滞后于国民经济与社会发展,以致于到了改革开放初期,公路交通成为国民经济发展中一个突出的薄弱环节。

2. 严重制约阶段

1978年,党的十一届三中全会确立了以经济建设为中心,建设有中国特色社会主义的发展纲领,我国经济开始步入持续、快速、健康发展的轨道,公路基础设施建设开始发生历史性转变,主要表现在:

(1)公路建设得到中央和地方各级政府的重视,"要想富、先修路",公路建设的重要性逐步为全社会所认识。

(2)在统一规划的基础上,开始了有计划的全国公路基础设施建设。20世纪80年代初国家干线公路网(即国道网)的划定,使我国干线公路网有了明确的布局框架。

(3)公路建设在扩大总规模的同时,重点加强了质量,高等级公路迅速发展,公路基础设施的总体技术水平得到提高。

(4)公路建设筹资走向多元化,尤其是1984年底国务院决定提高养路费征收标准、开征车辆购置附加费、允许高等级公路收费还贷,使公路建设有了稳定的资金来源。

1978~1987年的10年间,我国公路基础设施建设步伐进一步加快。到1987年年底,全国公路通车里程达到98万公里,比1978年增加9.2万公里;二级以上公路2.9万公里,比1978年增加近2倍,公路网的整体水平得到明显提高。

但是,在改革开放后的10年间,我国国民经济出现强劲增长趋势,公路运输需求急剧增加。尽管同期我国公路交通保持快速发展,但其发展速度与需求的增长相比仍然偏低,加之历史"欠账"巨大,导致公路交通的瓶颈制约状况进一步加剧,特别是交通干线和城市出入口公路严重阻塞,混合交通严重,交通事故频发,干线运输效率低下,"行路难"问题成为当时国民经济的突出矛盾。

3. 明显缓解阶段

20世纪80年代末90年代初,中央明确把加快交通运输发展作为事关国民经济全局的战略性和紧迫性任务,公路交通迎来了大发展的历史机遇。从"八五"开始,我国公路建设进入了发展速度快、建设规模大、科技含量不断提高的新时期。年均新增通车里程由初期的几百公里增长到近期的几千公里。到2005年年底,全国公路通车里程达到192万公里,比1987年增加78万公里,增长幅度达80%;全国按国土面积计算的公路网密度达到$18.3km/100km^2$,东部发达地区超过$50km/100km^2$,接近中等发达国家水平。

(二)我国高速公路的发展

我国的高速公路发展比西方发达国家晚近半个世纪的时间,从20世纪80年代末开始起步,经历了80年代末至1997年的起步建设阶段和1998年至今的快速发展阶段。

1. 起步建设阶段

在改革开放初期,随着我国国民经济的快速发展,公路客货运输量急剧增加,公路交通长期滞后所产生的后果充分暴露出来,特别是主要干线公路交通拥挤、行车缓慢、事故频繁。为改善主要干线公路交通紧张状况,缓解公路交通的瓶颈制约,从"六五"开始,公路交通部门重点对干线公路进行加宽改造。尽管有些路段加宽到15m甚至20m以上,但收效甚微。为了寻求缓解我国公路交通瓶颈制约的有效途径,公路交通部门开始深入研究发达国家解决交通问题的经验,并对我国主要干线公路的交通情况进行调查研究。研究结果显示,我国公路交通存在着三个突出问题:①由于运输工具种类繁多,汽车、拖拉机、自行车、畜力车、行人混行,车辆行驶纵向干扰大;②由于人口稠密,公路沿线穿越城镇较多,横向干扰大;③公路平交道口多,通过能力低,交通事故率高。以上三个问题严重影响了公路交通功能的发挥。根据发达国家的实践经验,建设高速公路是解决主要干线公路交通紧张状况的有效途径。

这一时期,社会各界对修建高速公路问题非常关注,对于"中国要不要修建高速公路"的问题认识并不统一。直至1989年7月,在沈阳召开的高等级公路建设现场会上,时任国务院副总理的邹家华同志指出:"高速公路不是要不要发展的问题,而是必须发展","这样的结论是明确的,这已经不是理论问题"。认识的统一,为我国高速公路的快速发展奠定了基础,拉开了中国高速公路发展的序幕。

1988年上海至嘉定高速公路建成通车,结束了我国大陆没有高速公路的历史;1990年,被誉为"神州第一路"的沈大高速公路全线建成通车,标志着我国高速公路发展进入了一个新的时代;1993年京津塘高速公路的建成,使我国拥有了第一条利用世界银行贷款建设的、跨省市的高速公路。为了集中力量、突出重点,加快我国高速公路的发展,1992年,原交通部制定了"五纵七横"国道主干线规划并付诸实施,从而为我国高速公路持续、快速、健康发展奠定了基础。

到1997年底,我国高速公路通车里程达到4 771km,10年间年均增长477km,相继建成了沈大、京津塘、成渝、济青等一批具有重要意义的高速公路,突破了高速公路建设的多项重大技术"瓶颈",积累了设计、施工、监理和运营等建设和管理全过程的经验,为1998年后的快速发展奠定了基础。

2. 快速发展阶段

1998年,为应对亚洲金融危机,国家实施了积极财政政策,加快了基础设施建设步伐。交通行业按照国家的统一部署,加大了公路建设力度。从1998年至今,高速公路建设进入了快速发展时期,年均通车里程超过4 000km,年均完成投资1 400亿元。这个速度在其他任何国家都几乎是不可想象的。1999年,全国高速公路里程突破1万公里;2000年,国道主干线京沈、京沪高速公路建成通车,在我国华北、东北、华东之间形成了快速、安全、畅通的公路运输通道;2001年,有"西南动脉"之称的西南公路出海通道经过十多年的艰苦建设实现了全线贯通,西部地区从此离大海不再遥远。

2002年年底,我国高速公路通车里程一举突破2.5万公里,位居世界第二位,2003年底接近3万公里,2007年底达到5.39万公里,2008年底已突破6万公里(数据源自2009年1月新华网)。除西藏外,各省、自治区和直辖市都已拥有高速公路,有21个省份及地区的高速公路里程超过1 000km。辽宁省和山东省已实现了省会到地市全部由高速公路连接,长江三角洲、珠江三角洲、环渤海等经济发达地区的高速公路网络也正在形成。随着高速公路里程的不断延伸,规模效益逐步发挥,人们切身感受到高速公路带来的时间、空间观念的变化,在山东、辽宁、广东、江苏等地,省会到地市当天可以往返,这在过去难以想象。

从起步到高速公路通车1万公里,我们用了12年时间;从1万公里到突破2万公里,我国只用了3年时间。可以说仅仅15年,中国高速公路的发展走过了许多发达国家一般需要30～40年才能走完的路,创造了世界瞩目的中国速度。图1-5是1988～2009年我国高速公路发展示意图。表1-5和表1-6分别表示了全国高速公路通车里程增长情况和2009年全国分省高速公路通车里程统计情况。

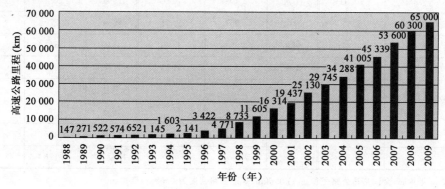

图1-5 1988～2009年我国高速公路发展示意图

全国高速公路通车里程增长情况（km） 表1-5

年份或时期	全 国	东 部	中 部	西 部
1988年	147	147	0	0
1990年	522	506	0	16
1995年	2 141	1 665	447	29
2000年	16 314	9 073	3 564	3 677
2001年	19 437	10 056	4 863	4 518
2002年	25 130	12 634	6 743	5 753
2003年	29 745	14 690	7 986	7 069
2004年	34 288	15 989	9 660	8 638
2005年	41 055	18 497	11 976	10 532
2006年	45 339	20 279	13 339	11 721
2007年	53 913	22 524	16 376	15 013
2008年	60 303	25 562	18 285	16 456
2009年	65 056	26 667	19 800	18 589
年 均 增 长 里 程				
"八五"期间	324	232	89	3
"九五"期间	2 835	1 482	623	730
"十五"期间	4 323	1 688	1 423	1 203
2006～2009年	4 929	1 597	1 615	1 717

2009年全国分省高速公路通车里程统计表 表1-6

地区或省份	高速公路里程(km)	高速公路密度(km/100km²)	地区或省份	高速公路里程(km)	高速公路密度(km/100km²)	地区或省份	高速公路里程(km)	高速公路密度(km/100km²)
东部	26 667	2.50	中部	19 800	1.18	西部	18 589	0.27
北京	884	5.38	山西	1 965	1.25	重庆	1 577	1.91
天津	885	7.43	吉林	1 035	0.55	四川	2 240	0.46
河北	3 303	1.79	黑龙江	1 219	0.27	贵州	1 189	0.67
辽宁	2 833	1.93	安徽	2 810	2.02	云南	2 512	0.64
上海	768	10.91	江西	2 401	1.44	西藏	0	0
江苏	3 755	3.66	河南	4 861	2.91	陕西	2 779	1.35
浙江	3 298	3.24	湖北	3 283	1.76	甘肃	1 644	0.36
福建	1 961	1.59	湖南	2 226	1.05	青海	217	0.03
山东	4 285	2.72				宁夏	1 022	1.54
广东	4 035	2.27				新疆	838	0.05
海南	660	1.94				广西	2 395	1.01
						内蒙古	2 176	0.19

注：1. 2009年年底，全国高速公路里程达65 056km，高速公路密度为0.68km/100km²。
2. 数据源自国家统计局(http://www.stats.gov.cn)、中国统计年鉴2010。

高速公路及其他高等级公路的建设,大大改善了我国公路的技术等级结构,明显缓解了对国民经济发展的瓶颈制约,同时也大大缩短了我国同发达国家之间的差距。但是,相对于社会经济的快速增长和全面建设小康社会的发展目标,以及应对日益严峻的国际竞争力挑战而言,目前我国的高速公路依然处于需要继续加快发展的阶段。主要表现在以下三个方面。

(1) 高速公路总量不足,覆盖范围需要继续扩大

虽然我国高速公路网已具有较大规模,总里程居世界第二,但相对于我国广袤的国土面积和占全球1/5的人口数量,高速公路网的总量仍然不足,覆盖范围需要继续扩大。

2008年年底,美国高速公路总里程已超过10万公里,是我国的1.67倍。我国以国土面积计算的高速公路密度为$0.63km/100km^2$,为美国的58.9%、日本的39.1%、德国的20%;以国土面积和人口数量计算的高速公路综合密度只有$0.54km/(100km^2 \cdot 万人)^{0.5}$,为美国的27%、日本的81%、德国的24%。我国经济总量已经跻身世界前7位,而高速公路的发展水平仍落后于世界发达国家,只有继续加快发展,才能尽快缩小差距。表1-7比较了各国高速公路的发展状况。

高速公路发展的国际比较 表1-7

指标	美国	日本	英国	法国	德国	意大利	中国
总里程(万公里)	10.02	0.61	0.30	1.10	1.15	0.63	6.03
面积密度($km/100km^2$)	1.07	1.61	1.47	1.99	3.10	2.43	0.63
综合密度[$km/(100km^2 \cdot 万人)^{0.5}$]	1.97	0.66	0.8	1.17	2.22	1.56	0.54

注:以上为2008年统计数据。

美国以州际公路为主体的高速公路网已经连通了所有5万人口以上的城市;德国所有5万人口以上的城市及90%不足5万人口的城市都通了高速公路,全国各地能在20~30min内到达高速公路;日本高速公路已经连通所有10万人以上的城市,70%的地区1h之内可以到达高速公路,2h之内到达的占90%,任何城镇和乡村可以在1h内到达高等级干线公路网。而目前,我国高速公路仅覆盖了省会城市和城镇人口超过50万的大城市,在城镇人口超过20万的中等城市中,只有60%有高速公路联结。据测算,要联结目前所有城镇人口超过20万的中等以上城市,高速公路网的总规模要达到8万公里以上。

(2) 尚未形成高速公路网络,难以发挥规模效益

国内外的相关研究表明,高速公路只有形成布局合理的网络,连续运输距离达到800km左右才能显现它的独特优势,发挥其运输效益。目前我国建成通车的高速公路分布在全国30个省市区,东西部地区的发展仍不平衡,特别是在中西部地区,一些相邻省市区之间普遍存在高速公路的"断头路"。一些人口和经济总量已达到相当规模的地级城市与省会城市之间,以及地级城市之间还不通高速公路。即使在我国经济最发达、人口最稠密的东部沿海地区,高速公路依然没有实现真正的网络化服务。因此,就全国而言,尚未形成规模适当、布局合理、横贯东西、纵贯南北的高速公路网络,高速公路的规模效益还无法得到充分发挥。

(3) 与远景需求相比存在很大差距

根据今后20年国民经济和社会发展的总体目标,由总体小康社会转到全面小康社会,经济总量和发展内涵都将提升到一个更高的水平。预计到2020年,我国人口将达到14.5亿,城镇人口超过7.4亿,城市化率超过50%;人均GDP将达到3 000美元左右,城镇居民的恩格尔系数降至25%,农村居民的恩格尔系数降至35%左右。到本世纪中叶,我国人口将达到峰值的16亿,城市化率达到70%,人均GDP将突破1万美元,步入高收入国家行列。

公路交通在这个发展阶段中,要实现适应经济发展需要的目标,必须在总量和发展内涵方面有更大的突破。所以,在新世纪新阶段,包括高速公路在内的公路交通需要在国家规划的统一指导下,以支撑国民经济发展为基点,保持相当的建设步伐,以促进国民经济顺利实现新的历史性跨越。

(三)国家高速公路规划

国家高速公路网是我国公路网中层次最高的公路主通道,是综合运输体系的重要组成部分,作为具有全国性政治、经济、军事意义的重要干线公路,主要联结大中城市,包括国家和区域性经济中心、交通枢纽、重要对外口岸和军事战略要地;能够承担区域间、省际间以及大中城市间的中长距离运输,为全社会生产和生活提供安全、舒适、高效、可持续的运输服务,并为应对战争、自然灾害等突发性事件提供快速交通保障。原交通部于2004年9月提出了国家高速公路网规划,其规划目标是:联结所有目前城镇人口超过20万的城市,形成高效运输网络。具体目标为:联结省会城市,形成国家安全保障网络;联结各大经济区,形成省际高速公路网络;联结大中城市,形成城际高速公路网络;联结周边国家,形成国际高速公路通道;联结交通枢纽,形成高速集疏运公路网络。

根据"东部加密、中部成网、西部连通"的总体布局思路,国家高速公路网布局方案可归纳为"7918"网,即由7条北京放射线、9条纵向路线和18条横向路线组成的网络,总规模约8.5万公里,其中主线6.8万公里,地区环线、联络线等其他路线约1.7万公里,见图1-6和表1-8。

国家高速公路网规划方案　　　　　表1-8

北京放射线		南 北 纵 线		东 西 横 线	
序号	起终点	里程(km)	序号	起终点	里程(km)	序号	起终点	里程(km)

序号	起终点	里程(km)	序号	起终点	里程(km)	序号	起终点	里程(km)
1	北京—上海	1 245	1	鹤岗—大连	1 390	1	绥芬河—满洲里	1 520
2	北京—台北	2 030	2	沈阳—海口	3 710	2	珲春—乌兰浩特	885
3	北京—港澳	2 285	3	长春—深圳	3 580	3	丹东—锡林浩特	960
4	北京—昆明	2 865	4	济南—广州	2 110	4	荣成—乌海	1 820
5	北京—拉萨	3 710	5	大庆—广州	3 550	5	青岛—银川	1 600
6	北京—乌鲁木齐	2 540	6	二连浩特—广州	2 685	6	青岛—兰州	1 795
7	北京—哈尔滨	1 280	7	包头—茂名	3 130	7	连云港—霍尔果斯	4 280
			8	兰州—海口	2 570	8	南京—洛阳	710
			9	重庆—昆明	838	9	上海—西安	1 490
						10	上海—成都	1 960
						11	上海—重庆	1 900
						12	杭州—瑞丽	3 405
						13	上海—昆明	2 370
						14	福州—银川	2 485
						15	泉州—南宁	1 635
						16	厦门—成都	2 295
						17	汕头—昆明	1 710
						18	广州—昆明	1 610

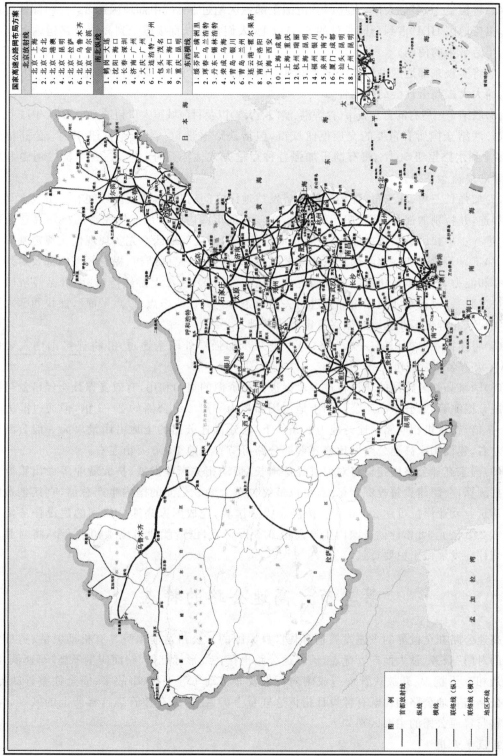

图 1-6 国家高速公路网布局方案示意图

国家高速公路网建成后可以在全国范围内形成"首都联结省会、省会彼此相通、联结主要地市、覆盖重要县市"的高速公路网络。国家高速公路网的作用和效果表现在：

(1)将覆盖10多亿人口，直接服务范围东部地区超过90%、中部地区达83%、西部地区近70%，覆盖地区GDP占到全国总量的85%以上，人们将可以直接感受到高速公路运输系统给生产、生活带来的便利。

(2)将实现东部地区平均30min上高速、中部地区平均1h上高速、西部地区平均2h上高速，从而大大提高全社会的机动性。

(3)联结全国所有的省会城市(含香港、澳门、台湾)以及目前城镇人口超过20万的大中城市。

(4)联结全国所有重要的交通枢纽城市，包括铁路枢纽50个、航空枢纽67个、公路枢纽140多个和水路枢纽50个，将有助于加强各种运输方式优势互补，形成综合运输大通道和较为完善的集疏运系统。

(5)加强长三角、珠三角、环渤海等经济发达地区之间的联系，使大区域间有3条以上高速通道相连，并特别加强与香港、澳门的衔接，在三大都市圈内部将形成较完善的城际高速公路网，为进一步加快区域经济一体化、大都市圈的形成以及东部地区率先实现现代化奠定基础。

(6)将显著改善和优化西部及东北等老工业基地的公路路网结构，提高区域内部及对外运输效率和能力，进一步强化西部地区西陇海兰新线经济带、长江上游经济带、南贵昆经济区之间的快速联系，改善东北地区内部及进出关交通条件，为"以线串点、以点带面"，加快西部大开发和实现东北等老工业基地的振兴奠定坚实基础。

(7)将连接主要的国家一类公路口岸，进一步加强对外联系通道，并将连接国内主要的AAAA级著名旅游城市。

(8)国家高速公路网的建设将进一步促进国土资源的集约利用，有效支撑社会经济的可持续发展。据测算，每公里高速公路的土地占用面积为一般二级公路的2~3倍，但通过能力为其5~7倍，在提供相同路网通行能力的条件下，修建高速公路的土地占用量仅为一般公路的40%左右，建设国家高速公路网比修建普通公路可节省土地1 000万亩左右。

(9)国家高速公路网建设将对促进经济增长、带动相关产业发展、扩大就业等做出重要贡献。据测算，公路建设每投资1亿元，可以最终创造大约3亿元的国内生产总值，直接创造的公路建筑业就业岗位可达2 000个。按静态投资匡算，完成国家高速公路网的建设任务需要投资2.2万亿元，可累计创造国内生产总值6.6万亿元，创造就业岗位4 400万个，将对我国经济与社会发展做出重要贡献。

第二节　高速公路的特点

高速公路在全世界的飞速发展是有其自身原因的。公路运输本身具有机动灵活、适应性强、"门对门"服务、量大面广等优点，但普通公路也存在线形标准低、路面质量不高、车速低、混合交通相互干扰大、开放式管理造成侧向行人及非机动车等干扰、事故多、安全性差等缺点。高速公路与普通公路相比既有像设计指标这样量上的区别，又有像管理这样质上的区别。高速公路与普通公路的主要区别如下。

1. 汽车专用

针对普通公路混合交通相互干扰大、不安全、又影响车速的缺点，高速公路对交通实施限制，不仅做到汽车专用，而且对某些机动车(如农用车、装载危险品等特殊货物的车辆等)也做出了限制,其目的是充分发挥高速公路的总体效率。

2. 分道行驶

普通公路大多中间无分隔带,对向车辆在行驶中超车、占道极易引起重大交通事故。高速公路不仅对向车道间设有较宽的中央分隔带,而且同向车道也严格划分功能,如单向双车道中,中间车道为超车车道,边上为行车车道,从而使车辆有序行驶。

3. 控制出入

普通公路中平面交叉口和路侧的横向穿越是公路交通事故发生的主要原因之一,也是普通公路车速提不高的主要原因。高速公路采用全封闭、全立交,路段两侧均设置禁入栅,交叉口全立交,使车速的提高和安全有了保证。

4. 完善的设施

除道路本身的设施质量较好外,高速公路还有许多附属设施,如安全设施(防撞护栏、反光标志等)、监控设施、紧急电话和服务区等。这些高质量的设施使车辆快速、安全、舒适的行驶有了充分保障,使公路所适应的运输距离变得越来越长。

高速公路在设施与管理上的不同,使高速公路运输具有突出的优点,表现在如下几方面。

1. 行车速度高、通行能力大

高速公路除特殊困难地形外,设计速度均在 80km/h 以上,而且由于全封闭、全立交,车辆实际运行车速得到了很好的保证,车辆通常都能连续、高速行驶。

车速的提高带来了通行能力的提高,一条两车道的二级公路,其适应年平均日交通量折合成小客车最多为 15 000pcu/d,而四车道高速公路最高达 55 000pcu/d。1986 年,占美国公路总里程 1.2% 的州际公路,承担了 21.3% 的公路交通量;而在联邦德国,高速公路比例为 1.73%,却承担了 37% 的公路总运量;英国高速公路比例为 0.81%,承担了 30% 的公路总运量;我国台湾省一条占公路里程 1.92% 的高速公路,负担了全省 50% 的公路运量。同时,通行能力的提高也使路网的服务水平大大提高。

2. 交通事故减少,安全性较好

高速公路全封闭的管理和路线线形标准的提高,使车辆排除了交叉口和横向的干扰,行车的安全性大大提高。据有关资料表明,欧美国家高速公路事故率、死亡人数和事故费用分别为普通公路的 1/3、1/2 和 1/4。日本普通公路交通事故每亿车·公里为 1195 起,高速公路为 27 起,普通公路事故率是高速公路的 7.2 倍。此外,监控和紧急电话等设施也可大大减少事故的死亡数量和受伤程度。

3. 运输效益提高

由于运营车速提高,行程时间缩短。同时,单位车公里油耗及机械损耗也明显减少,使运输成本降低,效益大大提高。据有关资料统计,高速公路每车公里的油耗和运费比普通公路可分别降低 25% 和 53%。

当然,高速公路修建也存在以下问题:

(1)投资大,造价高。高速公路建设初期投资很大,我国高速公路平均造价超过 1 500 万元/km,造价高的地区甚至超过 5 000 万元/km。对我国这样一个发展中国家,这是一个不小的数字。

(2)对环境影响大。高速公路路基宽、占地大,对原有自然环境改变很大,会引起地形、植被、水系、地基荷载等方面的破坏。高速公路的修建对原有居民的生活区域也会产生不利影响。另外,噪声和废气污染也是不可避免的。

第三节 高速公路的效益和意义

高速公路的效益不仅局限于上述公路运输本身,高速公路的建设对所在地区乃至整个国家的国民经济会产生深远的影响。

1. 良好的投资效益

高速公路建设已摆脱了国家拨款的单一筹资方式,国家投资与国内外银行贷款成了主要的筹资方式,因此,必须考虑资金回收问题。由于我国国民经济持续、稳定发展,必然存在对公路与运输的客观需求,这就使通过收费回收投资有了根本保证。

2. 对国民经济发展的促进作用

高速公路的快速发展,大大缩短了省际之间、重要城市之间的时空距离,加快了区域间人员、商品、技术、信息的交流速度,有效降低了生产运输成本,在更大空间上实现了资源有效配置,拓展了市场,对提高区域竞争力、促进国民经济发展和社会进步都起到了重要的作用。我国长三角、珠三角和环渤海湾三大经济圈都已逐步形成与综合运输体系相适应的高速公路网络,在引导和推进区域经济一体化和经济协调发展,增强区域的国际竞争能力方面正发挥日益重要的作用。图1-7是长三角高速公路网规划示意图。

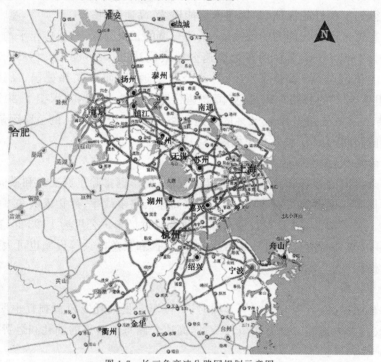

图1-7 长三角高速公路网规划示意图

高速公路的建设需要投入大量的资金,同时要消耗许多原材料,如钢铁、水泥、木材、石料、沥青等。大规模的建设将带动这些相关产业和劳动力市场的发展,从而促进经济发展。

高速公路的速度和便利也已经走进了平常百姓的生活,改变了人们的时空观念和生活方式。

3. 带动沿线地方社会和经济发展

高速公路发展使一些原本由于交通不便、经济落后的地区大大增强了与外界的联系,使这些地方的物资、劳动力及旅游资源被开发出来,也将发达地区的资金、技术、人才带到这些地区,从而促进落后地区的经济发展。据日本1983年对一些先导产业中的自动装置、量测元件、数控设备、电子计算机、集成电路、新陶瓷6个行业461个厂家的调查,由于高速公路的建成,其原材料和零件有92%是汽车运输,成品运出94%是靠汽车。又如,法国巴黎到里昂高速公路建成后,沿线出现了许多新的集镇,为带动就业和扩大市场提供了条件。

4. 有利于城市人口的分散和卫星城镇的开发

目前,我国的许多大、特大城市布局过于集中、庞大,造成人口密集、居住拥挤、交通阻塞、环境污染、生活供应紧张等弊端。未来的现代化城市较为合理的布局应该是一个核心、多个中心的结构。要使这样的结构成立,核心与各中心,以及各个中心之间的快速交通在很大程度上就依赖于高速公路。上海市最新规划的城市布局就是由中心城及"一城九镇"十个卫星城组成,而它们之间的联系就是靠上海市的高速公路网。图1-8是上海市城市总体布局与高速公路网的关系。

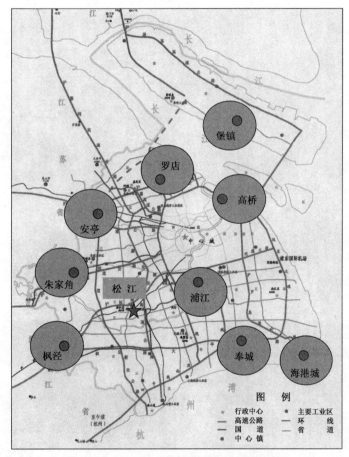

图1-8 上海市城市总体布局与高速公路网示意图

修建高速公路后,大城市和乡村的时间距离大大缩短,有利于大城市中的工业和人口向郊区及附近的中小城市分散,从而缓和大城市压力,同时又促进了乡村地区的发展。

5. 有利于国防

高速公路的建设对战时集中或疏散物资和人员,快速反应调动部队和军事装备也起着重要的作用。

例如，第二次世界大战时，德国为了适应摩托化部队的快速调集，当时就修建了3 860km的高速公路，并以此作为飞机起飞的临时跑道。美国的州际和国防高速公路网，联结了48个州的首府，并与加拿大、墨西哥相连。这些公路战时可通过特大军事装备，有的路段可作重型飞机机场跑道，个别路段附近设置安全区并有专用路线与之联结。这些都适应了现代战争紧急集中和疏散的需求。日本称高速公路为"对国家兴亡关系重大的道路"，已经形成了以东京为中心的全国高速公路网，能在30min内将城市人口疏散，在2h内通过高速公路到达全国主要城市。由此可见高速公路在国防和军事上的重要作用。

第二章　高速公路的设计依据

第一节　设计速度

一、定义

设计速度(以往曾称计算行车速度)是公路设计最基本的设计依据。它决定了公路几何线形的各项要素,并能使其相互协调。《中国大百科全书(土木卷)》对设计速度作了如下定义:在天气良好、交通密度小的情况下,在公路受限制部分,中等技术的驾驶员能保持安全而舒适行驶时所能保持的最高速度。《公路工程技术标准》(JTG B01—2003)则将其表达为:在气象条件良好车辆行驶只受公路本身条件影响时,具有中等驾驶技术的人员能够安全、顺适驾驶车辆的速度。美国AASHTO将设计速度定义为:当道路条件良好,行车只受公路的设计特征控制时,公路的特定路段上能保持的最高安全速度。联邦德国将设计速度定义为:设计速度是根据道路的交通要求,从经济的观点出发选择的标准设计值。它相当于在潮湿而干净的路面上,行车不受阻碍的情况下,85%的小客车不会超过的速度。

设计速度的确定考虑了汽车行驶的实际需要和经济性,是汽车行驶要求与经济性平衡的结果。

汽车的行驶要求表现为汽车的最高时速,即汽车的机械性能所能达到的最高速度。不同车辆的最高时速是不同的。公路的设计速度不可能也没有必要达到这一速度,但应尽量满足汽车机械性能的发挥。

汽车行驶的经济性要求表现为汽车的经济时速,即汽车的机械损耗和燃油消耗为最小的车速。汽车越接近经济时速运营费用越低;但通常经济时速较低,从时间效益考虑,通常驾驶员不会追求以经济时速行驶。

因此,设计速度应该是介于最高时速与经济时速之间的一个速度。除此以外,设计速度的确定应考虑公路性质、等级和地形等因素,远离城市的公路设计速度相对较高,而市郊公路的设计速度则相对较低;公路等级高则多考虑行车要求,公路等级低则多考虑经济性;平原区公路工程实施较容易,设计速度定得较高,山岭区地形起伏,工程实施困难,设计速度定得较低。

为使设计速度的确定更具科学性,通常采用统计学的方法,对各级道路的车速进行观测统计。大量观测资料表明,道路的车速分布呈正态分布。其分布曲线和累计频率曲线如图2-1所示。从累

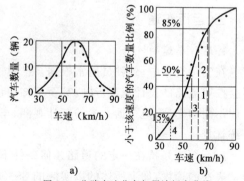

图2-1　公路车速分布与累计频率曲线
a):分布曲线;b)累积曲线
1-曲线最大特征的速度;2-85%保证率的速度;3-平均速度;4-15%保证率的速度

计频率曲线上可以看出,累计频率为85%处曲线有明显变化,随着累计频率的微小增加,车速迅速增加。因此,从保证大部分车辆行驶要求和经济性考虑时,通常选取累计频率为85%处的车速为设计速度。需要指出的是,确定设计速度所进行的这种车速统计,需在不同车型、不同道路和不同的道路特征条件下,采集大量数据,经分析后确定。

设计速度与运行速度有密切关系,根据国内外观测研究,当设计速度高时,运行速度往往低于设计速度;而当设计速度低时,运行速度则往往高于设计速度。这也说明设计速度与运行安全有关。

二、高速公路设计速度

根据高速公路的运营要求与交通需求的变化和上述确定设计速度的原则,我国《公路工程技术标准》(JTG B01—2003)(以下简称《标准》)和《公路路线设计规范》(JTG D20—2006)(以下简称《规范》)规定:高速公路可选用 120km/h、100km/h 或 80km/h 的设计速度,对个别特殊困难路段,且因新建工程可能诱发工程地质病害时,经论证,该局部路段的设计速度可采用 60km/h,但长度不宜大于15km,或仅限于相邻两互通立体交叉之间,同时与其相邻路段的设计速度不应大于80km/h。现行技术标准中高速公路的设计速度不再与地形直接挂钩,设计人员可根据交通量、交通组成和性质,结合地区、地形特点,考虑技术和经济条件,选定合理的设计速度。

对于高速公路,设计速度应以小客车为主考虑。虽然目前我国高速公路上行驶的车辆种类较多,大货车也有相当比例,但车辆性能正在不断改善,实际运行车速呈增大趋势,以小客车作为确定高速公路设计速度的标准是合适的。

对同一条高速公路,如果途经的地区、地形有较大差异,设计速度可根据实际情况分段确定。但是,为了保证行车的连续性,应注意以下几点:

(1)分段之间的设计速度差一般按20km/h为一级,并应设置相应的限速标志;

(2)不同设计速度分段不宜过短,通常高速公路分段长度不宜小于15km;

(3)需要改变设计速度时,必须设置过渡段,其长度可根据具体地形条件结合各方面的使用效果,灵活确定;

(4)设计速度变更点的位置,应选择在驾驶员能够明显判断路况发生变化而需要改变行车速度的地点,如村镇、车站、交叉口或地形明显变化等处,并应设置相应的标志。

三、运行车速

1. 运行车速的概念

在实际行车中,驾驶员通常根据自己对道路条件的判断并按照管理车速选择行驶车速,而不会按照道路的设计速度行驶,甚至不知道设计速度。虽然,在同一个位置上不同的驾驶员会采用不同的车速,但根据大量的统计观测,车速有一定的规律,道路上的运行车速就是这样一个统计量。

运行车速是指在一定的道路几何条件下,某种车辆的实际行驶速度。实际应用中常取一个代表性的速度,如上所述的以实测的85%位车速为运行车速。

运行车速与设计速度既有区别又有联系。两者的不同在于设计速度是理论车速,运行车速是实际车速。在一条道路上,相对于变化的几何线形,设计速度是不变的,而运行车速则是随道路路线不断变化的。设计速度是最大的安全运行车速,运行车速是几何设计实现设计速度程度的反映。因此,运行车速在一定程度上综合反映了设计的质量。

2. 运行车速的应用

既然运行速度能在一定程度上反映设计质量,那么对已有道路上运行车速规律的总结则有助于帮助我们对道路设计成果的评价。事实上,德国、澳大利亚等国家在道路设计中正是利用了运行车速对路线设计质量进行检验,并根据检验结果对设计成果进行必要的修正。

1973 年的联邦德国道路路线规范规定,设计时首先根据道路性质、交通量、地形等条件确定设计速度 v_e,按照 v_e 进行路线平、纵、横设计,对规范中的 A 类道路(相当于我国的公路),得到平、纵、横设计的初步结果后进行运行车速的检验。在德国,运行车速为第 85 位车速 v_{85}。具体的 v_{85} 计算与检验步骤如下。

(1)按路线曲度大小把路线划分成若干曲度相近的路段。曲度 K 的计算公式为:

$$K = \frac{\sum_i \gamma_i}{L} \tag{2-1}$$

式中:$\gamma_i = \alpha_i + \tau_{1i} + \tau_{2i}$;

α_i——圆曲线偏角(Gon)(400Gon=360°);

τ_{1i}、τ_{2i}——分别为前后缓和曲线偏角(Gon);

L——路段长度(km)。

具体划分时,可先绘出路段偏角累计曲线,然后按曲线斜率(其值等于曲度 K)接近的原则分段。

(2)根据各路段的 K 值推求 v_{85}

根据大量观测研究,联邦德国得到了对应不同曲度、纵坡和路面宽度的 v_{85},如图 2-2 所示。根据各路段的 K 值,可从图 2-2 中求得 v_{85}。

(3)当路线纵坡大于+2%(上坡)或小于-4%(下坡)时,v_{85} 要进行纵坡修正。其修正值 Δv 从图 2-2 中根据纵坡值求得,从而得到最后的 v_{85}。

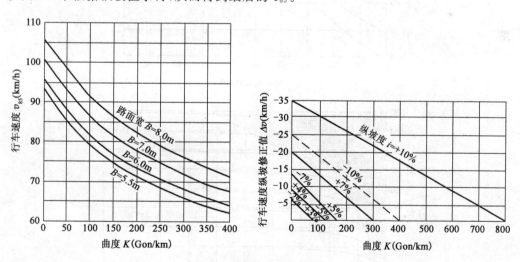

图 2-2 德国的运行车速 v_{85} 图

注:图中曲度单位为"Gon/km","Gon"为德国的角度度量单位,400Gon=360°。

(4)检验各分段上的 v_{85} 和相邻路段的 v_{85} 之差。如果 v_{85} 不大于设计速度 v_e,且相邻路段的 v_{85} 之差在 10km/h 之内,则检验通过;否则,按以下方法调整设计。

(5)设计调整

若 v_{85} 大于 v_e，但小于 v_e+20km/h 时，则保持设计速度 v_e；但是路面超高、停车视距的计算要采用 v_e+10km/h 作为设计速度进行验算，并使其满足要求；

若 v_{85} 大于 v_e+20km/h，则提高原定的设计速度 v_e，并使各项指标满足新设计速度的要求。如希望保持原设计速度，则应调整路线设计指标，以减小 v_{85}，直至满足前述第(4)点的要求。

若相邻路段的 v_{85} 之差大于 10km/h，则应适当调整相关路段的设计指标，或在两段之间插入一过渡段，从而满足前述第(4)点的要求。

澳大利亚公路设计指南要求：对设计速度小于 100km/h 的公路，在根据设计速度确定平纵线形后，应进行运行车速的校核。图 2-3 是澳大利亚公路设计指南给出的直线段和曲线段的运行车速预测曲线图。

设计速度检验与调整的目的，是为了在较长距离内速度变化均衡，从而保证行车安全。将运行车速引入设计，可以引导部分设计人员走出"高质量线形就是采用高技术指标"的误区，树立设计速度与运行车速协调才能获得连续、一致、均衡设计的思想。

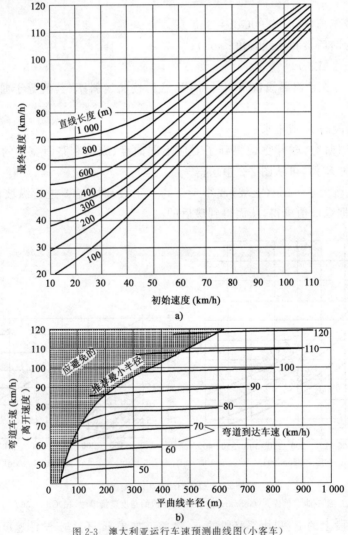

图 2-3 澳大利亚运行车速预测曲线图（小客车）
a)直线段运行车速预测曲线图；b)曲线段运行车速预测曲线图
注：图中离开速度指车辆驶离弯道的速度。

第二节 设计车型

设计车型是道路几何设计时选择的有代表性的车型,是根据当前本国行驶车辆的状况、汽车发展的趋势和国民经济发展水平等因素所确定的。设计车型在道路几何设计中也起着重要的控制作用。道路的路幅组成、弯道加宽、交叉口设计、纵坡、视距等都与设计车辆的外部尺寸有着密切的关系。

随着改革开放和汽车市场的日益国际化,汽车品种不断增加和变化。设计车型应能代表这些汽车中的大部分。为了更好地做到这一点,设计车型实际上并不一定是某一种具体牌号的汽车,其外形尺寸往往是虚构的,但能代表某一类的汽车。表 2-1 是《标准》规定的设计车型外廓尺寸。

设计车型外廓尺寸(m) 表 2-1

车辆类型	总 长	总 宽	总 高	前 悬	轴 距	后 悬
小客车	6	1.8	2	0.8	3.8	1.4
载货汽车	12	2.5	4	1.5	6.5	4
鞍式汽车	16	2.5	4	1.2	4+8.8	2

注:自行车的外廓尺寸采用宽 0.75m,高 2.00m。

图 2-4 为《标准》规定的设计车型的尺寸示意图。

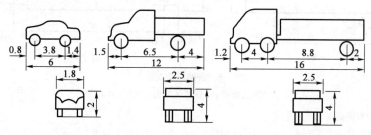

图 2-4 设计车辆的尺寸(m)

以上规定参考了我国国家标准《汽车外廓尺寸限界》(GB 1589—89)中汽车外廓尺寸限界的规定;针对集装箱运输的发展要求,也同时参考了国家标准《集装箱外部尺寸和额定重量》(GB 1413—85)对集装箱系列的规定。

第三节 公路用地与建筑限界

一、高速公路用地

公路两侧排水沟外边缘(无排水沟时为路堤式护坡道坡脚),或路堑坡顶截水沟外边缘(无截水沟时为挖方坡的坡顶),加上一定的附加宽度后的土地为公路的用地。通常,附加宽度不小于 1m,对高速公路宜不小于 3m。

除了道路路基范围内的建筑物以外,高速公路用地还应包括立体交叉、服务设施、安全设施、交通管理设施、停车设施、公路养护管理、公路绿化和苗圃等工程用地。在靠近城市或穿越城市的高速公路两侧,为了减少汽车的噪声、振动、尾气排放对环境的影响,在高速公路路基外可设置绿化带;在风沙、雪害及特殊地质、水文、气候条件下,路基两侧还应设置防护林,种植固沙植物,安装固沙网、防沙或防雪栅栏等设施,上述范围也应属高速公路用地。在高速公路用地范围内,不得修建非路用构筑物。

二、高速公路的建筑限界

高速公路的建筑限界,是在保证路上汽车交通的正常运行的安全条件下所规定的空间限界。空间限界包括宽度和高度,在此空间限界内不得有任何部件侵入。例如:在净空范围内不得设置桥墩、照明灯杆、交通标志防护栏等。高速公路的建筑限界见图2-5。

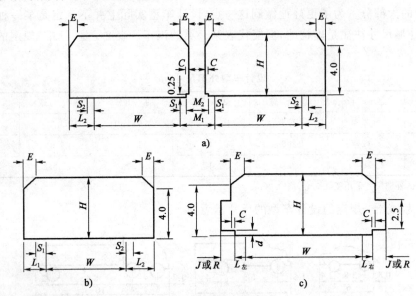

图 2-5 公路的建筑限界
a)整体式断面;b)分离式断面;c)隧道断面

图中:W——行车道宽度;

C——当设计速度等于或大于 100km/h 时为 0.5m,小于 100km/h 时为 0.25m;

S_1、S_2——行车道左侧路缘带宽度和行车道右侧路缘带宽度;

M_1、M_2——中间带及中央分隔带宽度;

E——建筑限界顶角宽度,当 $L \leqslant 1m$ 时 $E=L$,当 $L>1m$ 时 $E=1m$;

H——净高,一条公路应采用一个净高,高速公路为 5.0m;

L_1——左侧硬路肩宽度;

L_2——右侧硬路肩或应急停车带宽度;

L——侧向宽度,高速公路的侧向宽度为硬路肩宽度(L_1 或 L_2,隧道内为 $L_左$ 或 $L_右$)。

注:1. 当桥梁、隧道设置的人行道宽度大于侧向宽度时,建筑限界应包括所增加的宽度。

2. 人行道、自行车与行车道分开设置时,其净高一般为 2.5m。

第四节 交通量、通行能力与服务水平

一、交通量

交通量是指道路上某一断面在单位时间内通过的车辆数量,如小时交通量、日交通量。根据观测方法和观测时间的不同,最常用的交通量有年平均的交通量(AADT)、高峰小时交通量

(PHV)、平均日交通量(ADT)、日平均小时交通量(DAHV)和第30位高峰小时交通量(30th HAHV)。交通量反映了某条公路上的交通负荷,也反映了汽车运输时对公路设施要求。

二、设计交通量

设计交通量作为公路规划和设计依据的交通量,高速公路通常取20年的预测交通量。世界上大部分国家在高速公路设计中均以小时交通量为设计交通量,而且大多采用第30位高峰小时交通量,也可根据公路功能采用当地的年第20~40位小时之间最为经济合理时位的小时交通量。在对一条公路的交通量观测调查基础上,将一年8 760(24×365)h的交通量按大小次序排列通常可得如图2-6所示的曲线。

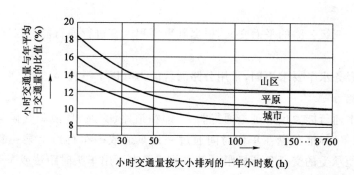

图2-6 年平均日交通量与小时交通量关系曲线

从图中可以发现,从大到小排列的交通量中第30位小时附近曲线有一个突变:第30位以内,每提高一个时间档,曲线(交通量值)急剧上升;第30位以后,交通量曲线随时间的变化明显变缓。如采用第30位高峰小时交通量作为设计交通量,则全年只有29个小时的实际交通量超过设计值有可能造成交通拥阻,拥阻时间仅占全年的0.33%;如采用小于30位高峰小时的交通量作为设计交通量,则每减少一个小时档,设计交通量值就将急剧增加;反之,采用大于30位高峰小时的交通量作为设计交通量,每减少少量的交通量值,可能的拥阻时间就会大大增加。因此,选择第30位高峰小时交通量作为设计交通量,无论从满足技术要求还是考虑经济合理性均是合适的。

三、车辆换算

为使交通量具有可比性,通常实际的混合交通量都应换算成标准车型。高速公路采用小客车作为标准车型。考虑车辆的外廓尺寸,行驶速度等因素,我国公路上采用的换算成小客车的当量系数见表2-2。

各汽车代表车型与车辆折算系数　　　　　　表2-2

汽车代表车型	车辆折算系数	说　　明
小客车	1.0	≤19座的客车和载质量≤2t的货车
中型车	1.5	>19座的客车和载质量>2t但≤7t的货车
大型车	2.0	载质量>7t但≤14t的货车
拖挂车	3.0	载质量>14t的货车

四、通行能力

通行能力是指在一定的道路、交通、控制和环境条件下,对应于一定的行驶质量即服务水平,在某一道路断面上,单位时间(常用1h)所能通过的最大车辆数。通行能力反映了道路所能承受的交通负荷能力。根据《规范》规定,公路规划和设计中,应进行通行能力和服务水平的分析、评价。

(1)高速公路、一级公路的路段和互通式立体交叉的匝道及其交织区段必须分别进行通行能力的分析、评价,使全线服务水平保持均衡一致。

(2)二级公路、三级公路的路段和一级公路的平面交叉,应进行通行能力与服务水平的分析、评价。

(3)二级公路、三级公路的平面交叉,根据其重要程度宜进行通行能力与服务水平的分析、评价。

根据条件和服务水平要求不同,常用公路通行能力有以下三种。

1. 基本通行能力

机动车的基本通行能力也称理论通行能力,即在道路、交通、环境和气候均处于理想条件下,不考虑服务水平,标准车辆在单位时间通过一条车道或一车行道上某一断面的最大车辆数。它是道路所能承受的交通负荷极限。基本通行能力可用车头时距法或车头间距法计算。

(1)车头时距法

车头时距是指连续车流中前后两车通过同一断面的时间间隔。车头时距法计算公式如下:

$$N = \frac{3600}{t} \quad (辆/h) \tag{2-2}$$

式中:t——车头时距(s),通常由观测得到。

表2-3为在北京、南京、上海等8个城市观测得到的车头时距的平均值。

车头时距平均值　　　　　表2-3

车头时距(s) \ 车速(km/h)	20	25	30	35	40	45	50	55	60
小型汽车	2.61	2.44	2.33	2.26	2.20	2.16	2.13	2.10	2.08
普通汽车	3.34	3.12	2.97	2.87	2.80	2.75	2.71	2.67	2.64
铰接汽车	4.14	3.90	3.74	3.63	3.56	3.50			

(2)车头间距法

车头间距法是指连续车流中,前后两车保持行车安全的车头之间的距离。车头间距法的计算公式如下:

$$N = \frac{3600}{L/v'} = \frac{3600}{\frac{v}{3.6}t + \frac{(K_2 - K_1)v^2}{254(\varphi + f + i)} + l_车 + l_安} \tag{2-3}$$

式中:L——车头间距(m);
　　　v'——行车速度(m/s);
　　　v——行车速度(km/h);
　　　t——驾驶员反应时间(s),通常为1~1.8s;

K_2——后车的制动系数;
K_1——前车的制动系数;
φ——路面与轮胎之间的附着系数(取值见表2-4);
f——汽车的滚动阻力系数(取值见表2-5);
i——道路纵坡,上坡取"+"号,下坡取"-"号;
$l_车$——汽车长度(m),取相应的设计车辆长度;
$l_安$——车辆间安全间距(m),通常取 2~5m。

附着系数 φ 取值 表2-4

φ 值 路面类型	路面状况			
	干燥	潮湿	泥泞	冰滑
水泥混凝土路面	0.7	0.5	—	—
沥青混凝土路面	0.6	0.4	—	—
沥青表面处治路面	0.4	0.2	—	—
中级及低级路面	0.5	0.3	0.2	0.1

滚动阻力系数 f 取值 表2-5

路面类型	水泥及沥青混凝土路面	表面平整的黑色碎石路面	碎石路面	干燥平整的土路	潮湿不平整的土路
f 值	0.01~0.02	0.02~0.05	0.03~0.05	0.04~0.05	0.07~0.15

2. 可能通行能力

可能通行能力是指在实际环境或预计的道路、交通条件和良好的气候条件下,不考虑服务水平,标准车辆在单位时间内通过一条车道或一车行道上某一断面的最大车辆数。可能通行能力与基本通行能力的根本不同在于道路、交通和环境条件。它是考虑了诸如车道宽度、侧向净宽、大型车混入、交通安全设施等修正后的实际通行能力。

3. 设计通行能力

(1)定义

设计通行能力是指在良好的气候条件下,交通运行状态保持在一定的服务水平上,标准车辆在单位时间里通过有代表性的、均匀路面上的一条车道或一车行道上某一断面的最大车辆数。它是考虑了公路运行质量要求、技术可能性、经济合理性和行驶安全等因素后,能符合规划设计要求的通行能力,是公路线形设计的依据。设计通行能力是相对一定的服务水平而言的。

(2)服务水平

服务水平是对车辆在交通流中的运行条件和驾驶员与乘客所感受的行车质量的量度。它是公路在某种交通条件下所提供的运行服务质量的综合反映。服务水平的主要决定因素有运行速度和行驶时间、驾驶自由度、交通间断、舒适、方便和安全。除了对以上因素进行定性描述外,通常采用运行速度和 V/C 值(或交通量)来定量描述。美国各州公路与运输工作者协会(AASHTO)编制的《公路与城市道路几何设计政策》和美国交通委员会专题报告《道路通行能力手册》将服务水平分为 A~F 六级,对控制进入的公路(高速公路属这一类)的各级服务水平的描述如表2-6所示。

美国公路各级服务水平 表 2-6

服务水平	控制进入的公路	乡区非控制进入的多车道公路	双车道公路	市区和郊区干线
A级	自由车流。运行速度≥60mile/h。单向双车道的服务交通量为1 400辆小客车/h。每一附加车道承受1 000辆/h的交通量	运行速度≥60mile/h。在理想条件下,交通量被限制到600辆小客车/车道或通行能力的30%。平均速度可能受到速度限制的影响	运行速度≥60mile/h。75%的超车动作有小的延误或没有延误。在理想条件下,双向总计服务交通量能达到400辆小客车/h	平均总的运行速度≥30mile/h。V/C比值为0.60的自由车流。交叉口处的绿灯显示利用百分率接近0。高峰小时系数约为0.70
B级	稳定车流的速度范围较高。运行速度≥55mile/h。单向双车道的服务交通量不大于2 000辆小客车/h。单向多于两个车道的每一附加车道能承受1 500辆/h的交通量	开始进入稳定车流范围。领先车辆的行动将影响跟随车辆的交通量。在理想条件下,运行速度为55mile/h,交通量不超过1 000辆小客车/车道/h的通行能力的50%	运行速度≥50mile/h。交通量可达到具有连续超车视距的通行能力的45%。在理想条件下,双向总计能承受900辆小客车/h的交通量	由于交叉延误和车辆之间的干扰而使平均总的速度下降,但保持在≥25mile/h。延误是合理的。交通量为通行能力的70%,且高峰小时系数接近于0.80。交叉口处的绿灯显示利用百分率接近于0.1
C级	运行仍是稳定的,但变为更接近临界状态。运行速度为50mile/h。单向双车道的服务车流为通行能力的75%或5min车流率不大于3 000辆小客车/h。在理想条件下,单向多于两个车道的每一附加车道可能承受1 800辆/h的交通量	稳定车流。交通量不过过通行能力的75%或1 500辆小客车/车道/h。在理想条件下至少维持45mile/h的运行速度	车流仍稳定。运行速度≥40mile/h。在理想条件下,总交通量等于具有连续超车视距的通行能力的70%或双向总计交通量为1 400辆小客车/h	服务交通量约为通行能力的0.80。平均总的运行速度为20mile/h。在大多数交叉口处的运行情况都接近于绿灯显示利用百分率0.3。高峰小时系数接近0.86。在容许的延误情况下,车流仍是稳定的
D级	稳定车流的速度范围较低。运行不很稳定,且对变化条件敏感。运行速度接近40mile/h。服务车流率为通行能力的90%。在理想条件下的5min高峰车流率对于单向双车道不超过3 600辆/h,对于每个附加车道不超过1 800辆/h	接近于不稳定车流。交通量达到通行能力的90%;或在理想条件下,在运行速度约为35mile/h时达到1 800辆小客车/h	接近于不稳定车流。运行速度约为35mile/h。双向总计交通量为具有连续超车机会时通行能力的85%,或在理想条件下,双向总计交通量为1 700辆小客车/h	市区街道开始超负荷通行。接近不稳定车流。服务交通量接近通行能力的90%。平均总的速度降到15mile/h。交叉口处的延误由于一些车辆等待两个或更多的色灯周期而变得更加严重。高峰小时系数约为0.90,绿灯显示利用百分率为0.7
E级	不稳定车流。总的运行速度为30～36mile/h。交通量等于通行能力或在理想条件下达到2 000辆/车道/h。交通流由设计结构和瓶颈路段计量,但长时间的拥塞通常不会向上游车道发展	车流等于通行能力的100%或在理想条件下达到2 000辆小客车/车道/h。运行速度约为30mile/h或更低	运行速度在30mile/h左右,且可能有大的变化。在理想条件下,双向总计交通量等于2 000辆小客车/h。可能永远达不到E级水平。运行可能直接从D级水平降到F级水平	服务交通量为通行能力。平均总的交通量不定,但在15mile/h范围内。不稳定车流。在交叉口入口处出现连续拥塞。交叉口处的绿灯显示利用百分率在0.7~1.0之间。高峰小时系数可能是0.95
F级	车流冻结。高速公路起到储存从下游瓶颈路段拥塞的车辆的作用。运行速度范围从大约30mile/h到时停时行	车流冻结。交通量特性变化很大的拥挤状态。运行态度低于30mile/h	具有不可预测的特性的冻结、拥挤车流。运行速度低于30mile/h。双向总计交通量小于2000辆小客车/h	冻结车流。平均总的运行速度低于15mile/h。所有交叉口承受的交通量超过整个路段分配储存的通行能力。车辆的拥塞从有信号的交叉口延伸出来,穿过无信号的交叉口

注:1mile/h=0.447 04m/s。

我国《标准》将公路服务水平分为一级、二级、三级和四级。划分服务水平时,高速公路与一级公路主要以车流密度为主要指标,二、三级公路以延误率和平均运行速度作为主要指标,交叉口则以车辆延误来描述其服务水平。《规范》给出了公路服务水平的描述与主要指标规定如下。

一级服务水平:交通量小、驾驶者能自由或较自由地选择行车速度并以设计速度行驶,行驶车辆不受或基本不受交通流中其他车辆的影响,交通流处于自由流状态,超车需求远小于超车能力,被动延误少,为驾驶者和乘客提供的舒适便利程度高。

二级服务水平:随着交通量的增大,速度逐渐减小,行驶车辆受别的车辆或行人的干扰较大,驾驶者选择行车速度的自由度受到一定限制,交通流状态处于稳定流的中间范围,有拥挤感。到二级下限时,车辆间的相互干扰较大,开始出现车队,被动延误增加,为驾驶者提供的舒适便利程度下降,超车需求等于超车能力。

三级服务水平:当交通需求超过二级服务水平对应的服务交通量后,驾驶者选择车辆行驶速度的自由度受到很大限制,行驶车辆受其他车辆的干扰很大,交通流处于稳定流的下半部分,并已接近不稳定流范围,流量稍有增加就会出现交通拥挤,服务水平显著下降。到三级下限时,行车延误的车辆达到80%,所受限制已达到驾驶者所能容忍的最低限度,超车需求超过了超车能力,但可通行的交通量尚未达到最大值。

四级服务水平:交通需求继续增加,行驶车辆受其他车辆的干扰更加严重,交通流处于不稳定流状态,靠近下限时,每小时可通过的交通量达到最大值,驾驶者已无自由选择速度的余地,交通流变为强制状态。所有车辆都已相对均匀一致的速度行驶。一旦上游交通需求和来车强度稍有增加,或交通流出现小的扰动,车流就会出现走走停停的状态,此时能通过的交通量很不稳定,其变化范围通行能力到零,时常发生交通阻塞。

高速公路对应的服务水平等级规定见表2-7。

高速公路服务水平分级 表2-7

服务水平等级	密度(pcu/km/车道)	设计速度(km/h)							
		120			100			80		
		速度(km/h)	V/C	最大服务交通量(pcu/h/车道)	速度(km/h)	V/C	最大服务交通量(pcu/h/车道)	速度(km/h)	V/C	最大服务交通量(pcu/h/车道)
一	≤7	≥109	0.34	750	≥96	0.33	700	≥78	0.30	600
二	≤18	≥90	0.74	1 600	≥79	0.67	1 400	≥66	0.60	1 200
三	≤25	≥78	0.88	1 950	≥71	0.86	1 800	≥62	0.78	1 550
四	≤45	≥48	接近1.0	<2 200	≥47	接近1.0	<2 100	≥45	接近1.0	<2 000
	>45	<48	>1.0	0~2 200	<47	>1.0	0~2 100	<45	>1.0	0~2 000

注:V/C是在理想条件下最大服务交通量与基本通行能力之比,基本通行能力是四级服务水平上半部的最大交通量。

设计时采用的服务水平,《标准》规定:高速公路采用二级服务水平设计,互通式立体交叉的分合流段、匝道以及交织区段可采用三级服务水平。

(3)设计通行能力

我国《标准》规定单车道设计通行能力可按下式计算:

$$C_D = C_B \times (V/C) \tag{2-4}$$

式中:C_D——单车道设计通行能力(pcu/h/车道);

C_B——单车道基本通行能力(pcu/h/车道);

V/C——根据设计速度按本节规定取用。

在二级服务水平下,我国高速公路每车道的设计通行能力见表2-8。

高速公路的基本通行能力与设计通行能力　　　　　　　　　　　表2-8

设计速度(km/h)	120	100	80
基本通行能力(pcu/h/车道)	2 200	2 100	2 000
设计通行能力(pcu/h/车道)	1 600	1 400	1 200

高速公路路段上的实际行驶速度,受车道数、车道宽以及路侧宽度的影响会小于设计速度,因此,高速公路路段设计通行能力应根据不同车道数、车道宽以及路侧宽度条件下的实际行驶速度进行修正。其中,实际行驶速度可根据当地类似高速公路的观测资料或按下式计算:

$$v_R = v_D + \Delta v_W + \Delta v_N \tag{2-5}$$

式中:v_R——二级服务水平时,高速公路实际行驶速度(km/h);

v_D——设计速度(km/h);

Δv_W——车道宽度和路侧宽度对设计速度的修正值(km/h),可根据当地类似高速公路的观测资料确定或按表2-9取用;

Δv_N——车道数对设计速度的修正值(km/h),可根据当地类似高速公路的观测资料确定或按表2-10取用。

车道宽度和路侧宽度对设计速度的修正　　　　　　　　　　　表2-9

宽　　度(m)		设计速度修正值Δv_W(km/h)	
		高　速　公　路	一　级　公　路
车道	3.25	-5.0	-8.0
	3.50	-3.0	-3.0
	3.75	0.0	0.0
左侧路缘带	0.25	-3.0	-5.0
	0.50	-1.0	-3.0
	0.75	0.0	0.0
右侧路肩	≤0.75	-5.0	-8.0
	1.00	-3.0	-5.0
	1.50	-1.0	-3.0
	≥2.00	0.0	0.0

车道数对设计速度的修正　　　　　　　　　　　表2-10

车道数(单向)	设计速度修正值Δv_N(km/h)
≥4	0
3	-4.0
2	-8.0

因此,高速公路路段的实际通行能力可按以下公式计算:

$$C_r = C_d \times f_{HV} \times f_N \times f_p \tag{2-6}$$

式中:C_r——高速公路路段的实际通行能力(veh/h/车道);

C_d——与实际行驶速度相对应的高速公路路段设计通行能力(pcu/h/车道);

f_{HV}——交通组成修正系数,按下式计算:

$$f_{HV} = \frac{1}{1 + \sum P_i(E_i - 1)} \qquad (2-7)$$

P_i——中型车、大型车、拖挂车(i)交通量占总交通量的百分比;

E_i——中型车、大型车、拖挂车(i)车辆折算系数,按表2-11选取;

f_N——六车道及其以上高速公路的车道修正系数,取0.98~0.99;

f_p——驾驶者总体特征修正系数,通过调查确定,通常在0.95~1.00之间。

高速公路、一级公路通行能力分析车辆折算系数　　　　表2-11

车 型	交通量 (veh/h/车道)	实际行驶速度(km/h)			
		120	100	80	60
中型车	≤500	1.5	2	3	3
	500~1 000	2	3	4	5
	1 000~1 500	3.0	4	5	6
	≥1 500	1.5	2	3	4
大型车	≤500	2	2	3	3
	500~1 000	4	5	6	7
	1 000~1 500	5	6	7	8
	≥1 500	2	3	4	5
拖挂车 (含集装箱车)	≤500	3	4	6	7
	500~1 000	5	6	8	10
	1 000~1 500	6	7	10	12
	≥1 500	3	4	5	6

(4)高速公路的适应交通量

尽管世界上大多数国家都采用小时交通量为高速公路设计交通量,我国对高速公路交通分析也采用小时交通量,但由于我国公路设计一直沿用适应交通量作为设计依据,因此目前我国《标准》中高速公路设计仍采用适应交通量作为指标。其值可按下式计算:

$$AADT = \frac{C_D N}{KD} \qquad (2-8)$$

式中:AADT——远景年限的设计年平均日交通量(veh/d);

C_D——单车道设计通行能力(pcu/h/车道);

N——单向车道数;

K——设计小时交通量系数,我国目前尚未针对高速公路运行进行此项调查,参考中交公路规划设计院对一般公路设计小时交通量系数的研究,并考虑高速公路对日交通量的一定调节作用,K值大约在0.095~0.135之间,具体应用时可根据当地的交通量观测资料作适当调整;

D——交通流方向分布系数,根据我国实际交通调查情况,交通流方向分布系数 D 一般取 0.6,具体应用时可根据当地的交通量观测资料确定。

根据以上公式计算后,高速公路远景年限的年平均日适应交通量大致在以下范围,见表 2-12。

高速公路能适应的年平均日交通量 表 2-12

设计速度(km/h)	四车道(pcu/d)	六车道(pcu/d)	八车道(pcu/d)
120	40 000~55 000	55 000~80 000	80 000~100 000
100	35 000~50 000	50 000~70 000	70 000~90 000
80	25 000~45 000	45 000~60 000	60 000~80 000

第三章　高速公路的规划与勘测设计

第一节　高速公路网的规划

高速公路作为公路网的骨架路线,应在各级公路网的基础上来制订规划,形成主次有别的公路网络,各自发挥作用。高速公路规划是高速公路建设的重要前期工作,是进行公路网规划与决策的重要依据。它是一项综合性的技术经济工作,既是区域交通运输系统规划的重要组成部分,也是区域国土规划、社会经济发展规划的主要内容。

高速公路规划的目的在于,通过系统分析公路现状,科学预测交通需求,合理搞好路线布局,恰当安排建设序列,使高速公路的建设能适合并促进国民经济的发展。

高速公路规划的主要任务是通过调查研究,分析与评价现有公路交通现状,根据区域社会经济发展与公路交通客货流分布特点,预测交通量发展,提出高速公路发展的目标,合理确定路线建设序列(包括分期实施),并提出实现规划目标的政策与措施。

一、高速公路规划的内容

公路网的规划是以运输联系为依据,分析研究客货运量及交通量的变化,以工程经济及运营经济的原则结合地形地物拟订路线的布局,并通过技术经济的综合评价,最后确定规划方案。高速公路规划的主要内容如下。

1. 公路网现状分析

对区域的自然地理条件、社会经济发展水平、综合交通运输布局作出宏观系统分析,特别是对公路网现状的等级、交通现状、运营与管理现状进行调查、分析与评价。

2. 社会经济发展预测

对区域自然资源及生产力布局、城镇及人口分布、产业结构与经济发展水平调查分析,运用多种方法对社会经济发展趋势作出科学预测。

3. 公路交通量预测

在区域社会经济发展的分析与预测基础上,研究综合运输与社会经济发展的相互关系,依据历史资料采用多种方法建立数学模型,对综合运输量、旅客运量流向、货物流量流向,特别是公路运输的流量、流向分布作出预测。

4. 高速公路的布局与优化

结合生产力布局、城镇分布及公路网现状特点,依据一定原理,对路线走向、主要控制点做出多种布局方案,经过技术经济比较,选定最优方案。确定方案时,除比较运输效益和基建投资外,还需要进一步计算修建道路之后运输费所节约的国民经济积累。此外,还应注意到那些不能用货币表示的社会效益,如经济、文化等联系上的改进,道路吸引区的扩大,地价的上升,新企业的增加等。

5. 高速公路规划的具体实施

依建设基金、交通量分布及路线地位、功能等条件，对规划方案中的各条路线、路段作出建设序列安排。

6. 实施高速公路规划的对策与措施

对高速公路规划实施中的资金、技术、材料等重要问题，需在其前期的可行性研究工作中研究论证，对规划实施的管理体制提出基本对策与措施。

7. 高速公路的综合评价

综合评价包括技术评价、经济评价、社会发展影响评价、国防安全评价、环境影响评价等。

二、高速公路规划的目标与基本原则

1. 高速公路规划的目标

公路网规划目标和原则的确定或许存在有某些"放之四海而皆准"的律条，但规划目标的描述必须是具体的、可操作、可控制和可评价的。

(1) 高起点、高水平整体建设目标

高速公路路网的规划和建设不仅仅要能满足需求，而且要能提供高水准交通服务，通常以网络的规模（路网总长度或各种密度指标）、结构（高速公路比例、平均技术等级）和规划路网运行的总体性能来说明。

(2) 连通性目标

高速公路网规划应能够支撑并促进城镇体系发展和综合运输体系发展。综合考虑高速公路与其他公路、城市道路、与运输枢纽的布局与衔接，通过节点选择和节点重要度计算，确定规划高速公路网与这些节点的连通要求。例如，天津公路网规划要求高速公路连通中心城与二级市、重要外围节点、市级工业园区、重要对外交通枢纽。

(3) 可达性目标

高速公路网服务对于城市群和城镇一体化发展目标支撑、带动的程度，反映道路网中某节点与其他节点之间的相互关系的可达性，以及节点间交通联系的便捷程度和路网的总体服务水平，可以用指定节点或区域之间机动车平均行驶时间或直捷性系数来衡量。

(4) 系统性目标

高速公路公路网规划应综合考虑规划、管理、建设，保证规划的可操作性。公路网规划应包含线路规划、技术标准、立交、收费站、服务区规划，包含监控系统、通信系统、收费系统规划。通过近期建设与长远发展的协调，在用户目标与社会目标协调前提下制订分期建设规划。

(5) 适应性目标

由于交通预测的不确定性和道路使用的延续性，长远规划必须能够在规划期内对外部条件可能的变化，如经济增长或机动车保有水平的波动，有较好的适应性，能够通过局部的调整保持服务能力，并且有发展的余地。

2. 高速公路规划的基本原则

(1) 依据国家国民经济与社会发展对公路建设提出的任务和要求，制订高速公路规划的总体格局。

(2) 高速公路网的规划应作为综合交通运输体系的一部分，必须与铁路、水运、民航等运输方式密切配合、相互协调、综合配套。公路运输所具有的机动灵活、门对门服务等优越性应得到充分的发挥。

综合交通运输体系是一种有机联系、综合组配的高效率交通运输体系。组成这种体系的"骨料"是各种运输工具与设施、运输机构和用户，联结这种体系的"黏结剂"是各自的利益和社会需求，协调这种体系的"调节器"是正确的政策法规和有效的行政管理，促使这种体系高效运营的纽带和"增效剂"是庞大的和几乎可以无所不包的信息网络系统。

综合交通运输的优点在于节省运输时间、消灭空驶、节省能源、减少中转环节，能使商品流通资金周转加快，从而方便人民生活、加速经济发展。

(3) 应能符合工程经济和运营经济以及分期修建的原则，既要满足当前运输的要求，又能适应今后经济发展的需要。

(4) 公路网的网形布置与密度，应力求达到密度小、路线短以及运输效率高、运输成本低的要求。

(5) 规划应与环境保护、生态平衡相结合，符合国家对环境保护的规定。

(6) 规划公路网时，为获得最优方案，应选定若干方案进行技术经济计算，最后加以比较确定。

规划方案的经济比较与论证是以经济调查资料为依据的。论证中须满足下述两个基本要求：首先保证道路具有一定的质量指标，以期获得尽可能高的运输效益；其次在保证道路质量指标的前提下，尽量降低道路造价，节省投资。

三、高速公路规划的基本方法

公路网规划方法的研究主要集中在网络合理规模、布局优化理论和综合评价体系三个方面。各国学者根据本国的经济发展和交通情况，提出了不同的公路网规划理论与方法。在高速公路网规划技术的研究方面，目前主要采用以下几种方法。

1. 以研究 O-D 流为基础的规划方法（图 3-1）

该方法以微观经济学理论为基础，通过现状 O-D 调查、交通数据采集和历史资料分析，研究区域经济在时间和空间上的发展对交通需求的影响，建立需求预测模型。运用系统的原理和方法，从经济发展分析入手，研究区域经济在时间和空间上的发展对交通需求的影响，通过交通需求的集中和发生量预测、O-D 分布预测运输方式分担预测和路网交通量分配预测等四个步骤，把公路网规划同经济发展有机地联系起来，是目前最成熟、应用最广泛的一种方法。我国省、市的区域公路网规划大都以四步骤模型作为未来交通量预测分析的工具。

采用这种方法需要有正确的 O-D 流资料，采集资料时间周期长、成本高，分析结果比较偏重于以改善交通运行状况为目的进行网络和线路的优化，并且技术方法本身在理论上也存在需进一步研究和探讨的问题。

这种方法通过未来交通增长需求条件下各规划路网方案的运行分析，如流量、车速、饱和度等技术指标，对规划方案进行评价和比选，但对规划方案的产生过程并不能提供技术支持。四阶段法的有效性较多依赖于 O-D 流资料，分析结果偏重于以改善交通运行状况为目的进行网络和线路的优化。

2. 以通达为目标的节点法（图 3-2）

这种方法是将路网规划问题分解成路网节点的选择和路网线路的选择两部分进行。美国、德国和日本等国在进行国家干线公路网规划时都采用这种方法。美国把所有 5 万人口以上的城市作为路网节点，德国把所有 5 万人口以上的城市和 90% 的 5 万以下人口的城市作为路网节点，日本则把 10 万人口以上的城市作为路网节点。在路网节点间线路的选择上，美国规定节点间线路应尽可能通过人口稠密的城市和农村,尽可能通过工业集中地区和发达的农业地区,尽可能通过汽车保有量较高的地区,尽可能包含军事交通线路和交通繁忙线路;德国规定节点间线路应是交通繁忙线路,应通过经济开发区,应与邻近地区(国家)相连;日本规定节点间线路应通过交通繁忙、沿线人口密度较大的地区。

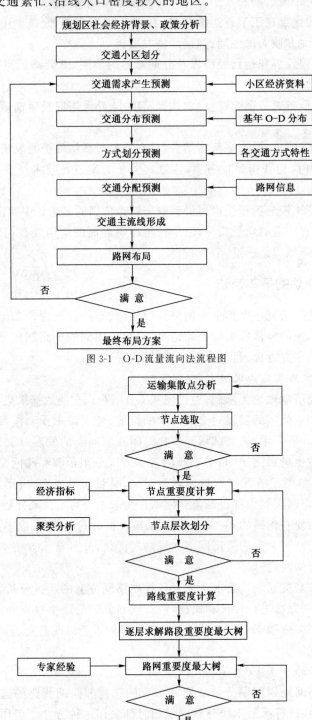

图 3-1 O-D 流量流向法流程图

图 3-2 节点法工作流程图

不同地区、规模和不同层次的路网规划对节点的选择可以有不同的依据,其核心是通过交通、经济要素的综合考虑,建立节点重要度模型和节点间连线重要度模型,作为网络布局的依据。由于城镇体系发展、土地开发和交通网络之间存在必然的联系,这类方法能够比较好地解释土地利用、交通需求与交通设施之间的关系,可以体现网络的整体服务要求而不仅仅是交通需求。这类方法的优点是概念明确,计算简单。然而,节点选择重要度模型建立过程中定性成分相对较多,无法对线路布局和方案总规模的确定进行优化分析。

3. 总量控制法(图 3-3)

总量控制法的基本思想是从宏观整体出发,以现状公路网的道路与交通特征参数分析和综合评价现状公路网;以区域内道路交通总需求来控制公路网建设总规模;以区域内社会经济发展和生产力分布特点,并结合综合交通运输规划,来确定路网的总格局和分期实施方案。作为一种宏观规划方法,总量控制法的优点是可以科学地把握网络总规模,总体上属于"供给追随型"规划思想,即根据需求决定"供给"水平,对线路布局和优化缺乏合理的方法和有力的分析工具。

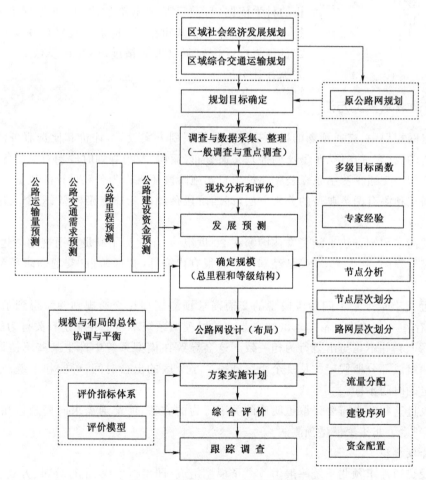

图 3-3 公路网规划总量控制法流程图

4. 交通区位布局法

通过对规划区域的经济地理特征、经济发展模式和资源的分布、需求情况的分析,找出规划区域内交通产生的高发地带,作为交通区位线,即区域的交通走廊。该方法优点是从交通的源头出发,强调交通对经济发展的引导作用,适合于区域的远期交通规划;缺点是对于干线重要程度只能予以定性描述,而无法进行定量分析和优化。

5. 类比分析法(图3-4)

其主要根据发达国家公路交通发展与社会经济的关系,分析发达国家公路交通发展轨迹,通过回归分析和单因素分析等定量分析手段,研究分析公路发展阶段、公路网里程和结构。该方法概念简单明确,但由于各国家和地区存在一定差异,可作为一种方法利用。

6. 专家经验法

专家经验法是在区域交通规划前期所采用的主要布局方法,主要是根据权威专家与当地专家、领导的经验来确定道路的走向,从而确定整个道路网络的分布。这种方法完全依赖于专家和领导的经验,依靠主观定性分析来判断,缺乏定量分析的科学依据,目前已基本不单独使用。但需要说明的一点是,专家的经验是非常重要的,特别是在经济快速增长时期,定量预测难以达到所要求的精度,还往往要依靠专家的经验来弥补其不足。

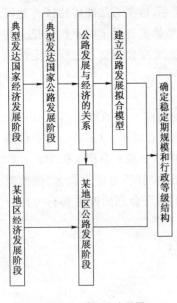

图3-4 类比法流程图

四、交通需求预测方法

在公路网规划中,交通预测的目的是为公路网规划方案设计、评价和比选服务的,其主要结果是交通构成(客货比例、车型比例等)、交通分布(流向)及与规划时段相对应的各路段交通量。准确合理的交通预测结果在公路建设项目实施阶段还将作为公路设计的依据。

交通需求预测有两类典型的分析方法,即四阶段预测法和非集聚模型(即个人选择模型)预测法。

第一类需求预测方法是欧美发达国家在20世纪50年代为了满足交通规划与建设的需要而开始研究开发的,到了70年代已经基本形成很有代表性的"四阶段"交通需求预测模式,称为四阶段模型。

尽管近几十年来基于四阶段模型的交通需求预测模型在交通规划领域得到了广泛的应用,但它也存在一些缺点。最基本的缺点是四阶段模型系统本质上并非是有关行为的理论,也就是说实际上它并不是与出行行为相一致。这会导致在模型系统中产生某些不协调等问题。如一个协调组成部分所假定的从一个小区到另一小个区的出行时间,可能和系统的后续组成部分所假定的时间不同。

为了改进这些缺点需要采取更明确的关于行为的方法,使交通需求向概念化和模型化方面发展,即产生了非集聚模型预测法。

1. 四阶段模型

四阶段交通需求预测系统一般由4个子模型组成,即出行生成、出行分布、方式选择、路网分配。出行生成预测是指对每一个小区产生和吸引的出行数量的预测,即预测发生在每一个小区的出行端数量。换言之,出行生成预测是预测研究对象地区内,每一个小区的全部进出交通流,但并不预测这些交通流从何处来到何处去;出行分布预测是指从起点小区到终点小区(O-D)的交通量的预测;方式划分预测是指对每组起终点间各种可能的交通方式(轨道交通、公共汽车、自行车等)所承担的比例的预测,即决定出行者采用何种交通方式出行;路网分配是将每种交通方式的起终点(O-D)之间的客流量通过各自有关的模型网络分配在特定线路上。4个子模型形成一个序列,前一个子模型的输出结果为后一个子模型的输入数据,提供从起点到终点以及采用某种交通工具行走某条路线的交通流的预测结果。这个预测模型简明易懂,使用方便。

四阶段模型分为交通生成预测模型、方式划分预测模型、交通分布预测模型、交通分配预测模型(表3-1)。方式划分预测可以在分布预测之前,但生成预测、分布预测、分配预测总是依次进行的。在具体的交通预测中,有些预测模型是分阶段相互独立的,有些模型则是将多个阶段的模型综合在一起的。例如,生成预测与方式划分预测综合在一起,分布预测与方式划分预测在一起。

四阶段法各阶段预测模型分类 表 3-1

交 通 生 成	方 式 划 分	交 通 分 布	交 通 分 配
运输量与交通量转换法(回归分析法、指数平滑法)	分担率曲线法(转移曲线法)	现在状态法(均衡增长率法、平均增长率、Fratar 法、Detroit 法、Furness 法)	平衡分配法(固定需求模型、弹性需求模型、综合平衡分配模型)
弹性系数法	函数模型法	综合法(重力模型法、多元回归法、机会模型)	非平衡分配法(全有全无法、容量限制法、多路径概率法)
交通系数法(原单位系数法)	最小损失模型		

2. 非集聚模型

非集聚模型需求预测系统是基于个体的非集聚分析为基础,这不仅仅是对个人行动的记述和表现,而且是建立在合理的选择标准基础上的。它以随机效用理论为基础,基本假定为:个人将在利用可能的、选择肢相互独立的集合中,选择认为对自己来说效用最大的选择肢。非集聚模型正是以此基本的行为假定为基础而构造选择模型的,所以也称为非集聚行为模型或个人选择模型。

交通的选择包括是否出行(出行频度),去何地(目的地),何时出行(时刻),用何种交通方式(交通方式),走哪条路(路径)。交通选择就是在上述每一步决策时,从所具有的选择肢群中决定一种移动方式的组合结果。如何决定移动方式,可以认为因人而异,出行者一般用不同的方法进行决策。为了研究和描述出行者的交通选择行为,从合理的交通行动到完全随机的行为这一整个范围内,研究者可以做出各种各样的假定。而非集聚模型假定决策者将从可能的选择肢中,通过合理选择,选取"对自己来说效用最大的选择肢"。也就是说,首先选择"利用可能的选择肢群",其次选择"对自己来说效用最大的选择肢"。

非集聚模型主要有两肢、多肢的罗吉特模型(MNL 模型)(Multi-Nomial Logit Model)及其变形,如 NL(Nested Logit Model)、HL(Hierachical Logit Model)、MNP(Multi-Nomial Probit Model)等模型。

多肢罗吉特模型形式为:

$$P_{in} = \frac{\exp(V_i)}{\exp(V_i) + \exp(V^*)} = \frac{\exp(V_i)}{\sum_j \exp(V_j)} \quad (3-1)$$

式中:P_{in}——出行者 n 选择方案 i 的出行概率;

V^*——上肢选择 j 条件下,下肢选择 i 的效用的最大值;

V_i——效用确定项,一般可以通过选择肢 i 的特性变量(X_i)及个人的社会经济属性(S_n)等影响因素 $Z_{in}[Z_{in}=(Z_{in1},Z_{in2},\cdots,Z_{ink},\cdots,Z_{inK})]$的线性函数来表示,即:

$$V_i = \beta_1 Z_{in1} + \beta_2 Z_{in2} + \cdots + \beta_k Z_{ink} \cdots + \beta_K Z_{inK} \tag{3-2}$$

其中,$\beta_k(k=1,2,\cdots,K)$为参数,表示变量 Z_{ink} 对效用产生影响的重要度。参数需要现状分析数据进行标定。

非集聚模型的建立顺序如图 3-5 所示。

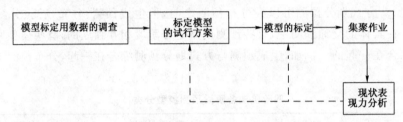

图 3-5 非集聚模型的建立顺序

3. 两种模型的比较(表 3-2)

四阶段模型与非集聚模型的比较　　　　　表 3-2

模型类别	四阶段模型	非集聚模型
调查单位	单个出行	单个出行
分析单位	小区	个人(家庭,企业)
调查效率	需要的样本数多	需要的样本数较少
因变量	小区统计值(连续量)	个人的选择结果(离散量)
考虑个人属性的难度	困难	容易
模型标定方法	回归分析等	极大似然估计法等
计算工作量	比较小	比较大
适用范围	标定模型用的小区	任意
政策表现能力	小区平均值的变化	各个自变量的变化
捕捉交通现象的方法	产生、吸引 ↓ 分布 ↓ 交通方式划分 ↓ 交通分配	出行频率 ↓ 目的地选择 ↓ 交通方式选择 ↓ 路径选择

五、高速公路规划的评价

1. 评价内容

在公路网规划研究的现状分析、布局优化、综合评价阶段中,都涉及评价的内容,可分别称为现状评价、方案评价、综合评价。这三个评价阶段之间存在一定的内在联系,也遵循一定的顺序关系,见图 3-6。

(1)先进行现状评价,为方案设计提供依据及信息;
(2)然后对拟订的备选方案进行方案评价和比选;
(3)最后对选定的建设方案进行综合评价,为有关部门决策者提供依据。

2. 评价的分类

在现有的规划研究资料中,一般把公路网规划的评价分为技术评价、经济评价、社会评价;

有时为了突出环境和生态的重要性,还把环境影响评价从社会评价中单列出来。

在现状评价、方案评价、综合评价三个评价阶段中,都可以包含技术评价、经济评价、社会评价的内容,但评价工作重点有很大差别。目前,在有些规划文本中,会忽视不同评价阶段的目的和特点,从而导致评价过程中评价指标及评价方法选用不当的情况。按图 3-6 方式表现公路网规划的评价体系,主要意图是强调:由于各评价阶段的目的、原则、重点有所不同,评价工作内容有较大差别。

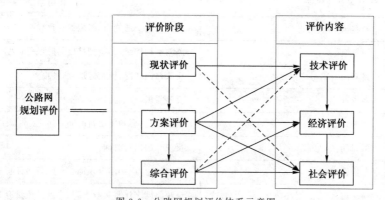

图 3-6　公路网规划评价体系示意图

注:评价内容栏的有向箭头,实线表示重点,虚线表示非重点。

(1)现状评价

现状评价是对公路网现状进行评价的过程。它也称为现状分析或"诊断"分析,主要目的是为了发现公路网本身存在的问题,为下一步规划工作中的交通需求预测及公路网方案设计提供信息或依据,开拓思路。其工作重点是针对"有问题"(不好的、欠缺)的方面,而对公路中"好"(适应、充足)的方面一带而过,不作深入考虑。

在现状评价阶段,评价工作内容主要为技术评价,也会有少量的社会评价(宏观的社会、经济、环境方面的定性分析),参见图 3-6 评价内容栏目中的有向箭头线。

(2)方案评价

方案评价是对备选方案进行分析、比较、选择的过程。其主要目的是为了选择较好方案,当然这种"好"的尺度是建立在已经选定的评价准则和评价指标体系基础上的。其主要工作内容是制订"选择标准"(即评价指标及评价方法)以及获取"选择标准"所必需的数据。由于其主要目的是"选择"方案,故可以把工作重点放在备选方案之间不同的方面,而对它们相同的方面可以不作深入分析。

方案评价是一种过程性评价,是通过评价不断完善备选方案的过程。

(3)综合评价

综合评价是对已经选定的公路网建设方案进行全面评价的过程,包括技术、经济、政治、生态环境等方面。其主要目的是评价公路网在各规划期如期实施后达到的整体水平,其工作重点是宏观效果方面。综合评价的结果可用于政府高层决策者根据评价资料及信息,与公路以外的经济部门进行横向比较,从而决定各期对公路部门的建设投资额或制订相关政策。

综合评价是一种状态性评价,即评价已经确定的公路网方案实施后各方面达到的整体水平。综合性评价是一种事后评价,暂时不会影响建设方案的变更。

在不同的目的及工作重点下,选择的评价指标是不同的。因此,对不同类型的评价,需根据其目的选用合适的评价指标体系及评价方法,从而提高工作效率及效果。

3. 技术评价

综合上海、江苏、山东、扬州、南京等省市公路网规划研究报告,汇总得到如表 3-3 所示的现状分析评价指标体系。

公路网规划现状分析评价指标汇总表　　　　表 3-3

技术评价指标		目的和用途
道路特征	网容量	路网总的交通能力,影响拥挤度
	网等级	路网平均等级,影响拥挤度、速度、舒适度
	路面铺装率	反映路面状况,影响舒适度、速度
交通特征	网流量	反映需求,影响拥挤度
	网平均车速	反映车速,影响总出行时间
	网时间	反映总的出行时间
	车辆构成	反映需求,影响需求预测、车速、等级配置
	网车流密度	反映路网车流密集程度,与车速及流量有关
服务水平	网拥挤度	反映拥挤程度,指导路网方案设计
	里程饱和率(里程拥挤率)	总量指标,指导路网规模估算
	事故率	仅对微观的路段及交叉口设计有影响。由于造成事故的因素众多,实际上在路网规划中很难考虑
通达程度	网连通度	网络节点连通强度,反映网化程度,公路网节点的平均通达程度
	节点通达性	反映节点的通达程度
	线网覆盖深度	反映网络化程度
路网规模	网密度	反映公路网规模,分为面积、人口、经济、面积人口等
	公路网理想规模接近度	反映设计公路网与目标公路网的关系
	各技术等级的公路规模比例	反映公路网内部体系之间的协调程度
	各行政等级的公路规模比例	与公路管理有关
公路网衔接	节点至高速公路出入口距离	与城镇体系的衔接
	与交通枢纽的连接	
	与外省市公路的连接	
	与城市干线道路的连接	
	节点间最短路时间或距离	离中心城、离高速公路匝道、离干线公路
路网适应性	假设需求发生变化时路网的适应情况	反映设计路网对变化的需求的适应程度或敏感程度

(1)方案评价

方案评价目的是为了取舍方案。在选取指标时应注意:

①指标体系的完备性。指标体系代表了方案全部的效益。由于实际上很难做到,所以常以规划目标为前提制订若干评价准则。评价指标体系基本反映评价准则所要求的各种效益。公路网方案的指标不外乎效益和费用两方面,从效益方面看,可从社会(政府所代表的全体人

民)、管理者(公路局)、用户(使用公路的用户,车主或乘客);从费用方面看,主要是公路网方案的建设成本和维修成本。

②评价指标的独立性。为了减少多指标综合过程中人为误差,需要在考虑指标体系完备性的原则下尽量选择相互独立的指标,而要减少复合性的指标(即可以由其他一项或多项指标表示的指标)。

③重在比较方案间的差异。方案评价的主要目的是在同等条件下取舍方案,因此,可以对方案间效益相同的部分不设立评价指标,而重点比较方案间的不同效益部分。

(2)综合评价

在综合评价阶段,技术评价指标的选用要体现目标性、整体性,即:

①与规划目标直接相关的指标,如路网可达性、路网平均等级、路网连通性等。

②反映路网整体服务水平的指标,如路网平均速度、路网饱和度、路网适应性等。

4.经济评价

公路网规划经济评价是从国民经济的角度分析公路网规划的经济效益,通常计算那些能够量化的直接经济效益。有关的评价指标有效益费用比、净收益、内部收益率、投资回收期。

公路网建设在国民经济方面的直接效益包括:

(1)路网建成后,由于服务水平的提高使车辆出行时间节省产生的效益;

(2)路网建成后,由于路网密度增加、布局改善,使得车辆出行距离节省所产生的效益。

一般采用有无(基年与各规划期的路网)对比的方法进行评价。

在现状评价阶段,由于现状路网是即将被发生较大改变的设施,其已经投入的资金的利用效率在以前曾经作过经济评价,因此实际上很少再作经济评价。

在方案评价阶段,由于各方案的投资数量及投资场所有所不同,会影响到资金的来源及其利用效率,因此一般要对备选方案作比较性的经济评价。

在综合评价阶段,一般对推荐的规划方案进行经济评价。在安排路网实施计划时,还要对资金来源、资金缺口进行分析和估算。

在进行方案评价时,先计算各方案的投资、运营成本、运营时间等参数,然后计算两方案间的直接效益差额,进行经济指标计算和比较。

两个备选方案间的直接效益差额可以分四类分别计算:货物运输成本降低效益、旅客运输成本降低效益、货物在途时间节约效益、旅客在途时间节约效益及实载率。

5.社会评价

公路网规划的社会评价所包含的内容很广,包括规划公路网所产生的除技术评价、经济评价之外的所有方面,如政治、文化、生活环境、生态环境、难以定量描述的经济等方面的影响。每个地区的情况不同,对上面各方面产生的程度也有所不同。为此,《公路网规划编制办法》中列出了社会效果评价的八个方面。

近几年,我国政府及社会各界对可持续发展的观点及思想比较重视,在公路网规划中需注重环境效益评价及生态效益评价。

6.综合评价方法

当采用多指标的评价系统选择方案时,必然要对这些指标进行综合分析。综合评价的方法有价值分析法、单纯矩阵法、层次分析法、层次熵决策分析法、模糊综合评判法、多目标决策分析法、基于神经网络的综合评价方法等。具体方法可参见相关的参考资料。

第二节 项目可行性研究

工程可行性研究就是论证工程项目的技术上可能性和经济上的合理性,建设条件是否具备,效益是否最佳,以提供决策依据,保证工程的经济效果。它属于基本建设的前期工作,是基本建设程序中规定的重要组成部分。

可行性研究的目的,不仅在于说明拟建项目是不是最佳方案,确定工程的固有价值,预见其效益,还要说明拟建项目该不该实施以及实施的最佳时机。

一、可行性研究报告的内容

根据深度要求可有不同,可行性研究报告一般应包括下列内容。

1. 现状评价

对现状进行分析,确定关键问题,对工程项目建设(或改建)提出技术经济依据,指明解决问题的方向和目标。

2. 发展预测

通过项目所在地区的经济调查和资料分析,预测交通量发展和客货流交通的构成、流量、流向;建立预测数学模式,改进项目的经济合理性、建设标准以及建设规模,为可行性研究提供经济依据。

3. 建设条件

通过勘察和必要的钻探、测量、试验,掌握地形、地质、水文、气象等自然条件及具体建设条件,拟订并论证方案的技术可行性,选择最佳建设方案。

4. 协作条件

调查筑路材料的来源及其产量、质量、单价,建筑物拆迁,水电供应,劳力和劳资状况,以及国家和当地群众对工程项目的需求等情况,论述外部协作条件的可行性。

5. 施工工艺

根据项目特点和施工机具的条件,研究是否可采用新技术、新设备、新工艺和新材料,选择工期短、效率高、效益好的施工方案和投资效果最好的建设周期。

6. 投资和效益

依资金来源和投资水平,对工程造价、养护费用、运输成本和经济效益,作出技术经济论证,为拟建项目是否可行提出科学依据。

二、公路工程可行性研究的程序

研究程序大体可分为提出问题、调查情况、拟出方案、技术经济论证等阶段。可行性研究的具体程序示意如图 3-7 所示。

可行性研究分初步可行性研究和可行性研究两种。初步可行性研究较粗略,可行性研究则较细致、完整、全面。可行性研究都要写出报告,按规定上报,经批准后才能开始进行工程设计。

三、经济效益的分析与评估

道路经济效益可由成本和受益两方面组成,如图 3-8 所示。

效益除经济效益(如车辆行驶费用的节约、行程时间的节省、交通事故的减少等)外,还有社会效益。建成道路后,改善了地区交通系统的效益。例如京津塘公路建成后,将起疏港作用,从北京到大连,经铁路京沈大线全长为1 238km,改由京津塘公路至塘沽,水运至大连,路程仅540km。社会效益还包括能源节约的效益,公路建成促使沿线集镇的建立、便于市区工厂的外迁,以及增加居民就业等。

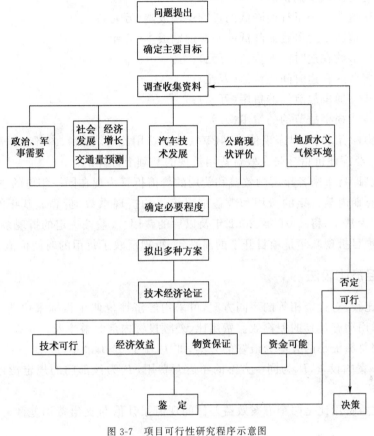

图 3-7　项目可行性研究程序示意图

图 3-8　效益分析

道路经济评价,应通过其所支出的费用与全社会公路使用者所获得的效益两者的比较来衡量。

全社会道路使用者所获得的效益包括由于道路新建或改建导致客货运输成本降低,道路改建使原有道路减少拥挤所得到的客货运输效益,因改建缩短里程而降低的运输成本,因新建或改建导致客货运输时间减少而使全社会道路使用者受益,以及道路改建导致事故减少而节约的费用。

$$B = B_1 + B_2 + B_3 + B_4 + B_5 + B_6 + B_7 + B_8 + B_9 + B_{10} \tag{3-3}$$

式中：B——全社会道路使用者的经济效益（万元）；

B_1——道路新建或改建导致货物运输成本降低的效益（万元）；

B_2——道路新建或改建导致旅客运输成本降低的效益（万元）；

B_3——改建道路减少拥挤的货物运输效益（万元）；

B_4——改建道路减少拥挤的旅客运输效益（万元）；

B_5——改建道路缩短里程而降低的货物运输成本（万元）；

B_6——改建道路缩短里程而降低的旅客运输成本（万元）；

B_7——货物节约在途时间的价值（万元）；

B_8——旅客节约在途时间的价值（万元）；

B_9——减少交通事故节约的费用（万元）；

B_{10}——减少货损事故节约的费用（万元）。

经济评价指标有 4 个，即净现值（ENPV）、效益费用比（EBCR）、内部收益率（EIRR）和投资回收期（T）。经济评价指标是在效益费用折现的基础上计算的。

所谓"折现"即将未来各年度的效益和费用的价值折算为现在同一年份的过程。折现的过程是将评价计算期内某一年的费用和效益乘以该年的折现系数，折算成基年的费用和效益。例如以 2000 年为基年，将 2001 年、2002 年及以后的费用、效益按一定的折现系数折算到 2000 年。公路建设项目折现基年是项目开工的前一年，折现反映了货币的时间价值。

四、方案经济比较法

项目经济比较，对投资相等的不同方案，可采用经济评价四个指标来比选；而对投资不等方案比选，可采用动态计算的差额效益费用比、差额投资内部收益率及差额投资回收期计算比较；以工程费用总额最小的方案为最好的方案，即 $P_1 + T_0 \times B_1$ 最小，或 $B_1 + E_0 \times P_1$ 最小。其中，P_1 为每个方案的投资，B_1 为同一方案的年运营费用，T_0 为该部门的规定偿还年限，E_0 为该部门的规定投资系数。

（1）差额效益费用比是两个方案效益差额的现值累计值与支出费用差额的现值累计值的比值。

$$\text{BCR}_0 = \frac{\sum_{t=0}^{t=n}(B_{2t} - B_{1t})P_t}{\sum_{t=0}^{t=n}(C_{2t} - C_{1t})P_t} \tag{3-4}$$

式中：BCR_0——差额效益费用比；

B_{1t}——第一方案第 t 年的效益金额（万元）；

B_{2t}——第二方案第 t 年的效益金额（万元）；

C_{1t}——第一方案第 t 年的费用金额（万元）；

C_{2t}——第二方案第 t 年的费用金额（万元）；

P_t——第 t 年的折现系数（折现率为 i 时）；

n——公路项目计算年限。

如果 BCR_0 大于 1，说明第二方案优于第一方案；反之，则第一方案优于第二方案。

（2）差额内部收益率是两个方案净现金流量差额的现值之和等于零时的折现率。

$$\sum_{t=0}^{t=n}[(B_{1t} - C_{1t}) - (B_{2t} - C_{2t})] \cdot P_t = 0 \tag{3-5}$$

(3)差额投资回收期是对比方案投资差额与年效益差额之比。

年效益金额为等额,按静态计算的差额投资回收期(T_j)按式(3-6)计算。

$$T_j = \frac{P_1 - P_2}{B_2 - B_1} \tag{3-6}$$

年效益金额为等额时,按动态计算的差额投资回收期,以及年效益金额为不等额时,按静态或动态计算的差额回收期,参照前述投资回收期的计算方法进行计算。

第三节　高速公路的选线

高速公路具有快速、便捷、安全、量大、经济等特点,但也存在占地多、工程量大、造价高等问题,因此,高速公路线位的确定显得更为重要,特别是高速公路线形标准高,又有较多的立体交叉、交通工程设施、与城市的连接、进出口地点的选择、通道的设置等特别需要解决的问题。所以说,高速公路选线是一项技术经济综合性的工作,必须进行总体设计及方案比选,才能确定最优的路线方案。

一、路线方案与总体设计

路线方案是根据指定的路线总方向、道路的性质任务,结合自然因素、经济条件,拟订路线的走向。路线的起讫点及中间必须经过的城镇和控制点,通常是公路网规划或国家建设需要而指定的"据点",把"据点"连接成线,就是路线的总方向。但两据点间可能有不同的线位,例如沿河流的哪一岸、靠城镇的哪一侧,这些可能的线位就是路线的方案,应结合当地条件,经过技术经济论证比选,最后选定最优的方案。

布线时注意的问题如下。

1. 起讫点的确定

高速公路一般以城市(市、县)作为控制点,离开城市的距离视路线走向及布线情况而定。例如,城市有外环线者,可根据设计交通量设4～8车道的连接线,使外环线与主线接通,通常主线起(讫)点设在外环线外2～3km为宜,以便渠化交通,利于布设互通立交或收费站等管理设施;当城市外环线未形成时,起(讫)点可选在距城市10～15年发展规划边缘外2～3km左右,拟做连接线与城市干道相接;高速公路与城镇距离应从城镇规划、国土开发、环境保护及高速公路的性质功能综合考虑,以"近而不入,远而不离"为原则,方便城镇车辆上下,一般以距城镇规划区2～5km为宜,最大不超过8km。

2. 高速公路的立体交叉

高速公路修建的互通式立体交叉,其位置的选择,应考虑立体交叉的整体布局、横向交通的便利及相交道路的集散情况;互通式立交的间距、位置应考虑相交道路交通流向、社会环境、自然条件等因素确定,一般相距10～25km为宜,大城市和工矿区周围4～10km;大于25km以上时不利于吸引沿线交通量,影响高速公路整体效益的发挥,仅适于山区集镇。

3. 路堤高度与通道设置

平原区、微丘区的高速公路路基以低路堤为宜,即控制在最小填土高度附近为合理;但为满足农村农业运输需要,又需设置一定宽高净空的通道,便于农业机械及人力车的通行,如能解决通道的排水问题,则可降低纵坡及路堤高度,以节省工程量。

4. 高速公路集散道路(辅道)布置

当修建高速公路改变原有交通路线,或为减少路线相交次数合并几条相交路线时,须考虑设置平行于高速公路的集散道路，或为排除混合交通而修建辅道，在总体设计要做出整体安排。

二、高速公路选线的原则与步骤

公路选线是一个涉及面广，影响因素多，政策性和技术性都很强的工作。它是由面到片，由片到线，由粗略到细致的过程，是逐步具体化、逐步补充修改和提高的过程。选线要先通过总体布局解决基本走向，然后再解决局部路线方案直到具体定线。

高速公路的勘测设计工作一般采用两阶段测设程序，即通过初测编制初步设计和工程概算，然后根据批准的初步设计，通过定测编制施工图和工程预算。对复杂的项目或路段，有时采用三阶段测设，即在两阶段测设的中间增加技术设计阶段，完成修正概算。

设计的前期工作，需进行预可行性研究和工程可行性研究。预可行性研究主要是概略规划路线方案，完成工程项目的立项，并为工程可行性研究做准备。工程可行性研究主要是路线方案的比选论证，确定路线的基本走向，并为下达计划任务书提供依据。

高速公路选线的基本原则如下：

(1)公路选线应根据公路使用任务和性质，综合考虑路线区域国民经济发展情况与远景规划，正确处理好近期与远景的关系，在总体规划的指导下，合理选定路线方案，在保证行车安全、迅速、舒适前提下，力争路线短捷。

(2)认真领会计划任务书的精神，依靠地方领导和当地群众，深入现场，多跑、多看、多问、多比较，深入调查当地地形、气候、土质、地质、水文等自然情况，提出有比较价值的方案。

(3)选线应贯彻工程经济与运营经济结合的原则，在不增加工程造价的情况下，尽量提高技术指标；在不降低技术指标的情况下，尽量降低工程造价。

(4)充分利用有利地形、地势，尽量回避不利地带，正确运用技术标准，从行车的安全、畅通和施工、养护的经济、方便着眼，对路线与地形的配合加以研究，做好路线平、纵、横三面的结合，力求平面短捷舒顺，纵面平缓均匀、横面稳定经济。

(5)路线应选择地质稳定、地形条件较好的地区通过，尽量避免穿过不良地质地段；当必须穿过时，应选择合适位置，缩小穿越范围，并采用必要的工程措施。

(6)选线应与环境保护相结合，如路线对自然景观与资源的影响、噪声、汽车废气的影响、路线对农业耕作、城镇布局等影响。

(7)名胜风景、古迹地区的公路，应保护历史文物遗址，线形与构造物应与周围景观，环境相协调。

(8)要考虑施工条件对选定路线的影响。推荐路线方案要注意结合可能的施工方式和施工力量，并积极采用新结构、新材料和先进的施工技术。

为达到上述要求，选线工作必须由浅入深，由轮廓到具体，按照测设程序分阶段、分步骤进行，比较分析后选定最合理的路线。选线一般按全面布局、逐段安排和具体定线三个步骤进行。

(1)全面布局。这是在路线总方向(起讫点和中间必须经过的城镇或地点)确定后，从大面积着手由面到带进行总体布置的过程。此项工作最好先在 1/10 000～1/50 000 地形图上进行路线布局，选定出可能的路线方案，然后进行踏勘与资料收集，根据需要与可能结合具体条件，通过比选落实必须通过的主要控制点，放弃那些应避让的控制点，逐步缩小路线活动范围，进而定出大体的路线布局。

(2)逐段安排。在总体路线方案的基础上,在相邻主要控制点间划分段落,根据公路等级标准,结合其间具体地形(例如结合试坡展线方法)逐段加密细部控制点,进一步明确路线走法,构成路线的雏形。

(3)具体定线。根据地形难易程度,定出一系列的控制点,通过多数点位具体确定转角点,拟订曲线半径,落实路线的桩位。

三、平原微丘区选线

平原区是地面高度变化微小的地区,有时有轻微的起伏和倾斜。平原地区除泥沼、盐渍土、河谷漫滩、草原、戈壁、沙漠等外,一般多为耕地,且分布有各种建筑设施,居民点较密;在天然河网湖区,还具有湖泊、水塘多等特点。虽然地势比较平坦,路线纵坡及曲线半径等几何要素比较容易达到较高的技术标准,但往往由于受当地自然条件和地物的障碍以及支农需要,影响路线的布局,选线时应综合考虑多方面的因素。

平原区地形对路线的限制不大,路线的基本线形应是短捷顺直。一般应采用便捷的直线,较大半径的曲线,中间加入缓和曲线的线形。凡需要转向处,应在较远处开始偏离,使偏角小而线形平顺。

平原区高速公路往往因修建通道造成路堤高,土方量大,纵坡起伏,因此,在保证排水条件下,宜降低路堤高度,并取得与周围景观的协调。

布线时注意少占农田,并与农田水利建设相结合,例如使路线尽可能少与灌溉渠相交,布置在灌溉上方非灌溉的一侧或在渠道的尾部,有时可沿渠堤布线,堤路结合。

微丘区地形略有起伏,地面有一定的自然坡度,区内常有坡形和缓的丘陵分布,地表排水方向明显,选线条件与平原区基本相同。从布线角度看,其较平原应有较大的自由度,但应注意利用地形协调平、纵线形的组合,既不宜过分追求迎合微小地形,造成纵面不必要的起伏,也不宜过分追求直线,造成工程量不必要的增加。

四、山岭区选线

山岭地区山高谷深,坡陡流急,地形复杂,同时地质、气候条件变化多端;但山脉水系清晰,路线方向明确,不是顺山沿水就是穿越山岭或沟谷。依行经地区的地貌和地形特征,在山岭区可有沿河线、山腰(坡)线、越岭线和山脊线。高速公路由于技术指标高,一般宜沿河布设,必要时可采用隧道或高架桥穿越山岭或沟谷。其选线要点如下。

1.沿河线

山区河谷一般不宽,谷坡上陡下缓,多有间断阶地;河谷地质情况复杂,常有滑坡、岩堆、泥石流等病害发生;河流平时流量不大,但一遇暴雨,山洪暴发,则冲刷河岸,甚至破坏田园。

沿河线主要是处理好河岸的选择、线位高低和跨河地点三个关键问题。

(1)河岸选择:路线应选在地形宽坦,有阶地可利用,支沟较少、较小,水文及地质条件良好的一岸;积雪冰冻地区,宜选在阳坡和迎风的一岸;距村镇一定距离,以减少干扰的岸侧为宜。

(2)跨河换岸桥位:跨河桥位原则上应服从路线走向,结合桥位条件,路桥综合考虑,可采用弯、坡、斜、高架等桥型,以适应线形设计的需要。

(3)线位高低:路线应在规定频率设计水位高度之上,一般以低线为主,但应有防洪措施,以保证路基稳定与安全。

2. 越岭线

越岭线的特点是路线需要克服很大的高差，路线的长度和平面位置主要取决于路线纵坡的安排。因此，在越岭线的选线中，须以路线纵断面为主导，以纵坡度为主要控制。

越岭线布局主要应解决的问题是垭口选择、过岭高程选择和垭口两侧路线展线的拟订。

(1) 垭口选择：垭口是体现越岭线方案的重要控制点，必须全面考虑它的高程、位置、地形条件、地质情况，一般选择较低的垭口，而且能够与山下的控制点很好地衔接。对垭口虽高，但山体薄窄的分水岭，采用过岭隧道有可能成为合适的越岭方案。

(2) 过岭高程：过岭高程是越岭线纵向布局的重要控制因素。一般讲，过岭高程越低，路线就越短。为使路线短捷，纵坡平缓，高速公路除山脊宽厚者外，一般采用隧道穿越，其高程主要取决于合适的隧道位置。

(3) 垭口两侧展线方案：越岭线的高差主要通过垭口侧坡展线来克服，高速公路因技术指标高，一般以自然展线为主，在横坡陡峻的山坡宜选用分离式断面布线。

五、重丘陵区选线

重丘陵区山丘连绵，岗坳交错，地面起伏较大，一般自然坡度较陡，具有低山区的特征，路线平、纵面大部分受地形限制，路线走向不如山岭区明显，平面多曲折，纵面多起伏，采用技术指标的活动范围较大。一般应注意如下几点：

(1) 设线不应迁就微小地形，在注意平、纵线位选择的同时，应注意横向填挖的平衡。横坡较缓的地段可采用半填半挖或填多于挖的路基；横坡较陡的地段，宜采用全挖或挖多填少的路基，必要时可设挡土墙，同时还应注意纵向土石方的平衡，以减少废方和借方。

(2) 平、纵、横三面应综合考虑，不应只顾纵坡平缓，而使线路弯曲，平面标准过低；或只顾平面直捷，纵坡平缓，而造成高填深挖，工程量过大；或只顾工程经济过分迁就地形，而使平、纵面过多地采用极限或接近极限的指标。

在横坡陡或沟谷狭窄地段，为减少工程量及保证边坡稳定，可采用往复车道分离的设线方式。

(3) 冲沟比较发育地段，高速公路应考虑采用高路堤或高架桥的直穿方案；当必须绕避时，要注意线形的舒顺。

(4) 丘陵区农林业较发达，低地多为稻田，坡地多为旱作物和经济林，小型水利设施多，布线要注意支援农业，和当地的整田造林及水利规划相结合。

第四节　现代化测设技术

随着科学技术的发展，大量的新技术进入公路测设领域，其中的"3S"技术指 GPS（卫星全球定位系统）、RS（遥感技术）、GIS（地理信息系统）及其集成技术。全站仪、Auto CAD 及相关的道路设计软件是现代国内外公路测设的新技术。

GPS 是以人造卫星为基础的无线电导航定位系统，利用天空中均匀分布的 GPS 卫星轨道参数及其载波相位信号，通过地面接收设备接收其发射信息，实时地测定地面接收载体的三维位置。目前，其在公路控制测量等方面已得到了广泛应用。

航空摄影及摄影图像处理为大规模采集地形数据提供了快捷的手段。

遥感技术已由原来单一的航空可见光摄影遥感逐步发展到热红外、多波段扫描、雷达探测等多种空间遥感技术手段。它为公路工程地质解译提供了准确可靠的信息来源。

地理信息系统 GIS 是采用现代化方法采集、分析、存储、管理、显示、传递和应用与地理和空间分布有关数据的一门综合信息科学。它可作为公路 CAD 系统的基础信息源,在公路规划、设计、管理、养护等方面有着广阔的应用前景。

以下对目前公路测量中最常用的测量技术作一介绍。

一、全站仪

全站仪在功能上将电子经纬仪、红外测距仪合为一体,使用户能在一个测站上完成全部的测角量距工作;不仅如此,微处理器和储存器替代了传统的纸介质记录和计算器,避免了计算和记录错误。全站仪的技术核心包括光电测距和测角。

光电测距亦称为物理测距,可以分为电波测距和光波测距两种。电波测距利用了无线电的微波段,而光波测距是利用了电子学原理和方法,统称光电测距。

光电测距所使用的光源主要是激光光源和红外光源。在工程测量中,一般测程较短,但要求仪器轻巧、灵便,因红外光源具有明显的优势,所以工程测量广泛采用的是红外测距仪。光波测距仪的测距光源一般采用发光二极管,例如 GaAs(砷化镓)二极管。由于该波长大于可见光,所以其具有在空气中透射能力大的优点。

光电测距在本质上来说是测定光在待测距离上往返所需要的时间,从而求算出两点之间的距离。光的速度大约为 30 万公里/s,由于速度非常大,要测量光的发射和返回的时间,即用"距离 = 光速 × 时间"公式算出距离是很难的。因此,光波测距几乎都是采用测量相位差的方式来测量的。这种方法是由仪器发出红外光波,光波通过被测点处的棱镜反射,被仪器接收,通过测定回波与发射波之间的相位差,可求得时间差;调整光波波长,可以使测定的时间差十分精确(图 3-9)。

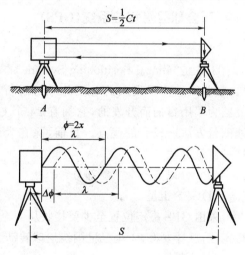

图 3-9 红外测距原理

光电测角采用光电扫描动态测角系统完成。动态测角系统如图 3-10 所示,在度盘上刻有 1 024 个分划,两条分划条纹的角距,即为光栅盘的单位角度 φ_0。

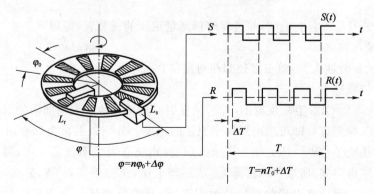

图 3-10 动态测角系统原理

在光栅盘条纹圈外缘,按对径位置设置一对与基座相固联的固定检测光栅 L_s,在靠近内缘处设置一对与照准部相固联的活动检测光栅 L_r。φ 表示望远镜照准某方向后 L_s 和 L_r 之间的角度。

仪器在测角时,光栅盘由马达驱动绕中心轴作匀速旋转,计取通过两个指示光栅间的分划信息,通过粗测与精测而求得角值。

(1)粗测:即求出 φ_0 的个数 N。在度盘同一径向的外内缘上设有两个标记 a 和 b,度盘旋转时,从标记 a 通过 L_s 时起,计数器开始记取整间隙 φ_0 的个数;当另一个标记 b 通过 L_r 时计数器停止计数,此时计数器所得到的数值即为 φ_0 的个数 N。

(2)精测:即 $\Delta\varphi$ 的测量。分别通过光栅 L_s 和 L_r 产生两个信号 S 和 R,$\Delta\varphi$ 可由 R 和 S 的相位差求得。精测开始后,当某一分划通过 L_s 时开始精测计数,计取通过的计数脉冲的个数。一个脉冲代表一定的角度值(如 $2''$),而另一分划在通过 L_r 时停止计数。由计数器中所计的数值即可求得 $\Delta\varphi$,度盘一周有 1 024 个间隔,每一个间隔计一次 $\Delta\varphi$ 的数,则度盘转一周可测得 1 024 个 $\Delta\varphi$,然后取平均值,可求得最后的 $\Delta\varphi$。

粗测、精测数据由微处理器进行衔接处理后即得最后的角度。

二、全球卫星定位系统(GPS)

1. 概念

GPS 是"Global Positioning System"的缩语。理论上,通过设在地球上任何地方的接收机,接收人造卫星发出的电波并进行解析,均可以测量出该地方位置的系统。该系统原是美国为军用目的而开发的,它拥有 24 个 GPS 卫星,在任意时间都可进行测量,具有常规大地测量方法所没有的优点。目前,除在大地测量领域外,其在一般的测量领域也开始应用这种测量方法。

GPS 分以下三个主要部分:

(1)GPS 卫星

采用 GPS 决定位置至少要接收从 4 个卫星发射出的电波。若在地球上任何地方都能进行定位,总计要有 24 个卫星围绕地球转动。

(2)控制局

由美国设置的从事管理 GPS 卫星发出的电波和轨道的机构,包括 1 个主控站、3 个注入站和 5 个监测站。

(3)接收机

接收从 GPS 卫星发射的电波,并进行解析测量定位的观测者,即用户。

2. GPS 测量原理

GPS 测量大致分两大类:单点定位和相对定位。

(1)单点定位原理

同时接收从 4 个 GPS 卫星发射的电波,从发射时刻至接收时刻所间隔的时间(传播时间)乘以电波的速度(即光速),即可求出到每个卫星的距离。分别以卫星为球心,4 个距离为半径作球,这 4 个球相交于一点。该点即为所求的位置(相交点当然不仅是 1 点,但是其他交点不在地球上,而在宇宙空间,所以可以排除)。从原理上讲,求三维坐标(X,Y,Z)只需要 3 颗卫星发射的电波即可,但为修正接收机的计时误差,因此要接收从 4 个卫星发射的电波。如图 3-11 所示单点定位的原理。

(2)相对定位原理

将接收机设在 P 和 Q 两点(图 3-12),使接收机各自处于可接收的状态,然后将接收机的时钟对准卫星上的时钟即开始接收。靠近卫星 X 的 P 点比 Q 点先接收 N 个波,在一定间隔的同时刻,累计 P 点和 Q 点所接收的波,其值分别为 A 和 B。这时卫星 X 和 P 点、卫星 X 和 Q 点之间的距离差是"$(A-N-B)\times$波长 λ",通常称为一次差或单差。

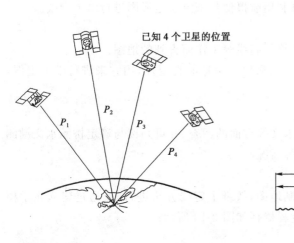

图 3-11 GPS 单点定位原理　　　　图 3-12 GPS 相对定位原理

这时,卫星即使有时钟误差,但在 A 和 B 的两个值中同样包含着该项误差,因此在$(A-N-B)$运算中得到消除。此外,仍存在接收机的时钟的计时误差。为消除接收机的时钟误差,在求一次差的同时刻,再求从卫星 Y 发射的电波的一次差$(a-n-b)$。将这两个一次差之差称为二次差。在各自的一次差中,所包含的接收机的时钟误差是相同的,故在二次差中卫星和接收机的时钟误差都能得以消除。其他误差可再进行差分消除。

3.GPS 的特点

无论是传统测量仪器或是全站仪均要求仪器与被测点通视,这在实际测量中常常是不可能的,因此,需要采用间接测量的办法,既影响效率又增加出错几率。GPS 只要求仪器与天空通视;GPS 测量速度快,目前双频的 GPS 接收机测一个点只需几分钟,具有动态实时功能(RTK)的 GPS 作动态测量的速度则更快。

GPS 刚开始时多用于控制测量,但随着仪器性能的不断提高,在公路碎部测量中已开始应用。

三、摄影测量新技术

公路建设的蓬勃发展,摄影测量已逐渐成为公路勘测的重要手段。目前,在高速公路已可用航片进行工程地质的普查工作;对发现的大的地质病害如滑坡、崩塌等通过摄影测量与野外现场勘察完成;测出的航片通过建立光学模型,与完成的地形图结合立体观察进行公路的定线工作,并可测出路线上各点的高程等数据。摄影测量与计算机相结合,能绘制公路透视图,像片剪辑与鸟瞰图,还可随车辆行驶视点位置的改变完成动态的透视图。

摄影测量主要包括航空摄影测量和地面摄影测量,分别简述如下。

(一)航空摄影测量

1. 航测成图

(1)利用航测像片制作各种像片图。

航摄像片客观地反映了各种地表特征,通过像对的立体观察,可以研究像对范围内的地形、地物和地貌特征、地势起伏。此时,航摄像片又可部分起到地形图的作用。同时,根据需要,可制成带有摄影影像的各种像片图,还可利用航摄像片来测绘地形图进行纸上定线。

(2)制作影像地图

影像地图就是在正射投影像片上通过补绘等高线等工作而得到的地图。

影像地图,同时具备了地形图的几何严密性和地面信息的直观性,用它来进行纸上定线,更为直观。

2. 工程调查

利用航摄像片的判读可进行工程地质、水文等方面的调查,并可判读与确定桥涵水文勘测中诸如洪水痕迹、线位高程、汇水面积、植被等情况。

3. 航测选线及方案比较

利用航摄像片可通过对像片的处理,绘制地图,按纸上定线方法进行,或通过建立光学模型使用多倍仪进行选线设计。航测选线的过程概括如图3-13所示。

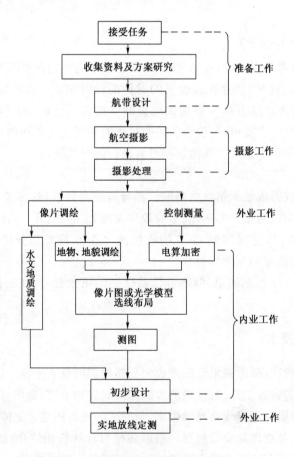

图 3-13 利用航片进行公路选线的程序

4. 建立数字地形模型

地形是公路选线设计的基础资料,采用电子计算机以数字形式表示地面特征的方式,即数字地形模型(DTM)。路线反复调整,在平面线形改变后,利用数模内插可快速获得修改后的纵、横断面资料,可用来自动绘制带状路线地形图,以及绘制路线的透视图。

目前,数字航测技术已开始得到应用,这样,从成图到建立三维数字地形模型都在计算机内完成,大大减轻了人工工作量,提高了效率。公路测设正向着计算机一体化方向发展。

(二)地面摄影测量

地面立体摄影测量是摄影测量的一个分支,它是一种把摄影机安置在固定的测站上,摄取测区的立体像对,并以此为基础在立体坐标量测仪上进行量测,从而确定地面点的空间位置或在立体测图仪上直接勾绘等高线,制作地形图的一种测图方法。实际应用中,主要是把它作为航空摄影测量的补充,补测地形比较困难的区域的地形图;定测时,还可以应用地面摄影测量的方法来测绘隧道洞口、桥址、特殊路基等的大比例尺工点地形图。对病害工点,如危岩、滑坡等不易人工攀登测绘的地区,都可以采用该方法来测绘其地形图。

四、计算机辅助设计(CAD)

计算机辅助设计(CAD)是指利用计算机及外围设备帮助工程师进行工程和产品的原始数据采集、设计、绘图等工作。CAD系统由硬件和软件两部分组成。硬件包括计算机(主机、显示器、硬盘等)和外围设备(打印机、绘图机、数字化仪和图形扫描仪等),见图3-14。CAD系统的软件包括操作系统、语言环境和支撑软件。目前,CAD多以计算机作为工作平台。

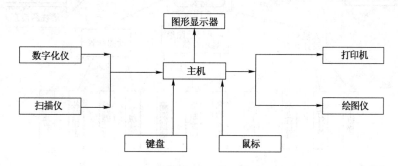

图3-14 CAD系统硬件组成

根据工程实际的要求,通常一个道路CAD系统应具备以下功能:

(1)接收纸上定线或实地测设的数据,可通过全站仪、GPS形成的磁盘文件通过通信接口传入计算机,也可通过键盘、数字化仪、航测或及其他多种接口输入。

(2)建立和使用数字地形模型(DTM)技术。

(3)进行平面线形的人机交互设计,并计算平曲线要素超高、加宽和桩号计算。

(4)对已设计平面线形进行人机交互修改。

(5)对实地定线方案进行纸上移线设计。

(6)产生并输出地面线,供纵断面设计用。

(7)对纵断面方案进行人机交互检查、修改,并可同步提供任意横断面示意图和工程量累计积曲线,供修改参考。

(8)横断面自动设计。

(9)横断面人机交互检查、修改。
(10)工程数量的计算和土石方调配。
(11)平、纵、横、断面设计图的绘制。
(12)各种成果表格文件的打印。
(13)涵洞的设计和绘制。
(14)挡土墙的设计和绘制。
(15)透视图及三维虚拟现实成果等。

依靠以上这些功能,道路CAD系统预期能代替工程师完成内业工作量的60%以上,将大大提高工作效率,为工程多方案比选提供了极大的可能,从而可提高设计质量,大大节约工程费用,取得可观的经济效益和社会效益。

一个典型的微机系统主要组成见图3-15。

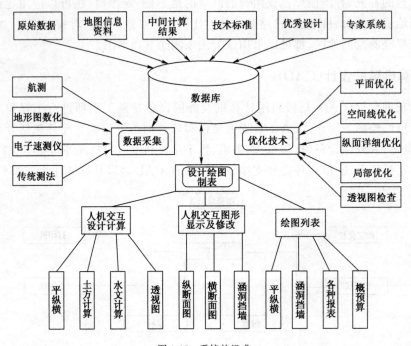

图3-15 系统的组成

现代计算机日趋发展与成熟,集成化、网络化、智能化将使道路计算机优化与辅助设计进入新的更高的发展领域。

第四章　高速公路平面线形设计

线形设计是高速公路设计的关键。线形设计的效果更是高速公路总体设计及其作用的主要评价标准。高速公路的三维立体线形不仅要能保证行车安全、迅速、经济，还要能适应人体生理和心理上的要求，取得与地形景观的协调，使高速公路线形能达到行车的安全性与连续性、视觉的舒顺性和形态的优美性。

道路是一个三维空间的实体。它的中线是一条空间曲线。中线在水平面上的投影就是路线的平面。高速公路的线形设计与传统的公路设计一样，先是从平面线形设计下手，接着进行纵断面和横断面设计，然后对平、纵、横线形的组合进行统一协调，反复进行修正，最后达到行车安全、线形连续、视觉舒适、形态优美的目的。

为满足高速公路更高的要求，国内外专业研究人员正在运用计算机三维显示的功能，从事三维立体定线课题的研究，采用三维立体样条函数确定中线。这种线形可以使曲率和曲率变化率渐变，更符合行车舒适性和安全性的要求。然而这将使现行设计方法和设计规范实现根本的改变。目前，在实践中仍采用传统的平、纵、横分别设计的方法，本书讲述也限于这一种方法。

本章首先叙述适用于高速公路平面线形设计的平面线形诸要素，然后叙述高速公路平面定线中经常要遇到的各种圆曲线和缓和曲线的组合方法，最后叙述平面中线定线的原则和特点，以及特别适合于高速公路测设的以曲线为基础的定线方法。

第一节　平面线形诸要素

道路的平面线形受地形、地物等障碍的影响而发生转折时，在转折处就需要设置曲线或组合的曲线。曲线一般为圆曲线。为保证行车的舒顺与安全，在直线与圆曲线之间或不同半径的两圆曲线之间要插入缓和曲线。因此，直线、圆曲线、缓和曲线是平面线形的三个基本要素。除此之外，为保证汽车在弯道上行驶的横向稳定性，需要设置超高和加宽。以下分别加以叙述。

一、直线

高速公路平面线形的曲与直如何取舍，往往是一个争论较多的问题。从原则上讲，高速公路线形的布设在满足各项技术标准的前提下主要应考虑的一是安全问题，二是舒适美观问题。

在地形平坦的平原地区和微丘陵地区，没有地形地物的障碍，往往认为采用直线，可以使得距离最短，方向明确，视野宽广，可以节省行车时间，降低道路造价。但是，直线过长，使人厌倦，往往会引起驾驶员疲劳麻痹，或是急于驶出该路段，容易超速，加上缺乏警觉，目测车距往往出现误差，又同时会增加夜间眩光危险，因而长直线段反而成为事故多发路段，严重影响安全。此外，长直线景色单调，线形呆板，灵活性差，难以适应地形的变化并难以做到与周围环境的协调。如某一路段在平面上是长直线,在纵断面上却是几度起伏变化的,则车窗前景将是很难看的,难以满足美观的要求。因而,对于高速公路的线形,宜尽量避免采用直线,甚至倾向于全部设在曲线上。

当然,在平原地区或两山之间的宽阔谷地,或是遇到长大桥梁及隧道区段,设置一些直线区段也未尝不可。但在确定直线长度时应根据当地具体情况(地形、地物、土地利用等),结合驾驶者的视觉心理状态及保证行车安全等合理布设与慎重选定。对于丘陵地区,包括微丘陵地区,高速公路的线形尽可以顺着地形走向,设置成优美的空间曲线。

对直线区段,过长和过短对行车都是不安全的。我国国土辽阔、地形与自然条件各异,因而《规范》未对最大直线长度作出具体规定,但也指出:"直线的长度不宜过长;当地形条件或其他特殊情况限制而采用长直线时,应结合沿线具体情况采取相应的技术措施"。德国路线设计技术标准 RAL-L 规定,"适宜的直线最大长度(以 m 计)为行车速度的 20 倍";这相当于汽车按车速行驶时间约 72s 的路程。日本采用与德国同样的标准。西班牙规定不宜超过 80% 的设计速度的 90s 行程。法国规定,为避免过长直线,很长的直线可以用 $5\,000\text{m}<R<15\,000\text{m}$ 的大半径曲线取代。

为保证行车安全,让驾驶员从直线进入曲线有足够的反应时间,也应有最小直线长度的要求,《规范》规定:

(1)设计速度大于或等于 60km/h 时,同向曲线间最小直线长度(以 m 计)以不小于行车速度(以 km/h 计)的 6 倍为宜。

(2)设计速度大于或等于 60km/h 时,反向曲线间最小直线长度(以 m 计)以不小于行车速度(以 km/h 计)的 2 倍为宜。

其值见表 4-1 所示。

最小直线长度　　　　　　表 4-1

设计速度(km/h)	120	100	80	60
同向曲线间($6v$)(m)	720	600	480	360
反向曲线间($2v$)(m)	240	200	160	120

注:只有在特殊困难的局部路段,高速公路的设计速度才可采用 60 km/h。

直线最小长度 $6v$(同向曲线间)及 $2v$(反向曲线间)分别相当于按设计速度行驶 21.6s 及 7.2s 的距离。同向曲线由于连续同向转弯,驾驶员难于掌握惯性作用,导致离心力不断增大,所以规定比反向曲线之间直线长度大。在同向曲线之间插入短直线的情况,应尽量避免,最好采用卵形曲线设计;不得已插入直线时,应符合表 4-1 规定。我国广西、四川公路建设的实践研究认为,在保证行车安全条件下,为避免曲线间长直线可能带来的高填深挖及造成的昂贵工程费用,建议可补充限定"两同向曲线间最小直线长度一般应不小于 $4.5v$(m);在地形复杂、工程艰巨段可不小于 $3v$(m)"。

二、圆曲线

在高速公路平面定线中,大半径的圆曲线往往是首选的要素。

在一般传统的公路定线中,圆曲线是平面线形设计中在遇到障碍或地形需要改变方向时设置,在选线时定为导线的转点。在高速公路的定线中,既然要以曲线为基本线形进行设线,因而可以不用设导线转点的方法,而是在适宜于改变方向的地方(不仅是遇到地形地物障碍时),顺着地形选定一段具有某一半径的圆弧,然后用缓和曲线与下一段圆弧相连,当然也不完全否定用一些直线。

曲线具有柔和的几何线形。长而平缓的曲线线形优美,灵活机动,自由度大,能够较好地适应地形,并可获得匀顺圆滑的线形,可灵活变换方向,能自然地诱导视线,使公路沿线景色随汽车行驶角度逐渐变化而组成多样有趣的美丽画面。由于曲线本身具备的特点,其使用范围和适应地方十分广泛。但曲线会增长距离,车辆在曲线上行驶受力比较复杂,会增加轮胎的磨损和路面的破坏。因此,在适应地形的条件下,圆曲线应尽量选用较大的半径,以改善车辆在曲线上的行驶条件。

平曲线半径不能过小,平曲线半径值的限定主要根据汽车行驶横向稳定性(滑移、倾覆)而定,并以滑移稳定控制。由图 4-1 在道路曲线上行驶作用于汽车上的力可知,重力 W 分解为平行路面的分力 W_p 及垂直路面的分力 W_n,离心力 F $\left(F=\dfrac{Wv'^2}{gR}\right)$ 分解为平行路面的分力 F_p 及垂直路面的分力 F_n。R 为道路的曲线半径(m)。

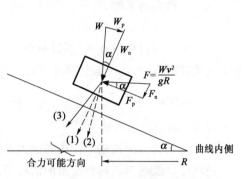

图 4-1 汽车在有超高的曲线上行驶的力

当 $W_p = F_p$ 时,合力垂直于路面,见图中(1),此时无横向滑移倾向;

当 $W_p > F_p$ 时,合力倾斜向路面下方,见图中(2);

当 $W_p < F_p$ 时,合力倾斜向路面上方,见图中(3)。

此时,$W_p = F_p$,即:

$$\left.\begin{array}{r} W\sin\alpha = \dfrac{Wv'^2}{gR}\cos\alpha \\ \tan\alpha = i_{超} = \dfrac{v'^2}{gR} \end{array}\right\} \tag{4-1}$$

以 v(km/h)代替 v'(m/s),则可得完全无横向滑移倾向的理想状态时求算超高 $i_{超}$ 和与此相适应的半径 R 的计算公式。

$$\left.\begin{array}{r} i_{超} = \dfrac{v^2}{127R} \\ R = \dfrac{v^2}{127i_{超}} \end{array}\right\} \tag{4-2}$$

当 $W_p \neq F_p$ 时,则存在着促使汽车横向滑移的力。当 $W_p > F_p$ 时,则相当于超高横坡较大而车速很小或静止状态的情况,此时汽车向曲线内侧滑移的倾向一般可由路面的横向摩阻力所平衡。当 $W_p < F_p$ 时,则相当于汽车在小半径曲线上高速行驶,此时产生了促使车辆向曲线外侧滑移的横向力,当车辆轮胎与路面之间的摩阻力不足以抗衡横向力时,汽车将产生侧向滑移的危险。以下式表达为横向力系数 μ,即:

$$\mu = \dfrac{F_p - W_p}{F_n + W_n} = \dfrac{F\cos\alpha - W\sin\alpha}{F\sin\alpha + W\cos\alpha} \tag{4-3}$$

由于 α 很小,一般不大于 $7°$,则 $F\sin\alpha \approx 0$,可得:

$$\mu = \dfrac{F\cos\alpha - W\sin\alpha}{W\cos\alpha} = \dfrac{F}{W} - \tan\alpha$$

即:

$$\mu = \dfrac{v'^2}{gR} - i_{超} = \dfrac{v^2}{127R} - i_{超} \tag{4-4}$$

上式中,横向力系数 μ 的安全值主要取决于轮胎与路面间能提供的横向摩阻系数。

由此可得限定平曲线半径 R 的计算公式为:

$$R = \frac{v^2}{127(\mu + i_{超})} \tag{4-5}$$

式中:v——汽车车速(km/h);

μ——横向力系数,高速公路可采用 0.035~0.15;

$i_{超}$——路面超高横坡。

当汽车在双向路拱外侧(不设超高)行驶时,行驶离心力方向与重力分力方向相一致,此时为防止侧向滑移,可用下式计算相适应的限制车速:

$$R = \frac{v^2}{127(\mu - i)} \tag{4-6}$$

式中:i——路面拱的横坡。

横向力系数 μ 的选用不仅应考虑汽车在弯道行驶时对行车的力学稳定性,还应考虑乘客的舒适程度以及汽车燃料和轮胎的消耗情况。

汽车在弯道上行驶的稳定性,主要是指横向抗滑稳定,即保证汽车不会在超高横坡路面上产生横向滑移。抗滑稳定取决于路面与轮胎间的摩阻力,摩阻力又与路面的潮湿程度、车速及路面类型等有关,其中与路面的潮湿程度关系最大。

根据试验分析,μ 值取决于行驶稳定性、乘客舒适程度以及运营经济。具体数据如图 4-2 所示。

$$\begin{cases} 行驶稳定性 \begin{cases} \mu = 0.15 \sim 0.16,干燥与潮湿路面均可以较高速度安全行驶 \\ \mu = 0.07,即使路面结冰也能安全行驶 \end{cases} \\ 乘客舒适程度 \begin{cases} \mu < 0.10,不感到曲线存在,很平稳 \\ \mu = 0.15,略感到曲线存在,尚平稳 \\ \mu = 0.20,已感到曲线存在,感到不平稳 \\ \mu = 0.35,感到有曲线存在,已感到不平稳 \\ \mu \geq 0.40,转弯时已非常不稳定,站不住,而\\ \qquad 有倾倒危险 \end{cases} \mu \text{值最好大于 0.10,最大取 } 0.15 \sim 0.20 \\ 运营经济 \quad \mu \geq 0.10 \sim 0.15。由试验得知,\mu 值不同,燃料消耗和轮胎磨耗也不同,具体可见表 4-2 所列数值 \end{cases}$$

图 4-2 μ 值试验数据

燃料、轮胎消耗与 μ 的关系 表 4-2

μ	燃料消耗(%)	轮胎磨耗(%)	μ	燃料消耗(%)	轮胎磨耗(%)
0	100	100	0.15	115	300
0.05	105	160	0.20	120	390
0.10	110	220			

以上述的理论和试验分析为依据,我国制订了行业规范《标准》。《标准》中对平面圆曲线最小半径,规定了三种标准,即极限最小半径、一般最小半径及不设超高的最小半径;对于不设超高的最小半径,根据路拱横坡是否大于 2%,有着不同的取值要求。

极限最小半径是指圆曲线半径采用的最小极限值。当地形条件很困难或受其他特殊情况限制时方可采用。它可以按照式(4-5)计算而得。道路曲线半径为极限最小半径时,应设置最大超高。

不设超高的最小半径是指道路曲线半径较大、离心力较小时,汽车沿双向路拱(不设超高)

外侧行驶的路面摩擦力足以保证汽车行驶安全稳定所采用的最小半径。它可以按照式(4-6)计算而得。但是在这种情况下,路拱横坡越大,行驶舒适性越低,如果用同一个标准,较大的路拱横坡的道路,其横向力系数 μ 值就会较大。因此,不设超高的最小半径的规定值,除根据设计速度外,还有路拱横坡是否大于 2% 这个要素。

一般最小半径是指在通常情况下汽车依设计速度能安全、舒适行驶的最小半径。所采用的超高依不设超高的最小半径与极限最小半径的超高横坡按比例变化而定,也可以按式(4-2)论证确定。

我国《标准》对高速公路平面圆曲线的三种最小半径作出了规定,其值如表 4-3 所示。

高速公路平面圆曲线最小半径　　　　　　　　　　　　表 4-3

设计速度(km/h)		120	100	80	60
极限最小半径(m)		650	400	250	125
一般最小半径(m)		1 000	700	400	200
不设超高的最小半径(m)	路拱≤2.0%	5 500	4 000	2 500	1 500
	路拱>2.0%	7 500	5 250	3 350	1 900

注:只有在特殊困难的局部路段,高速公路的设计速度才可采用 60km/h。

选用平面圆曲线半径时,在与地形等条件相适应的前提下从道路路线线形视觉舒顺与美感考虑,应尽量采用大半径的曲线,但最大半径以不超过 10 000m 为宜,同时注意与前后线形要素间的协调与相互关系。

原苏联研究得出,随着地形起伏,为满足视觉舒顺,选用平面圆曲线半径时,根据道路纵坡和设计速度,可按下式计算最小半径,计算所得值见表 4-4,可供参考。

$$R_{最小} = \frac{0.2v^2}{i} + 20 \tag{4-7}$$

式中:$R_{最小}$——圆曲线半径或回旋线终点半径(m);
　　　v——设计速度(km/h);
　　　i——纵坡度(%),按不小于 0.25% 计。

视觉舒顺要求的曲线半径　　　　　　　　　　　　表 4-4

设计速度 (km/h)	在道路纵坡(%)下的曲线半径(m)						
	0.25	0.5	1.0	2.0	3.0	4.0	5.0
120	—	5 780	2 900	1 460	980	—	—
100	8 020	4 020	2 020	1 020	690	520	420
80	5 140	2 580	1 300	660	445	340	276
60	2 900	1 460	740	380	260	200	164

注:只有在特殊困难的局部路段,高速公路的设计速度才可采用 60km/h。

三、缓和曲线

缓和曲线为直线与圆曲线或者半径不同的圆曲线相互连接时,为适应汽车行驶轨迹曲率变化所采用的半径逐渐变化的过渡曲线。

缓和曲线的作用为:(1)曲率的逐渐变化,便于驾驶与路线顺畅,以构成最佳的线形;(2)离心加速度的逐渐变化,使汽车不致产生侧向滑移;(3)作为行车道横坡变化以及加宽的过渡段,以减少行车振荡。它是协调平面线形的主要线形要素。

高速公路上行车速度高,希望线形能适应汽车在曲线上行驶时曲率渐变的轨迹,所以在直线与圆曲线间以及不同半径的两圆曲线之间,一般都宜设置缓和曲线。

1. 缓和曲线的形式

为适应曲率渐变要求,可以选用多种数学曲线。我国高速公路测设中的缓和曲线按传统选用回旋线。其他可以考虑选用的缓和曲线有三次抛物线、双纽线、正弦曲线等。

回旋线的特点是曲率半径随曲线长度的增长而减小,即半径 r 与长度 l 成反比。

$$rl = A^2 \tag{4-8}$$

式中:r——回旋线上某点的曲线半径(m);

l——回旋线上某点到原点的曲线长(m);

A——回旋线参数,为一常数。

2. 可以不设缓和曲线的场合

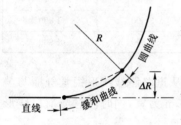

图 4-3 缓和曲线插入后的内移值

为满足高速公路对线形的较高要求,宜于在曲率突变处都插入缓和曲线,但我国规范对一些场合仍容许不设缓和曲线,以简化测设。

在直线与圆曲线间插入缓和曲线后,将产生内移值 ΔR(图 4-3)。当内移值与已包括在车道中的富裕宽度相比为很小时,则可将中间的缓和曲线省略,因为它已能满足汽车在缓和曲线上所行驶的过程。此时,直线与圆曲线可径相连接。

对高速公路,尚应考虑到驾驶者的视觉与舒适感。我国《标准》规定,考虑到超高过渡的要求,不设缓和曲线的最小半径与不设超高的最小半径值相同,此时,相应的 $\Delta R = 0.07 \sim 0.08$m。其值见表 4-5 所示。

不设缓和曲线的最小半径 表 4-5

设计速度(km/h)		120	100	80	60
不设缓和曲线的最小半径(m)	路拱≤2.0%	5 500	4 000	2 500	1 500
	路拱>2.0%	7 500	5 250	3 350	1 900

注:只有在特殊困难的局部路段,高速公路的设计速度才可采用 60km/h。

半径不同的同向圆曲线径相连接处,原则上也应设置缓和曲线,但符合下述条件时,可以不设缓和曲线而构成复曲线。

(1)小圆半径大于表 4-5 所列最小半径时,缓和曲线可以省略。

(2)小圆半径大于表 4-6 所列临界半径时:

①小圆曲线按规定设置相当于最小缓和曲线长度的回旋线,其大圆与小圆的内移值之差若不超过 0.1m 时,则缓和曲线可以省略。

②若设计速度大于 80km/h,大圆半径(R_1)与小圆半径(R_2)之比 $R_1/R_2<1.5$,则缓和曲线可以省略。

③若设计速度小于 80km/h,$R_1/R_2<2.0$ 时,则缓和曲线可以省略。

复曲线中的小圆临界曲线半径 表 4-6

设计速度(km/h)	120	100	80	60
临界曲线半径(m)	2 100	1 500	900	500

注:只有在特殊困难的局部路段,高速公路的设计速度才可采用 60km/h。

3. 缓和曲线的长度

高速公路上的缓和曲线必须有足够的长度,以使驾驶操纵从容,旅客感觉舒适。为此,可以考虑由离心加速度变化率及驾驶员操作需用时间两个因素来控制。

(1)按照离心加速度变化率确定缓和曲线最小长度

离心加速变化率在缓和曲线上应控制在一定范围内,它主要根据驾驶上的要求,使驾驶员能从容不迫地操纵汽车,使它比较准确地行驶在应占的车道内。试验研究表明,在高速公路上的离心加速度变化率宜控制为 $p=0.35\sim0.5\,\text{m/s}^3$。如取用 $p=0.5\,\text{m/s}^3$,则可以推导出缓和曲线的最小长度 L_s 为:

$$L_s = 0.043 \frac{v^3}{R} \qquad (4\text{-}9)$$

式中:v——设计速度(km/h);
R——圆曲线半径(m)。

(2)依驾驶员操作反应时间确定缓和曲线最小长度值

在缓和曲线段上行驶时间过短,会使驾驶操纵来不及调整,旅客也感觉不适。试验研究表明,在高速公路上适宜采用最短行程时间为 $t=3\text{s}$,则可得:

$$L_s = 3v' = \frac{3v}{3.6} = \frac{v}{1.2} = 0.83v \qquad (4\text{-}10)$$

除此之外,还希望能满足视觉方面的要求,使线形舒顺协调。研究得出,$L_s=\frac{R}{9}\sim R$ 范围内可取得曲率匀顺变化的适宜视觉线形。为在视觉上获得美观圆滑的线形,缓和曲线长度应随圆曲线半径增大而增长;当采用回旋线—圆曲线—回旋线连接的线形时,曲线长最好设计成 $1:1:1$。

根据以上原理和试验数据,我国《规范》对缓和曲线的最小长度规定如表 4-7 所示。当圆曲线部分按规定需要设置超高时,缓和曲线长度还应满足超高过渡段的需要。

缓和曲线最小长度 表 4-7

设计速度(km/h)	120	100	80	60
缓和曲线最小长度(m)	100	85	70	50

注:只有在特殊困难的局部路段,高速公路的设计速度才可采用 60km/h。

在测设时可以采用控制回旋线最小参数 A 值,以达到控制缓和曲线长度的要求。如以《标准》所定缓和曲线长度 L_s 及极限最小半径 R 为依据,可得出表 4-8 所示值,建议可作为设计参考。参数 A 的最大限界可用到 1 500m 左右。

回旋线最小参数 $A_{最小值}$ 表 4-8

设计速度(km/h)	120	100	80	60
$A_{最小值}$(m)	260	200	140	80

经验认为,使用回旋线作缓和曲线时,回旋线参数 A 和连接的圆曲线间保持 $R/3\leqslant A\leqslant R$ 的关系,便可得到视觉上协调而又舒顺的线形。

4. 缓和曲线的要素计算

缓和曲线设置在直线与圆曲线间,在起点处与直线段相切,而在终点处与圆曲线相切,圆曲线向内移动一距离 ΔR。通常,公路多采用圆曲线的圆心不动,使半径略为减小而向内移动的方法。在图 4-4 中，JD 为道路中线的交角点，α 为转角（或称偏角）。设置缓和曲线后，圆曲线向圆心方向内移 ΔR（圆曲线半径由 $R+\Delta R$ 减小为 R），原圆曲线起点必须前移 q 值得出 ZH 点，此时缓和曲线与圆曲线衔接点位置的坐标为 (x_h, y_h)（相应的切线角为 β 值）。为此，必须确定 ΔR、q 及 β 值，才可设置缓和曲线。设置缓和曲线后，将减小圆曲线的中心角，减小后的中心角等于 $\alpha-2\beta$，因而设置缓和曲线的条件为 $\alpha>2\beta$。

此时

$$\beta = \frac{L_s}{2R}(\text{rad}) \tag{4-11}$$

$$\Delta R = \frac{L_s^2}{24R} - \frac{L_s^4}{2688R^3}(\text{m}) \tag{4-12}$$

$$q = \frac{L_s}{2} - \frac{L_s^3}{240R^2}(\text{m}) \tag{4-13}$$

所以，带有缓和曲线的平曲线要素为：

切线总长　　　　　$T_h = T + q = (R+\Delta R)\tan\dfrac{\alpha}{2} + q$ （4-14）

外矢距　　　　　　$E_h = (R+\Delta R)\sec\dfrac{\alpha}{2} - R$ （4-15）

曲线总长　　　　　$L_h = \dfrac{\pi}{180}R(\alpha-2\beta) + 2L_s$ （4-16）

超距　　　　　　　$D = 2T_h - L_h$ （4-17）

全部曲线的 5 个基本桩点即可定出，分别为：

ZH——第一缓和曲线起点（直缓）；

HY——第一缓和曲线终点（缓圆）；

QZ——圆曲线中心（曲中）；

YH——第二缓和曲线终点（圆缓）；

HZ——第二缓和曲线起点（缓直）。

5. 缓和曲线的测设

当把缓和曲线设置为回旋线，其数学计算式推导如下（图 4-5）。

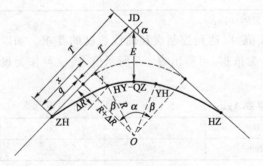

图 4-4　有缓和曲线的圆曲线　　　　图 4-5　回旋线

由图可知，回旋线的微分参数方程为：

$$dl = \rho \cdot d\beta$$
$$dx = dl \cdot \cos\beta$$
$$dy = dl \cdot \sin\beta$$

经换算及积分得出回旋线上任一点的坐标为：

$$\left.\begin{array}{l}x = l - \dfrac{l^5}{40\rho^2} + \dfrac{l^5}{3\,456\rho^4}\cdots\cdots \\ y = \dfrac{l^2}{6\rho} - \dfrac{l^4}{336\rho^3} + \dfrac{l^6}{42\,240\rho^5}\cdots\cdots\end{array}\right\} \quad (4\text{-}18)$$

在回旋线终点处 $l=L_s$（L_s 为缓和曲线长度），$\rho=R$，代入上式，得：

$$\left.\begin{array}{l}x = L_s - \dfrac{L_s^3}{40R^2} + \dfrac{L_s^5}{3\,456R^4}\cdots\cdots \\ y = \dfrac{L_s^2}{6R^2} - \dfrac{L_s^4}{336R^3} + \dfrac{L_s^6}{42\,240R^5}\cdots\cdots\end{array}\right\} \quad (4\text{-}19)$$

式中：l——缓和曲线起点至任一点的弧长（m）；
  ρ——缓和曲线该点的曲率半径（m）；
  R——连接缓和曲线的圆曲线半径（m）。

这种方法即为常用的切线支距法。此时缓和曲线上的任一点的坐标即为：

$$\left.\begin{array}{l}x \approx l - \dfrac{l^5}{40R^2L_s^2} + \dfrac{l^9}{3\,456R^4L_s^4} - \cdots\cdots \\ y \approx \dfrac{l^3}{6RL_s} - \dfrac{l^7}{336R^3L_s^3} + \dfrac{l^{11}}{42\,240R^5L_s^5} - \cdots\cdots\end{array}\right\} \quad (4\text{-}20)$$

相连接的圆曲线按切线支距测定。此时，HY 点切线及该点圆心方向即为圆曲线支距测设的坐标轴，以后圆曲线各点位置按圆曲线 x、y 支距确定。

四、平曲线最小长度

高速公路平曲线一般情况下包括圆曲线和两端的回旋线（或超高、加宽缓和段）。汽车在道路曲线上行驶时，如曲线过短，则驾驶者操作转向盘频繁，高速行驶易发生危险；同时，为保证乘客良好的心理状况，须设置足够长的缓和曲线，以使离心加速变化率小于一定数值。

平曲线最小长度不应小于 2 倍缓和曲线长，也可以以设计速度 3s 行程（即公路缓和曲线长）的 2 倍计，即 6s 行驶时间的距离。平曲线最小长度 L 计算为：

$$L = v't = \dfrac{v'}{3.6} \times 6 = 1.67v(\text{m})$$

但这是极限状态，此时平曲线由两段缓和曲线直接相连组成（凸形曲线），驾驶员会感到视觉不舒顺，因此，理论上平曲线应该保持 3 倍的缓和曲线长度，即缓和曲线中间保留一段相同长度的圆曲线。相关研究表明，平曲线长度按最小值的 5~8 倍为宜。从技术和经济综合考虑，《规范》规定了平曲线最小长度的一般值和最小值（表 4-9）。其中，一般值按照最小值的 3 倍控制。

平曲线最小长度 表 4-9

设计速度 v(km/h)	120	100	80	60
一般值(m)	600	500	400	300
最小值(m)	200	170	140	100

注：只有在特殊困难的局部路段，高速公路的设计速度才可采用 60km/h。

当路线转角很小时,应特别引起注意。一般当转角小于$7°\sim10°$时,可认为是小转角曲线,这时不仅往往容易使曲线设得过短,而且会将曲线长度和半径看成比真实的还要小,产生急剧转弯错觉而造成事故。这种倾向在转角越小时越显著,所以在转角小时应设置较长的曲线,使之形成公路是在顺适转弯的感觉,以避免驾驶者枉作减速转弯的准备。

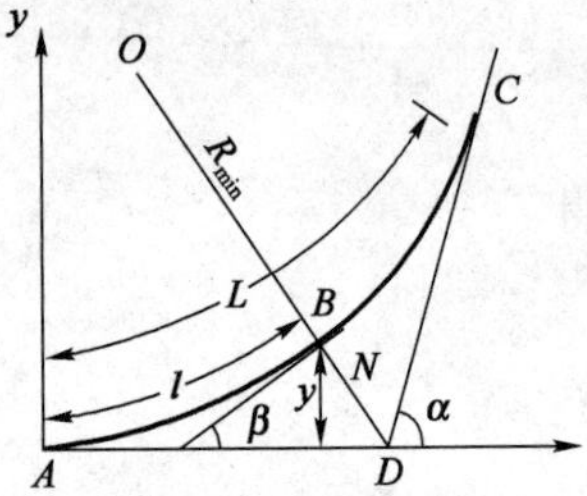

一般认为,当$\alpha=7°$时,最小平曲线的长度应当是6s的行程。当$\alpha<7°$时,则属于小转角之列,此时最小平曲线的长度应与α成反比例增加,即α越小则须用更长的平曲线。

经研究认为,为使驾驶员不产生错觉,应使$\alpha<7°$曲线的外矢距N(图4-6中的BD长)与$7°$时曲线的N相等,即采用较长的曲线。《规范》规定,当公路转角小于$7°$时,平曲线可作为两个回旋线的考虑而将平曲线长度设置得大于表4-10中平曲线长度一栏的"一般值";但如受地形或其他特殊情况限制时,可减短至表中的"低限值",即平曲线最小长度满足表4-9的规定值。

图4-6 曲线外矢距N

$\alpha<7°$时的平曲线最小长度   表4-10

设计速度(km/h)	外矢距N(m)	平曲线长度(m)	
		一般值	低限值
120	2.04	$1400/\alpha$	200
100	1.73	$1200/\alpha$	170
80	1.42	$1000/\alpha$	140
60	1.04	$700/\alpha$	100

注:①α为公路路线转角值(°),当$\alpha<2°$时按$\alpha=2°$计;
②只有在特殊困难的局部路段,高速公路的设计速度才可采用60km/h。

表4-10中平曲线最小长度的"一般值"采用式(4-21),计算得到。

$$L = 688 \frac{N}{\alpha} \tag{4-21}$$

式中:N——具有$7°$转角的曲线外矢距(m);

α——道路转角(°);

L——具有与$7°$转角相同曲线外矢距N时转角为α的道路平曲线总长(m)。

表4-10中,第3列数值为$\alpha<7°$时由上式计算而得的最小曲线长,一般应遵照执行;第4列数值即为行驶6s时间的曲线长(m),在不得已时采用。

例如,设计速度$v=120$(km/h)时缓和曲线最小长度为100m,$\alpha=7°$,则:
$100\times2=688\frac{N}{\alpha}$,所以$N=\frac{100\times2\times7}{688}=2.04$,则$L=688\times\frac{2.04}{\alpha}=\frac{1400}{\alpha}$。

当$\alpha<2°$时,曲线转角以$2°$计,则$L=\frac{1400}{2}=700$m。也就是说,平曲线的总长不宜小于此值。

平面线形中的小转角,一般都是在条件限制不得已而设定的。我国工程实践认为,在$7°$以下转角的路段,只要曲线长度与相邻路段线形协调,视觉上线形仍能达到连续均匀,是可以设置小转角曲线的。

五、曲线段上的超高与加宽

1. 超高

(1)超高值

曲线段超高(单向横坡)的设置,在于防止车轮在路面上的横向滑移,并使路面在利于排水的前提下,把行车引起的横向力影响减少到最低的程度。

当圆曲线半径小于表 4-3 所列不设超高的最小半径时,应在曲线上设置超高。超高横坡值依设计速度、曲线半径、路面类型、自然条件和车辆组成等情况确定,必要时应按运行速度予以检验。

超高计算式为 $i_{超}=\dfrac{v^2}{127R}-\mu$。高速公路的最大超高值,对一般地区正常情况为 8%;当交通组成中小客车比例高时,可采用 10%;当设计速度较高,或经验算运行速度高的路段宜采用 10%;对积雪冰冻地区为 6%。当高速公路因接近市镇,或是在互通式立交的匝道上,对车速有所限制时,可减小最大超高值:当 $v=80(km/h)$ 时,最大超高值为 6%;$v=60(km/h)$ 时,最大超高值为 4%;$v=40$、$30(km/h)$ 时,最大超高值为 2%。1994 年版《公路路线设计规范》(JTJ 011—94)曾给出了不同设计速度和圆曲线半径下的建议超高值(表 4-11),但考虑到不同地区、不同公路情况相差很大,2006 年版《规范》不再直接给出建议值,而由设计人员按照设计速度、运行速度、自然条件、交通组成等情况,经验算后确定。

圆曲线半径与超高值　　表 4-11

设计速度(km/h) 半径(m) 超高(%)	$v=120$ 一般情况	$v=120$ 积雪冰冻地区	$v=100$ 一般情况	$v=100$ 积雪冰冻地区	$v=80$ 一般情况	$v=80$ 积雪冰冻地区	$v=60$ 一般情况	$v=60$ 积雪冰冻地区
2	<5 500～3 240	<5 500～1 940	<4 000～1 710	<4 000～1 550	<2 500～1 240	<2 500～1 130	<1 500～810	<1 500～720
3	<3 240～2 160	<1 940～1 290	<1 710～1 220	<1 550～1 050	<1 240～830	<1 130～750	<810～570	<720～460
4	<2 160～1 620	<1 290～970	<1 220～950	<1 050～760	<830～620	<750～520	<570～430	<460～300
5	<1 620～1 300	<970～780	<950～770	<760～550	<620～500	<520～360	<430～340	<300～190
6	<1 300～1 080	<780～650	<770～650	<550～400	<500～410	<360～250	<340～280	<190～125
7	<1 080～930	—	<650～560	—	<410～350	—	<280～230	—
8	<930～810	—	<560～500	—	<350～310	—	<230～200	—
9	<810～720	—	<500～440	—	<310～280	—	<200～160	—
10	<720～656	—	<440～400	—	<280～250	—	<160～125	—

注:只有在特殊困难的局部路段,高速公路的设计速度才可采用 60km/h。

(2)超高缓和段

从直线上的路拱双坡断面,过渡到圆曲线上具有超高横坡的单坡断面,要有一个逐渐变化的区段,这一变化段称为超高缓和段,如图4-7所示。

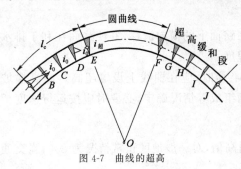

图4-7 曲线的超高

图中l_c是超高缓和段的长度,i_0是路拱横坡度,$i_超$是超高横坡度,A点是缓和段起点,E点是缓和段终点。在A点处路面保持直线上原有路拱双坡断面,到达C点时路拱双坡外侧提高而与内侧成单侧横断面,其坡度为i_0;自C点起,逐渐提高路面单坡坡度,一直到缓和段终点E时达到$i_超$数值。

超高缓和段长度依下式计算:

$$l_c = \frac{B\Delta i}{\Delta \rho} \quad (4-22)$$

式中:l_c——超高缓和段长度(m);

B——旋转轴至行车道(高速公路为路缘带)外侧边缘的宽度(m);

Δi——超高坡度与路拱坡度的代数差(%);

$\Delta \rho$——容许超高渐变率,即旋转轴(高速公路一般为路缘带边缘)与行车道外侧边缘间相对升降的比率,其值见表4-12规定。

容许超高渐变率 $\Delta \rho$　　　　　　　　表4-12

设计速度(km/h)	超高旋转轴位置	
	中线	边线
120	1/250	1/200
100	1/225	1/175
80	1/200	1/150
60	1/175	1/125

依式(4-22)求得的超高缓和段长度,应取整为5m的倍数,并不小于10m的长度。

为保证路面排水,对行车道横坡度为水平的附近,其最小渐变率$\Delta \rho'$建议按不小于表4-13的数值。

最小渐变率 $\Delta \rho'$　　　　　　　　表4-13

车道数	超高旋转轴位置	
	绕中线旋转	绕中央分隔带两侧边缘旋转
4	1/350	1/250
6	1/325	1/200

(3)超高的过渡

超高横坡变化的旋转轴可分为绕中间带中心线、绕中央分隔带边缘、绕各自行车道中线三种。其旋转方式及适用条件如下所述。

①绕中间带的中心线旋转[图4-8a)]

先将外侧行车道绕中间带的中心线旋转,待达到与内侧行车道构成单向横坡后,整个断面一同绕中心线旋转,直至超高横坡值。此时,中央分隔带呈倾斜状。中间带宽度小于或等于4.5m的公路可采用此种方式。

②绕中央分隔带边缘旋转[图 4-8b)]

将两侧行车道分别绕中央分隔带边缘旋转,使之各自成为独立的单向超高断面。此时,中央分隔带维持原水平状态。各种宽度中间带的公路均可采用此种方式。

③绕各自行车道中线旋转[图 4-8c)]

将两侧行车道分别绕各自的中心线旋转,使之各自成为独立的单向超高断面。此时,中央分隔带两边缘分别升高与降低而成为倾斜断面。车道数大于 4 条的公路可采用此种方式。

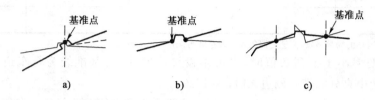

图 4-8 高速公路的超高过渡方式

超高的过渡原则上是在缓和曲线全长范围内进行,一般情况下,缓和曲线长度是能满足最小超高过渡段的要求的;但当采用最小曲线半径又用缓和曲线最小值连接时,则需对超高渐变率进行复核。此时,超高渐变率 $\Delta\rho=\dfrac{B\Delta i}{L_s}$,其中 L_s 为过渡段(缓和曲线)长度(m),其他符号同前。

当缓和曲线很长,超高渐变率过小时,将导致在曲线某些段落(从正常路拱变为单向超高路拱段)上很大范围内路面横坡接近零,造成排水不畅。按照最小排水要求,超高渐变率不得小于 1/330。为达到排水要求,通常采用以下方法解决:

(1)超高的过渡可不在缓和曲线全长范围内,而只在该缓和曲线前半段或后半段一定范围之内完成。

(2)在整个缓和曲线范围内,采用不同的超高渐变率。在超高过渡的前半段,即从正常路拱变为单向超高路拱(横坡值为路面横坡)的阶段采用大于 1/330 的渐变率;在超高过渡的后半段,即从单向超高路拱(横坡值为路面横坡)至全超高段,按实际渐变率完成余下的过渡。

当高速公路采用中央分隔带外缘为转轴时,即便超高渐变率大于 1/330,在纵坡较平缓的情况下,行车道排水也会因断面较宽而难以达到令人满意的效果。除可采取以上相同的措施外,还可以采用在行车道中间增设路拱线的办法,从而减小流水行程,减轻路面积水。《规范》规定,六车道及以上的公路宜增设路拱线,如图 4-9 所示。

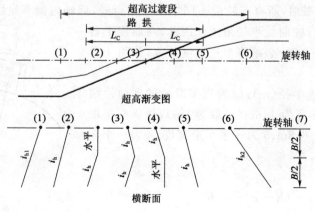

图 4-9 增设路拱的超高方式

高速公路位于纵坡较大路段时,其上下行的运行速度往往相差很大,这时可考虑上下行设置不同的超值。

高速公路对路线的平顺美观要求较高,在超高过渡段起终点的行车道边缘产生的纵向转折处,应插入大于表 4-14 的缓冲竖曲线。

缓冲竖曲线半径　　　　　　　　　表 4-14

计算车道(km/h)	120	100	80	60
缓冲竖曲线(m)	5 000	4 000	3 000	2 500

注:只有在特殊困难的局部路段,高速公路的设计速度才可采用 60km/h。

当超高渐变率小于下列数值时,也可不设缓冲竖曲线:基准线为行车道中心线时,为 1/250;基准线为中央分隔带两侧边缘时,为 1/200。

超高的缓和变化可参考图 4-10 所列示例。该路段为带有缓和曲线的反向曲线。图 4-10a)为该路段的曲率图,图 4-10b)为超高变化示意图,图 4-10c)为外侧超高及其渐变率变化图。图中 $\Delta\rho'$ 为最小渐变率(表 4-13),$\Delta\rho_{最大}$ 为容许超高渐变率(表 4-12)。

图 4-10 超高及其渐变率变化

2. 加宽

汽车在曲线上行驶时,所有车轮沿不同半径轨迹行驶,后轴内侧车轮所行驶曲线半径最小,前轴外侧车轮所行驶曲线半径最大。因此,在曲线上行驶的汽车占有较大的宽度,必须将车道宽度加宽,如图 4-11 所示。

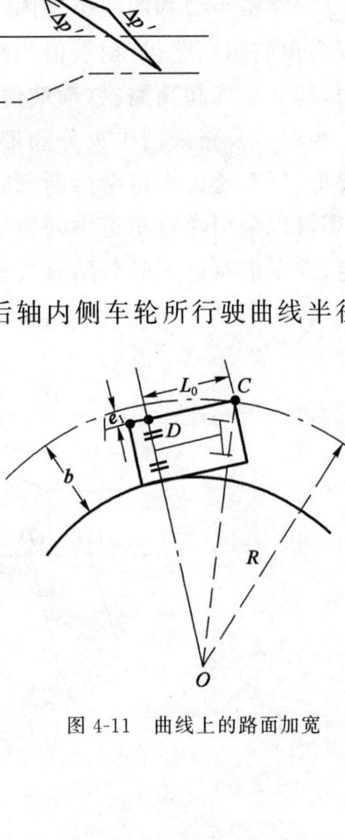

图中,R 为圆曲线半径(m);L_0 为汽车后轮轴到前沿缓冲器距离(m),对小客车为 4.6m(可取为 5m),载货汽车取 8m,半挂车取 5.2m+8.8m;b 为一个车道宽度;e_1 为一个车道路面的加宽值。

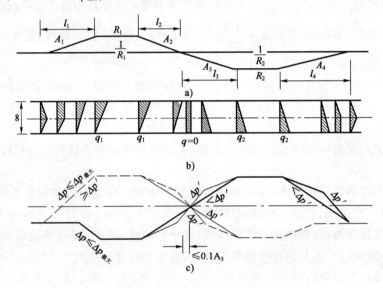

图 4-11 曲线上的路面加宽

由 $\triangle COD$ 得:

$$L_0^2 + (R - e_1)^2 = R^2$$

所以

$$e_1 = R - \sqrt{R^2 - L_0^2}$$

若为双车道，$e=2e_1$，则：
$$e = 2(R-\sqrt{R^2-L_0^2})$$
$$R^2-L_0^2 = \left(R-\frac{e}{2}\right)^2 = R^2-Re+\frac{e^2}{4}$$

因为 $\frac{e^2}{4}$ 值与 R 相比甚小，可略去不计，所以 $e=\frac{L_0^2}{R}$。

考虑到车速的影响，曲线上双车道路面的加宽值按下式计算，即：

$$e = \frac{L_0^2}{R} + \frac{0.1v}{\sqrt{R}} \tag{4-23}$$

式中：v——设计速度（km/h）。

《规范》规定，当平曲线半径等于或小于 250m 时，应在曲线内侧加宽。高速公路仅在 $v=60$（km/h）、当 $R<250$m 曲线段时予以考虑加宽。双车道路面加宽值规定见表 4-15，对高速公路一般采用第 3 类加宽值。

双车道路面加宽值 表 4-15

加宽类别	加宽值(m) / 汽车轴距加前悬(m)	圆曲线半径(m) 250~200	<200~150	<150~100
1	5	0.4	0.6	0.8
2	8	0.6	0.7	0.9
3	5.2+8.8	0.8	1.0	1.5

《标准》规定，高速公路在特殊困难路段才有可能采用 60km/h 的设计速度，这时才有加宽的可能。此时必然设置超高缓和段和缓和曲线，则加宽缓和段长度采用与缓和曲线或超高缓和段长度相同的数值。即当圆曲线路段需设置缓和曲线、加宽、超高时，超高加宽缓和段长度应与缓和曲线长度相一致，三者选取大者，并取值为 5m 的倍数，作为统一的设计值。加宽的方向为车道中心线的法线方向（图 4-12）。

高速公路曲线加宽缓和段的加宽，由直线加宽为零逐渐按比例增加到圆曲线起点处的全加宽值，其变化如图 4-13 所示。为使路面边缘圆滑、舒顺，任一点加宽值 E_n 可为：

$$E_n = (4K^3-3K^4)E \tag{4-24}$$
$$K = \frac{L_n}{L};$$

式中：E——圆曲线段路面加宽值（m）；
L——加宽缓和段全长（m）；
L_n——加宽缓和段任一点到起点的距离（m）。

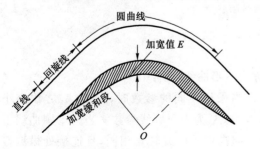
图 4-12 曲线上的加宽缓和段

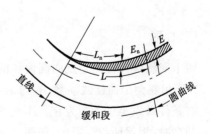
图 4-13 加宽过渡段的变化

第二节　平面线形的组合

在高速公路的平面定线中广泛地采用圆曲线和回旋线以及它们的各种复杂组合形式,这是由于它们可依地形、地物等具体情况而形成顺适圆滑的线形。其具体的组合形式可选用如下。

一、基本型

直线-回旋线-圆曲线-回旋线-直线的组合形式称为基本型曲线(图 4-14),这是一种常用的形式。为使线形协调,回旋线—圆曲线—回旋线的长度之比宜近似地为 1∶1∶1。基本型可以设计成对称型和不对称型两种。对称型为圆曲线两侧的回旋线长度相等,这是经常采用的;也可根据地形等条件设计成非对称型的,即两侧采用不相等的回旋线。

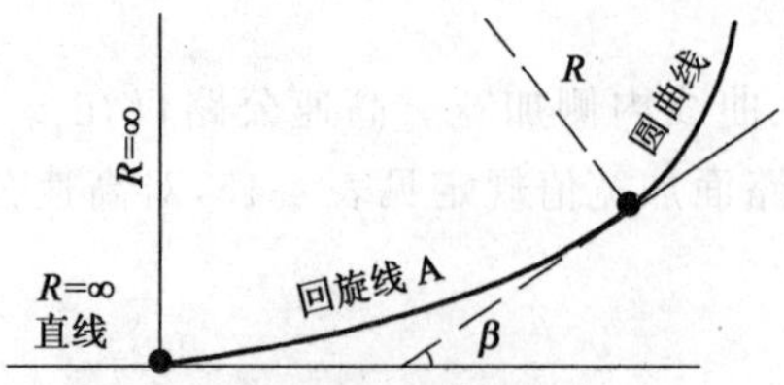

当连续地将组合型曲线连接后,为保证行车安全,需注意到前一个圆曲线与后一个圆曲线之间的协调。根据德国的研究结果,相邻两圆曲线的相应半径为 R_1 和 R_2 时,可以从图 4-15 中查出配合的适宜范围。

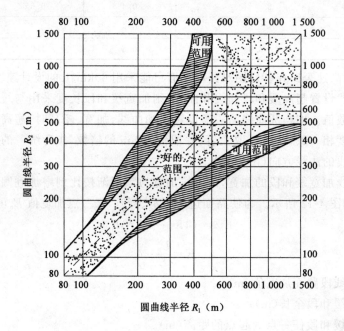

图 4-14　基本型曲线

图 4-15　相邻两圆曲线的配合

二、S 形

两个回旋线连接两个反向圆曲线的组合,称为 S 形曲线(图 4-16)。

S 形相邻两个回旋线参数 A_1 与 A_2 宜相等。当采用不同的参数时,A_1 与 A_2 之比应小于 2.0,有条件时以小于 1.5 为宜。A_1 为大回旋线参数,A_2 为小回旋线参数。当两个圆曲线上设置有超高时,为保证线形顺畅,使两段缓和曲线内超高横坡的旋转角相同,且连接处横坡等于零。A_1 与 A_2 比值可从式(4-25)求得,即:

$$\frac{i_1}{L_1} = \frac{i_2}{L_2}$$

$$\frac{A_1}{A_2} = \sqrt{\frac{R_1 \cdot i_1}{R_2 \cdot i_2}} \tag{4-25}$$

式中：R_1、R_2——两圆曲线的半径（m）；

i_1、i_2——相应于 R_1，R_2 的超高（%）；

L_1、L_2——两缓和曲线长度（m）。

S 形的两个反向回旋线以径相衔接为宜。当地形等条件限制必须插入短直线或当两圆曲线的回旋线相互重合时，短直线或重合段的长度应符合式（4-26）的规定，即：

$$l \leqslant \frac{A_1 + A_2}{40} \tag{4-26}$$

式中：l——反向回旋线间短直线或重合段的长度（m）；

A_1、A_2——回旋线参数。

该长度是以不改变超高缓和率所插入的直线长而确定的。当 $l > \frac{A_1 + A_2}{40}$ 很多时，则认为不是 S 形而是两个单独的基本型。

S 形曲线两圆曲线半径之比不宜过大，以 $R_2/R_1 = 0.5 \sim 1.0$ 为宜，并最好能满足图 4-15 的要求。R_1 为大圆曲线半径，R_2 为小圆曲线半径。

三、卵形

用一个回旋线连接两个同向圆曲线的组合形式称为卵形曲线（图 4-17）。

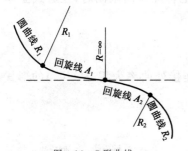

图 4-16　S 形曲线

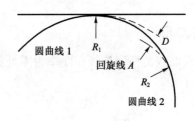

图 4-17　卵形曲线

卵形曲线中回旋线的参数宜符合式（4-27）的规定范围：

$$A = \frac{R_1}{2} \sim R_2 \tag{4-27}$$

式中：A——回旋线参数；

R_2——小圆的圆曲线半径（m）；

R_1——大圆的圆曲线半径（m）。

两圆曲线半径之比以 $R_2/R_1 = 0.2 \sim 0.8$ 为宜或参照图 4-15 的建议。

两圆曲线的间距，以 $D/R_2 = 0.003 \sim 0.03$ 为宜。D 为两圆曲线间的最小间距。

用一个回旋曲线连接两个圆曲线而成卵形曲线，要求大圆能完全包住小圆。其中插入的回旋线不能从原点开始，而是使用曲率从 $1/R_1$ 到 $1/R_2$ 这一段。

如果两个圆曲线相交、相切或相离时，只用一条回旋曲线就不能将两个圆曲线连接起来，需要用适当的辅助圆把两个回旋线连接成两个卵形或用两个回旋线做成复曲线（即 C 形曲线）。

四、凸形

两同向回旋线间不插入圆曲线而直接径相衔接的组合形式称为凸形曲线(图4-18)。

凸形曲线的回旋线参数及其连接点的曲率半径,应分别符合容许最小回旋线参数和圆曲线一般最小半径的规定。

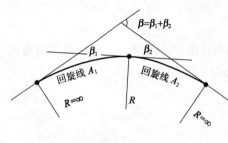

图4-18 凸形曲线

凸形曲线在两段回旋线连接处,曲率发生突变,这意味着汽车转向盘刚转动后马上就要向相反的方向回转;更由于超高、路面边缘线纵断面也在该处形成转折,所以凸形曲线作为平面线形是不理想的。一般情况下最好不采用凸形曲线,只有在路线受地形、地物严格限制,且对接点的曲率半径相当大时方可采用。凸形曲线的回旋线参数及其对接点的曲率半径应分别符合容许最小回旋线参数和圆曲线最小半径的要求;对接点附近 $0.3v$(以 m 计,其中 v 为设计速度,以 km/h 计)长度范围内应保持以对接点的曲率半径确定的路拱横坡值。

五、复合型

两个以上同向回旋线间在曲率相等处相互衔接的组合称为复合型曲线(图4-19)。

复合型的两回旋线参数之比以小于 1∶1.5 为宜。

复合型中的回旋曲线在中途是变化的,所以驾驶员要在中途变更速度以适应变化后的回旋曲线,这是行驶中所不希望出现的,仅在受地形或其他特殊原因限制时(互通式立体交叉除外)使用。

六、C形

同向曲线的两回旋线在曲率为零处径相衔接(即连接处曲率为零,$R=\infty$)的形式称为C形曲线4-20。

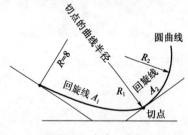

图4-19 复合型曲线

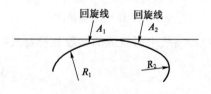

图4-20 C形曲线

两个回旋线的参数可相等,也可以不相等。与复合型曲线同样的原因,行驶条件也不是太好,故C形也只有在地形条件特殊困难,路线严格受限制时方可采用。

第三节 平面中线定线

高速公路在规划和选线工作后,就要进入平面定线工作。在平面定线工作中,就需要把中线的组成要素,包括圆曲线、缓和曲线、直线以及它们之间的复杂组合在平面地形和地物图上明确地标定下来，即确定所有特征桩的平面坐标。当然，在平面中线定线时，也应考虑到纵、横断面的可能变化状态，但应尽可能地避免在纵、横断面设计后再反复重新调整平面线形。因此，平面中线定线在整个定线工作中是很关键的，此时必须充分顾及沿线的地形起伏和地物位置，以及行车安全和环境优美。与一般公路相比，高速公路的设计速度高，选用的曲线半径大，每一段圆曲线、缓和曲线或直线，动辄几百米，甚至一二公里。在传统的定线方法中，首先是确定导线的转点，然后设置圆曲线，再确定缓和曲线，计算圆曲线的内移值与回旋线的连接点，这种方法对于等级较低的公路，由于各段要素相对较短，可能还比较适用。对于高速公路的定线，特别在提倡以曲线为主要线形的情况下，则采用以曲线为基础的定线方法更为合适。

在本节中，将首先叙述高速公路平面定线的原则，提出如何选定控制点和确定各特征桩；其次是叙述在平面定线中应顾及的安全、环境和美学问题；最后叙述以曲线为基础的定线方法。

一、高速公路平面定线的原则

高速公路的平面定线中，应在规划和选线的基础上重新审定控制点。然后在各个控制点之间根据地形、地物情况选定宜于设定转折或直线路段的地点。

1. 如何审定接近城镇的控制点

根据高速公路专供汽车高速运行并全部设置立体交叉和控制出入的特点和功能，它在迫近城市时必须掌握"近而不入，远而不离"的原则。

高速公路的起讫点往往是大城市或重要交通枢纽，当该城市已建有外环高速公路时，则可以通过互通式立体交叉直接与之相连，否则应选择在城市发展规划以外2～3km处用连接线与城市快速干道相连接。在连接线上如果要设置收费站，则要有足够长的区段设置减速和加速段。

由于高速公路上有大量的高速车流，造成喧闹噪声，污染空气和环境，成为公害。为保护居民身体健康，当高速公路遇到城市时，就应适当远离。一般认为应离开城市边缘2km，在困难时不少于1.5km。不得已必须穿越城市时，宜用地下隧道或设有隔声墙的高架桥梁。遇到村镇和零星居民点时应至少远离200m，不得已迫近居民点时应筑隔声墙，在穿越居民点时两侧均须设隔声防护墙并设分离式立交或通道。

2. 如何审定互通式立体交叉的控制点

根据高速公路上车流高速和连续的特点，每两互通式立体交叉（或进出入口）的间隔不宜过短。据国内外经验，互通式立交的间隔一般平均为10km，最短者为6km左右。以设计速度120km/h计算，6km路程仅需3min。每辆车刚通过一处立交，迎面离下一个立交2km处就能看到2 000m外又有立交的警告牌，如果间隔过密，则驾驶员在行车过程中一直处于紧张状态。有的汽车转道，从内车道降速转入外车道，再降速退出高速公路进入匝道，驾驶员需要反应和操作时间，如果来不及，易导致不安全。我国《规范》规定：大城市、重要工业园区附近的立交平均间距宜为5～10km，其他地区宜为15～25km；相邻互通式立交的最小间距，不宜小于4km。在不得已时设置了互通式立交间隔过短的区段，应设立明确的限速标志。

高速公路临近城市，往往会产生地方政府要求增设进出口或互通式立交的争议，由此导致互通式立交的间距过短。一般认为，对中、小型城市，高速公路宜仅设一个出入口。如果恰逢两东西向和南北向高速公路（或其中之一为一级公路）在某城市处相交，则这一互通式立交宜设在市郊，而另用连接线通向城市。对大城市和特大城市，一般也仅宜设2～3个出入口，间隔为5～6km。对有多条高速公路进入的特大城市和重要交通枢纽城市，建议可以设置环城市的高速道路，但必须把高速公路和城市快速干道区分开来，不要把两者混建在一起。

相邻互通式立交的间距也不宜大于30km。

3. 如何审定大型结构物的控制点

根据高速公路线形的特点,往往会遇到一定数量的长大桥梁和隧道。

在高速公路跨越大江、大河时,由于航运或水深等原因必须设大跨径桥梁,此时应考虑到某些桥型的需要,如采用斜拉桥、悬索桥、拱桥等,则宜把桥梁设置在直线路段上。由于高速公路的曲线路段较长,仍不可避免地需要把一些大、中型桥梁设置在曲线上。此时应考虑施工的方便性而把桥梁放在大半径的圆曲线上,不要放在回旋曲线和设置超高的小半径圆曲线上。应避免在桥上出现平曲线半径和曲率的突然变化,但如果半径发生变化,切点应放在桥墩位置。

高速公路在翻越山岭时,难于采用展线方案,在山岭区的沿溪线有时也难于采用绕行方案,往往较多地采用隧道。隧道则宜放在直线段上。曲线隧道较直线隧道增加了施工和养护难度;曲线隧道的自然通风条件一般不如直线隧道,有害气体较难排除;光照和视野受到限制,行车条件也不及直线段好。因此,隧道内应尽量避免设置平曲线,在不得已必须设置曲线时,也宜采用不小于不设超高的平曲线半径,并应符合视距的要求,这主要考虑到大一些半径的平曲线,虽不及直线,但比小半径好得多,争取不设超高,可以保持隧道内的建筑限界不变,对施工、养护、营运都有好处。

4. 确定平面线形各要素时的一般原则

在审定好控制点后,需逐段选定圆曲线、回旋线、直线等各要素的连接点,即确定中线上的特征桩。确定平面线形各要素时的一般原则如下:

(1)力求线形直捷、连续、均匀,曲线半径尽可能地大。平面线形宜直则直,宜曲则曲。

平面线形设计应根据不同条件选用线形要素(直线、圆曲线、缓和曲线)的合理组合,妥善运用,宜直则直,宜曲则曲,直中有曲,曲中有直,既不强拉直线,也不硬性设置不必要的曲线,以保证汽车的高速、安全行驶,并满足驾驶员和乘客视觉和心理上的舒适要求。高速公路在适应地形条件下的圆曲线应尽量选用较大半径,只有在不得已时,方可采用极限最小半径。

平面线形要素中直线、曲线(圆曲线、回旋线)的合理运用是线形几何形状的技术体现,并由此使驾驶员和乘客产生不同的感受。长直线的高速行车,因景观单调易引起驾驶员疲劳,并易加速行驶及对车辆间距判断错误而引起交通事故。因此,过长的直线,如长达10km以上的直线路段,视觉效果不佳,多为事故多发区,宜通过敷设曲线加以改变。

大半径长曲线路段,虽然线形柔和,但驾驶员在曲线上行驶几乎与在直线上行驶一样(转向盘无需作大的调整)。如果半径达7 000~9 000m,视线集中的300~600m范围内视觉效果近乎直线,同样易使驾驶员疲劳或加速行车招致车祸。实践认为:就线形连续而言,曲线长一般取1 000~1 500m为宜。

(2)线形连续,避免线形突变,各项技术指标的变化过渡应尽量平缓匀顺。

例如,长直线顶端不宜设置小半径曲线。我国工程实践一般认为:直线坡长>500m,纵坡>4%;直线坡长>1 000m,纵坡在1%~4%之间;直线坡长>1 500m,纵坡<1%的直线段均视为长直线或长下坡,此时其尽头的平曲线半径宜大于或等于圆曲线一般最小半径。

(3)公路转角一般情况下以不小于7°为宜。要注意必须有足够的曲线长度。

对小偏角($\alpha<7°$)曲线,一般应有足够的曲线长度,否则视觉上会出现扭曲,易引起看上去的曲率比实际大的错觉。因此,小偏角曲线应在条件限制不得已时使用。当因地形及环境原因需要设置小偏角曲线时,必须能保证线形的舒顺连续。我国工程实践认为:①在两段长而平

坦的直线间出现小偏角曲线,无论半径多大,总是形成长直线短曲线的线形,看上去出现硬弯,应予避免;②在长直线一端设置小偏角曲线破坏了线形的连续性,应予以避免;③纵断面设大凹竖曲线处出现小偏角平曲线,平纵组合不良,平面扭曲,应予避免;④如果设置小偏角曲线前后路段直、曲线长度均匀,半径变化匀顺,且设置小偏角曲线显著减少工程量时,认为是可行的线位。

(4)两同向曲线间不得以短直线相连,可调整为单曲线或复曲线或C形曲线。

(5)两反向曲线间夹有直线段时,应设置不小于最小直线长度(即2v)的直线段。

曲线间的最小直线长从保证线形连续出发,规定同向曲线间直线长不小于6v,反向曲线间不小于2v。这一规定是指极端状态,有条件时以宽松些为好。实践研究认为:一般同向曲线间为900m,反向曲线间为500m,即能取得较为满意的结果。

二、高速公路平面定线中的安全、环境与美学

高速公路必须具备快速安全的行车功能。为了舒适,还应使线形顺畅、视野开阔、环境优美。这些要求在平面定线中都应顾及。

1. 安全视距及其保证

为保证行车安全,驾驶者应看到前面相当距离的道路,以便遇到汽车或障碍物时能及时制动或绕过,此项距离即为安全视距,也称行车视距。无论在道路的平面上或纵断面上,都应保证必要的视距。

对于高速公路,由于有中央分隔带而无对向车流,主要考虑停车视距。仅在特殊情况(有对向来车)才考虑超车视距。但在高速公路立交双向行驶匝道上,需要保证会车视距,即应采用两倍停车视距$2S_停$作为依据。

汽车在同一车道遇到障碍(如路面破坏或障碍物在地面以上0.10m处)必须及时停车时,驾驶者(小客车驾驶者视线在地面以上1.2m)可能看到的足够距离,即为停车视距。

停车视距主要由两部分组成:①驾驶员反应时间所行驶的距离;②开始制动到制动器停止所行驶的距离——制动距离。必要时可另计入5~10m的安全距离。通常按式(4-28)计算:

$$S_停 = \frac{v}{3.6}t + \frac{(v/3.6)^2}{2gf_1} = 0.278v_t + 0.00394\frac{v^2}{f_1} \tag{4-28}$$

式中:f_1——纵向摩阻系数,依车速及路面状况而定;

t——驾驶员反应时间,可取2.5s(判断时间1.5s,动作时间1s)。

所以

$$S_停 = 0.694v + 0.0394\frac{v^2}{f_1} \tag{4-29}$$

依式(4-29)即可求出路面处于潮湿状态下的停车视距,见表4-16。

潮湿状态下的停车视距　　　　　　表4-16

设计速度(km/h)	行驶车速(km/h)	f_1	计算值(m)	规定值(m)
120	102	0.29	212.0	210
100	85	0.30	153.7	160
80	68	0.31	105.9	110
60	54	0.33	72.2	75

由于货车存在制动性能差、轴间荷载分布不均等现象,尽管货车驾驶者视线高,但实际仍需要比小客车更长的停车视距。《规范》规定高速公路在以下情况应进行货车停车视距检验:

①减速车道及出口端部;

②主线下坡路段且纵断面竖曲线半径小于一般值的路段;

③主线分、合流处,车道数减少,且该处纵断面竖曲线半径小于一般值的路段;

④要求保证视距的圆曲线内侧,当圆曲线半径小于2倍一般值或路堑边坡陡于1:1.5的路段。

货车停车视距的视线高规定为2.00m,物高规定为0.1m。具体值可按表4-17取用。

表 4-17

设计速度(km/h)		120	100	80	60
纵坡坡度(%)	0	245	180	125	85
	3	265	190	130	89
	4	273	195	132	91
	5	—	200	136	93
	6	—	—	139	95
	7	—	—	—	97

平面弯道内侧行车视线受阻挡时,需要清除视距范围内的障碍物,见图4-21。图中Z_0为公路弯道内侧所具有的横净距。

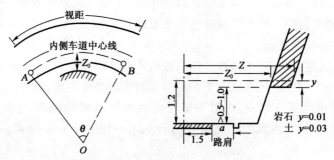

图 4-21 平面视距障碍的清除(尺寸单位:m)

平曲线内最大横净距Z(图4-22、图4-23)按表4-18所列公式计算。

当$Z<Z_0$时,视线可以保证;

当$Z>Z_0$时,需将图上阴影部分清除。

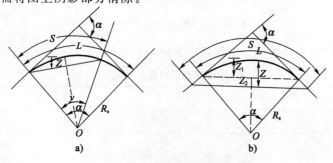

图 4-22 不设缓和曲线时横净距计算
a) $L>S$; b) $L<S$

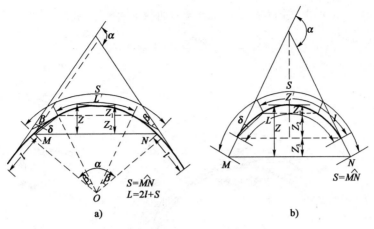

图 4-23 设缓和曲线时横净距计算
a)$L>S>L'$; b)$L<S$

最大横净距计算公式 表 4-18

不设回旋线时	$L>S$ [图 4-22a] $Z=R_s\left(1-\cos\dfrac{\gamma}{2}\right)\approx\dfrac{S^2}{8R_s}$	$\gamma=\dfrac{180S}{\pi R_s}$
	$L<S$ [图 4-20b] $Z=R_s\left(1-\cos\dfrac{\alpha}{2}\right)+\dfrac{1}{2}(S-L)\sin\dfrac{\alpha}{2}$	$L=\dfrac{\pi}{180}\alpha R_s$
设回旋线时	$L'>S$ $Z=R_s\left(1-\cos\dfrac{\gamma}{2}\right)$	$y=\dfrac{180}{\pi}\cdot\dfrac{S}{R_s}$
	$L>S>L'$ [图 4-23a] $Z=R_s\left(1-\cos\dfrac{\alpha-2\beta}{2}\right)+\sin\left(\dfrac{\alpha}{2}-\delta\right)(l_s-l')$ $L<S$ [图 21b] $Z=R_s\left(1-\cos\dfrac{\alpha-2\beta}{2}\right)+\sin\left(\dfrac{\alpha}{2}-\delta\right)l_s+\sin\dfrac{\alpha}{2}\cdot\dfrac{S-L_s}{2}$	$\delta=\arctan\left\{\dfrac{l_s}{6R_s}\left[1+\dfrac{l'}{l_s}+\left(\dfrac{l'}{l_s}\right)^2\right]\right\}$ $l'=\dfrac{1}{2}(l_s-S)$ $\delta=\arctan\dfrac{l_s}{6R_s}$

表中：Z——最大横净距(m)；
　　　S——视距(m)；
　　　L——平曲线长度(m)；
　　　L'——圆曲线长度(m)；
　　　l_s——缓和曲线长度(m)；
　　　R_s——曲线内侧行驶轨迹的半径(m)，其值为未加宽前路面内缘的半径加上 1.5m；
　　　L_s——曲线内侧行驶轨迹的长度(m)；
　　　α——公路路线转角(°)；
　　　γ——视距线所对应的圆心角(°)；
　　　β——回旋转角(°)。

对曲线内侧影响视距的切除范围一般均按图 4-24 所示图解法进行。

视距包络线就是以视距所切割而包络的一条曲线。在此范围内都需清除，然后依各桩号清除的横净距转绘到横断面图上，以确定路堑边坡(或障碍)清除的范围。

当曲线半径大到足以保证视距时，从车行道中心线到障碍物侧向距离，能保证视距的净空限界,此时临界半径 R 可由式即 $R \approx \frac{S^2}{8Z}$(不设缓和曲线 $L>S$ 时)求得。因此,在平曲线半径小于保证视距的临界半径时,需对视距进行计算检查。

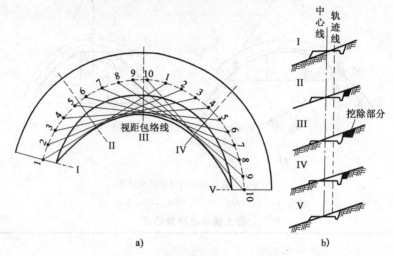

图 4-24　图解视距包络线确定横净距
a)平面;b)横断面

2.视觉分析

高速公路上驾驶员的视觉机能直接影响到信息获取和行车安全。在高速公路上行车时驾驶员的视觉与静止时是不同的。随着车速的增大,驾驶员的视力降低,视野明显变窄(图 4-25)。行驶速度越快,道路路面本身在视觉中的比重越大,对周围环境变化的视觉反映越微弱,因而公路线形就越成为影响驾驶员视觉的重要因素。在行驶速度很快的高速公路上,必须要求在视觉上重视线形设计的效果。要尽量地使驾驶员视觉的印象明确,能清晰地看见前方的线形,具备良好的视觉引导效果。

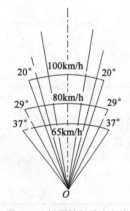

图 4-25　视野随行驶速度的
提高越来越狭窄

由于在视觉分析问题上还没有足够的研究和试验数据,很难作出定量的明确规定。我国《标准》规定:为保证和提高公路使用质量,对高速公路的必要路段,应采用透视图法进行检验。同时,又应考虑到动态的视觉,因此《规范》中又指出:线形设计的优劣有条件时可运用动态连续透视图进行检验。

在高速公路进出隧道段时,要注意视觉上的明和暗。当驾驶者从明亮处转入光线暗的路段,或相反,驾驶者不能马上适应光线的变化,因此作为路线线形设计者,需考虑该段的线形简单和保持原状,以保证行驶安全。

在高速公路遇到桥梁时,也应从视觉的角度考察桥上线形与桥头两端引道线形是否能很好配合。最好桥梁本身与两端引道能设置在同一个曲线要素或直线段上,防止桥梁护栏或缘石挡住视线,产生视觉上的错误判断而造成行车不安全。

总之,高速公路的线形与各种桥梁、隧道等人工构造物,以及周围的地形、地物相互之间应有充裕的空间,以保证必要的视距和视野,使驾驶员与乘客感到通视良好,线形流畅,景观自然、舒适和安全。公路线形配合周围的各种设施所构成的视觉系统,应使驾驶员在视觉系统上能预知公路方向和路况的变化,并能有效地采取安全行驶措施。

3. 线形的协调

在平面线形定线时,必须从保证安全和具备良好景观两个方面仔细考察线形各要素的协调问题。既要防止线形的急剧变化,又要防止长距离的线形呆板与单调。长直线后跟着急转弯,必然是事故多发地段。连续过长的直线路段必然使驾驶员感到单调而疲劳,而路线的曲线部分过长时,行驶时间久,即使是圆曲线和回旋线相组成的线形,也可使驾驶员感到不舒适,这时应尽可能利用适宜地形改设其他线形,以调节驾驶员的注意力。

上一个曲线和下一个曲线的配合,如图 4-15 所作研究的规定;缓和曲线、圆曲线、缓和曲线相互之间近似地保持 1：1：1 的要求,也都是为保持线形协调所需要的。

在高速公路设计中采用连续的曲线,一般认为是平面较好的线形。由于在曲线上行车,路的景观不断地变化,使驾驶员、乘客心情轻松愉快。曲线可以弥补直线的一些缺点,能给驾驶员提供良好的视线诱导。平曲线的半径选用得尽量大一些,线形要平顺些,就算在中间插入个别较短的曲线,在许多曲线蜿蜒的路线上,不会受到太大的损害;相反,如果在一条直线多的或曲线半径大的路线上出现个别短曲线,则线形突然出现折曲,从行车安全和舒适感方面评价,就不是良好的线形。

4. 环境与景观设计

在高速公路的平面定线中,应注意消除对环境的有害影响,改善和美化景观。

对环境的有害影响主要有噪声影响、空气和水资源污染影响、生态环境影响等。道路路线走向及要素线位的布设,应全面考虑沿线社会环境与自然环境。在调查研究路线经过地带环境现状及其发展的基础上进行综合分析论证,有时宜确定多个路线方案,对每个不同方案进行环境评价,评述优劣,最后确定最佳设计方案。

公路定线时,除注意应与城镇保持适当的距离外,还应注意绕避省级以上自然保护区、水源保护区、居民文教区以及名胜古迹、风景旅游区等,并合理确定公路与被保护区域的相对位置,尽可能地防止或减轻对环境的不利影响。

公路定线时,还应注意改善和美化景观,称为景观设计。景观分自然景观和人文景观两部分,自然景观是指天然形成的地形、地貌和地物;人文景观是指人类为满足各种物质和生活需要而建立的各种建筑物、设施和文化艺术景物。公路景观设计系指公路线形设计及其构造物要有美观的造型,使它与周围的自然景观和人文景观相协调,从而构成优美的自然画面,形成新的公路交通景观系统。高速公路在定线时就应注意线形与地形相配合,在几何设计中注意应随着地形的起伏布设弯道和确定曲线半径。地形条件适宜时,可采用分离式路基,减少宽阔的高速公路断面对地形的切割破坏。公路沿线有重要景观区域或独立景观点时,路线应注意绕避,并尽量能将景观置于曲线的内侧,增加沿线观赏内容。充分利用自然风景如孤山、湖泊、大树等,或人工建筑物如水坝、桥梁、高塔等,置于沿线显著可视地带,以消除单调,并使之与大自然融为一体。当公路以挖方穿越山脊或通过宽阔林区时,应将路线尽可能地布设成曲线通过,以保持连续不断的自然背景。

三、基于曲线的平面定线方法

高速公路线形标准高,测设精度要求严格,其平面定线方法与一般公路有所不同。

一般公路的传统测设方法大都采用现场直接定线法,即面对实际地形、地物等,在现场选定路线的转点,组成以直线相连的导线。在转点处布置圆曲线,再根据需要,向弯道内侧移动圆曲线并插入缓和曲线(图 4-26)。这种方法对高速公路的测设是不适宜的。

由于以下原因,对高速公路建议采用基于曲线的在纸上或在计算机屏幕上进行平面定线的方法。

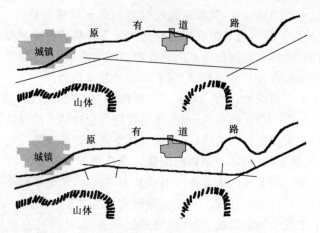

图 4-26　以直线相连的导线法定线

(1)高速公路往往以曲线为主,路线的大部分甚至近于全部是圆曲线和回旋线之间的相互衔接。线段要素很长,往往几百米,甚至一二公里。现场由于地形、地物、树木、房屋等阻挡,不易通视,在现场进行精确定线产生困难。

(2)随着计算机技术的广泛应用,曲线法计算复杂的矛盾得到了解决,在计算机屏幕上形成以曲线(包括圆曲线、缓和曲线及各种组合的曲线)为基础的平面线形相当容易。

(3)采用航测手段或全站仪地面速测手段使获得较大比例尺带状等高线地形图具备条件,可以用来作为进行纸上定线的底图。

高速公路的定线过程,一般是沿着视察阶段现场核查落实的路线方案走廊带布设控制导线,测绘带状地形图,然后进行纸上定线。在具备电子地形图为底图的条件下,可以在计算机屏幕上进行定线。定线时采用以曲线为基础的曲线法。

曲线法设计的基本原则是:首先在需要设置弯道的地方根据地形、地物的要求布设一系列圆曲线(直线被看作为圆曲线的特例,即半径为无穷大的圆曲线),然后在这些圆曲线之间用回旋线或直线连接,形成平面线形(图 4-27)。

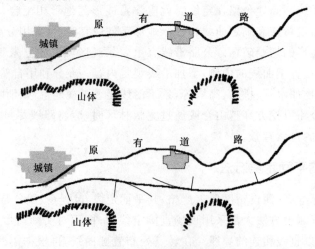

图 4-27　基于曲线的定线方法

曲线法设计模型可归纳为以下三种最典型的情况：直线与圆弧间的连接，两同向圆弧间的连接，两反向圆弧间的连接。

1. 直线与圆弧间连接

如图 4-28 所示，圆和直线位置已定，求连接圆和直线的回旋线长 l_s（或回旋线参数 A）。

根据回旋线性质和图 4-28 所示几何关系，则：

$$p = R(\cos\beta - 1) + y_s$$

$$y_s = \int_0^{l_s} \sin\left(\frac{s^2}{2l_s R}\right)\mathrm{d}s$$

式中：y_s——HY 点的纵坐标；

s——弧长；

β——回旋曲线角，$\beta = \dfrac{l_s}{2R}$；

p——回旋线内移值的精确值。

我们可得到以下非线性方程组：

$$\left. \begin{array}{l} p = R(\cos\beta - 1) + y_s \\ y_s = \int_0^{l_s} \sin\left(\dfrac{S^2}{2l_s R}\right)\mathrm{d}s \\ \beta = \dfrac{l_s}{2R} \end{array} \right\} \quad (4\text{-}30)$$

采用数值解法，可求解这一非线性方程，常用方法有二分法、迭代法等来求解。每次求得 l_s 的解后回代可得 p'。由于圆与直线位置已定，根据它们的方程可得：

$$p = \frac{|K(x_c - x_1) - (y_c - y_1)|}{\sqrt{1 + K^2}} - R \quad (4\text{-}31)$$

其中，$K = \dfrac{y_2 - y_1}{x_2 - x_1}$ 为直线斜率（当 $x_1 \neq x_2$ 时）。当 $x_1 = x_2$ 时，则 $p' = |x_c - x_1|$。

因此，可以将误差 ε 定为 $|p' - p|$，当 ε 满足所要求的精度范围时，则结束运算。

根据级数展开式，可近似地得到：

$$\left. \begin{array}{l} p \approx \dfrac{l_s}{24R} \\ l_s \approx \sqrt{24Rp'} \end{array} \right\} \quad (4\text{-}32)$$

以此可作为迭加的初始值进行运算。

2. 两同向圆弧间的连接

两同向圆曲线根据两圆的圆心坐标和半径可以有两种情形：一个圆内包括另一个圆、两圆相互不包括。

(1) 一圆内包括另一圆

图 4-29 所示为一圆内包一圆的情况。

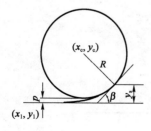

图 4-28 直线与圆弧间连接

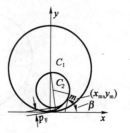

图 4-29 一圆内包另一圆

这时可以用单条回旋线连接两圆,根据回旋线坐标公式,m 点的坐标为:

$$\left. \begin{array}{l} x_{\mathrm{m}} = \int_0^{l_{\mathrm{s}}} \cos\left[\dfrac{S}{R_1} + \dfrac{S^2}{2l_{\mathrm{s}}}\left(\dfrac{1}{R_2} - \dfrac{1}{R_1}\right)\right] \mathrm{d}s \\ y_{\mathrm{m}} = \int_0^{l_{\mathrm{s}}} \sin\left[\dfrac{S}{R_1} + \dfrac{S^2}{2l_{\mathrm{s}}}\left(\dfrac{1}{R_2} - \dfrac{1}{R_1}\right)\right] \mathrm{d}s \end{array} \right\} \quad (4\text{-}33)$$

由此得小圆圆心坐标为:

$$x_{c_2} = x_{\mathrm{m}} - R_2 \cos\left(\beta - \dfrac{\pi}{2}\right)$$

$$y_{c_2} = y_{\mathrm{m}} - R_2 \sin\left(\beta - \dfrac{\pi}{2}\right)$$

其中,
$$\beta = \dfrac{l_{\mathrm{s}}}{2}\left(\dfrac{1}{R_2} + \dfrac{1}{R_1}\right)$$

大圆的圆心坐标为:

$$x_{c_1} = 0 \qquad y_{c_1} = R$$

将以上各式联立,可得一非线性方程组,未知数为 l_{s},采用数值解法可求解,每次求得 l_{s} 近似值,代回上式可得:$x'_{c_1}, x'_{c_2}, y'_{c_1}, y'_{c_2}$。

设两圆的距离为:

$$D' = \sqrt{(x'_{c_1} - x'_{c_2})^2 + (y'_{c_1} - y'_{c_2})^2}$$

由于两圆位置已定,圆心坐标为已知值,因此圆心距离的精确值为:

$$D = \sqrt{(x_{c_1} - x_{c_2})^2 + (y_{c_1} - y_{c_2})^2}$$

设 $\varepsilon = |D' - D|$,当 ε 满足精度范围时,则求解结束。

根据级数展开式,我们可得 l_{s} 的近似值:

$$l_{\mathrm{s}} \approx \sqrt{\dfrac{24 R_1 R_2 p_{\mathrm{F}}}{R_1 - R_2}} \quad (4\text{-}34)$$

其中:

$$p_{\mathrm{F}} = R_1 - R_2 - \sqrt{(x_{c_1} - x_{c_2})^2 + (y_{c_1} - y_{c_2})^2}$$

可以此作为数值求解的初始值。

(2)两圆相互不内包

如图 4-30 所示为两圆相互不内包的情况。

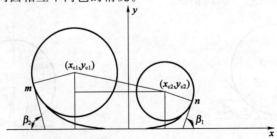

图 4-30 两圆相互不内包

通常两圆间只能用两段完整的回旋线相连,根据直线与圆连接的推导可得:

$$\left.\begin{array}{ll} x_m = -\int_0^{l_{s1}} \cos\left(\dfrac{S^2}{2l_{s1}R_1}\right)ds & y_m = -\int_0^{l_{s1}} \sin\left(\dfrac{S^2}{2l_{s1}R_1}\right)ds \\[6pt] x_n = \int_0^{l_{s2}} \cos\left(\dfrac{S^2}{2l_{s_2}R_2}\right)ds & y_n = \int_0^{l_{s2}} \sin\left(\dfrac{S^2}{2l_{s_2}R_2}\right)ds \end{array}\right\} \quad (4\text{-}35a)$$

由此可推得:

$$\left.\begin{array}{ll} x_{c_1} = x_m + R_1 \sin\beta_1 & \\ y_{c_1} = y_m + R_1 \cos\beta_1 & \beta_1 = \dfrac{l_{s1}}{2R_1} \\ x_{c2} = x_n + R_2 \sin\beta_2 & \beta_2 = \dfrac{l_{s2}}{2R_2} \\ y_{c2} = y_n + R_2 \cos\beta_2 & \end{array}\right\} \quad (4\text{-}35b)$$

上式中未知数为 l_{s1}, l_{s2},这时需要给定 l_{s1} 与 l_{s2} 之比或选定其中的一个,然后用数值解法求解,每次求得 l_{s1} 与 l_{s2} 的近似值回代上式中,得两圆心所示的近似值为:x'_{c1}、x'_{c2}、y'_{c1}、y'_{c2} 和两圆心间距离为 D'。

设 $\varepsilon = |D' - D|$,其中:$D = \sqrt{(x_{c1} - x_{c2})^2 + (y_{c1} - y_{c2})^2}$ 为精确值,x_{c1}、x_{c2}、y_{c1}、y_{c2} 是给定的,可对任一最方便的坐标系反复迭代,直到 ε 满足精度要求。

3. 两反向圆弧间的连接

两反向圆弧间只能用两段完整的回旋线相连,如图4-31所示。

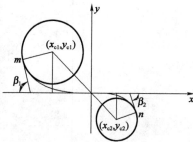

图4-31 两反向圆弧间的连接

可推导得下列公式:

$$\left.\begin{array}{ll} x_m = -\int_0^{l_{s1}} \cos\left(\dfrac{s^2}{2l_{s1}R_1}\right)ds & y_m = -\int_0^{l_{s1}} \sin\left(\dfrac{s^2}{2l_{s1}R_1}\right)ds \\[6pt] x_n = \int_0^{l_{s2}} \cos\left(\dfrac{s^2}{2l_{s2}R_2}\right)ds & y_n = \int_0^{l_{s2}} \sin\left(\dfrac{s^2}{2l_{s2}R_2}\right)ds \end{array}\right\} \quad (4\text{-}36a)$$

$$\left.\begin{array}{ll} x_{c_1} = x_m + R_1 \sin\beta_1 & \\ y_{c_1} = y_m + R_1 \cos\beta_1 & \beta_1 = \dfrac{l_{s1}}{2R_1} \\ x_{c_2} = x_n + R_2 \sin\beta_2 & \beta_2 = \dfrac{l_{s2}}{2R_2} \\ y_{c_2} = y_n + R_2 \cos\beta_2 & \end{array}\right\} \quad (4\text{-}36b)$$

同样,需要给定 l_{s1} 与 l_{s2} 之比或选定其中的一个,然后用数值解法求解。

第四节　平面图的绘制

路线平面图是设计文件中的一项主要内容,它综合反映了路线的平面位置、线形和尺寸,还反映了沿线人工构造物和工程设施的布置以及道路与周围环境、地形、地物的关系。

根据《公路工程基本建设项目设计文件编制办法》的要求,路线平面图应绘出地形、地物,示出路线(标出里程桩号、断链、平曲线要素及主要桩位)、水准点、大中桥、路线交叉(注明形式及结构类型)、隧道、主要沿线设施的位置以及县以上分界线等,比例尺用1:2 000,平原微丘区也可用1:5 000。在高速公路的初步设计文件中应包含有这种路线平面图。在高速公路的路线平面图中尚应示出坐标格网、导线点、列出导线点及交点坐标表。

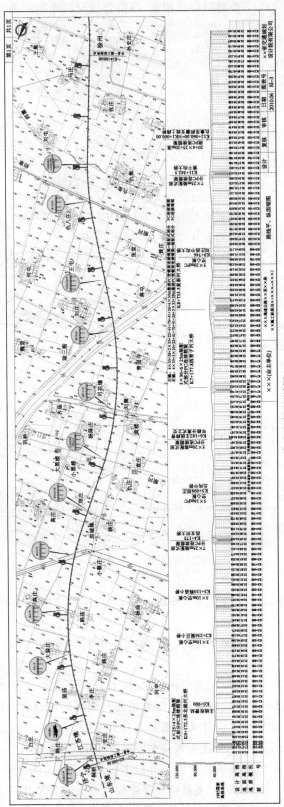

图4-32 高速公路平面缩图

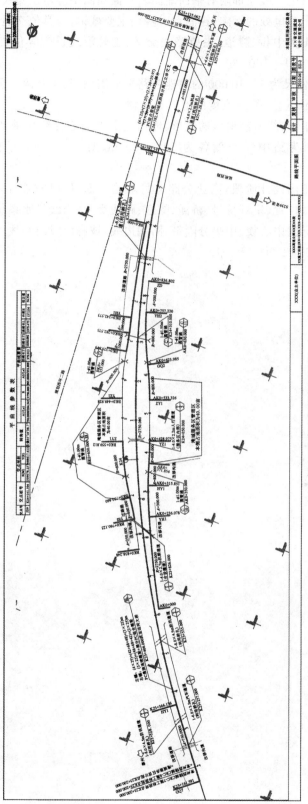

图4-33 高速公路平面设计图

设计文件总说明书中一般还都附有平面缩图。平面缩图中应示出路线(包括比较方案)起讫点,整公里处或五、十公里处的标志、控制点、地形、主要城镇,与其他交通路线的关系以及县以上境界。简明标示出大中桥、隧道、主要路线交叉、主要沿线设施等位置形式,比例尺可用1:10 000或1:50 000~1:100 000。

图4-32所示为比例尺为1:10 000的高速公路平面缩图,其中每隔一公里绘出里程标志,高速公路两侧绘出了不小于500m宽度的地形和地物。

在所有的平面图中,路线所经地区的地形、地物应实地测绘并绘成带状图,其范围对比例尺为1:2 000平面图为路中线两侧各为100~200m,对1:5 000平面图,两侧各不小于250m。

在技术设计和施工图设计阶段,高速公路应另增绘平面设计图(图4-33)。绘出地形、地物、示出坐标网格、路线位置、里程桩号、桥涵、隧道、路线交叉、沿线排水系统、主要沿线设施的布置等。路线位置应标出中心线、中央分隔带、路基边线、坡脚(或坡顶)线以及曲线主要桩位,比例尺用1:1 000或1:2 000。

第五章　高速公路纵断面设计

通过道路中线的竖向断面,称为纵断面。它主要反映路线起伏、纵坡度及与原地面的切割等情况。道路中线处的原地面高程,称为地面高程。高速公路的设计高程是指中央分隔带外侧边缘的高程。设计高程与地面高程之差即为断面的填挖高度。

纵断面的几何线形由坡度线和竖曲线组成。纵坡度、坡长和竖曲线的半径都与汽车的行驶速度以及运输的经济和安全密切相关。高速公路是专供汽车分道高速行驶的公路,因此,就需要从保证汽车行驶安全、迅速、舒适与经济的角度来研究高速公路纵断面线形的诸要素。同时,在确定每一纵坡转折点高程时,也应按照一定的原则和方法,考虑工程经济,地形、地质、水文等自然条件,以及从通行能力、社会情况、安全和环境等多方面综合考虑,慎重对待。

第一节　纵断面诸要素

纵断面的几何线形包含具有一定坡度与有限长度的直坡段以及具有一定半径的凸形和凹形竖曲线。

一、纵坡度

路线纵坡度包括最大纵坡度和最小纵坡度之间的各种坡度。其中,最大纵坡是高速公路线形设计控制的一项重要指标,它直接影响到路线的长度、使用品质、行车安全、运输成本和工程造价。最小纵坡是为排水而规定的最小值。

1. 最大纵坡

最大纵坡依汽车的动力特性、自然条件及工程运营经济的分析加以确定。

确定高速公路上的最大纵坡,就需要了解高速公路上的代表性车型及其动力特性。高速公路上往往小客车居多数,靠近中央分隔带的车道原则上为小客车占有。小客车的行驶速度高,爬坡性能好,受纵坡的影响较小。调查表明,在设计速度为 120km/h 的高速公路上,当小客车在 3% 的坡道上行驶时,同在水平路段上比较,只是在保持自由速度方面有轻微的影响。因此,在平原微丘区如能按最大纵坡 3% 设置线形,就可以保持以较高的行驶速度匀速前进。

载重汽车随纵坡的增加车速显著下降,这对于正常高速行驶的车流会造成影响,使快车受阻,直接影响高速公路的通行能力和行车安全。因此,在确定最大纵坡时,也应从实际出发,注意在高速公路上行驶的代表性载重汽车车型。高速公路是控制出入的公路,为保证快速、安全运行,在高速公路的出入口,对通行车辆的车速及装载都有严格限制,这样,排除了拖拉机、慢速车、淘汰车型的干扰。一般可以认为,在国产载重汽车中,适宜采用解放 CA140 和东风 EQ140 这两种车型来作为研究确定纵坡的依据。

按照国外研究经验,提出在确定最大纵坡的标准值时,应使小客车能以相当于平坦路段上的平均行驶速度上坡,载重汽车能以设计速度的 50% 的速度上坡。

解放CA140与东风EQ140的动力特性大体相同,根据计算研究,如以不同的设计速度,采用相应的纵坡度,可以得到相对应的平衡速度如表5-1所示。

平衡速度计算值　　　　　　　　　表5-1

设计速度(km/h)	120	100	80	60
滚动阻力系数(%)	1.0	1.0	1.0	1.5
纵坡度(%)	3	4	5	6
挡位	IV	IV	III	III
平衡速度(km/h)	57	50	36	36

由表5-1可以看出,在所给定的纵坡度条件下,解放CA140车型载重汽车的平衡速度能够接近设计速度的1/2。

当然,在制订最大纵坡时不能只从设计车型的爬坡能力考虑,还应考虑汽车在纵坡上行驶的安全性和经济性等。

我国《标准》规定了高速公路最大纵坡值,见表5-2。

高速公路最大纵坡　　　　　　　　表5-2

设计速度(km/h)	120	100	80	60
最大纵坡(%)	3	4	5	6

注:只有在特殊困难的局部路段,高速公路的设计速度才可采用60km/h。

(1)高速公路上行车速度快、密度大,安全性要求高,为此,设计时应尽可能选用小于最大纵坡的坡值。

(2)设计车速为120km/h、100km/h、80km/h的高速公路受地形条件或其他特殊情况限制时,经技术经济论证合理,最大纵坡也可按表5-2增加1%。

(3)对隧道内纵坡,考虑到安全,一律不应大于3%。

(4)在高原地区,海拔对汽车的动力性能影响较大,为此,高原上公路的最大纵坡应根据海拔进行折减,适当采用较缓的纵坡。

(5)越岭路线连续上坡(下坡)路段,相对高差为200~500m时,平均纵坡不应大于5.5%;相对高差大于500m时,平均纵坡不应大于5%;任意连续3km路段的平均纵坡不应大于5.5%。

2.最小纵坡

为保证高速公路上行车快速、安全、通畅,希望尽可能采用小些的纵坡,但对长路堑路段、设置边沟的低填方路段,以及其他横向排水不畅路段,为满足排水要求,应采用不小于0.3%的最小纵坡。

当必须采用平坡或小于0.3%的纵坡时,其边沟应作纵向排水设计。

在干旱少雨地区,最小纵坡可不受上述限制。

二、坡长限制

公路纵断面坡长即是纵坡两边坡点的平面间距,又称为设计间距。

为保证行车的安全与平顺,坡长不宜过短,最短以不小于设计速度行驶9s的行程为宜,即 $v \times \frac{1\,000}{3\,600} \times 9 = 2.5v$。高速公路采用坡段最小长度见表5-3。

高速公路设计中,如果采用过小的坡长,会使纵坡频繁起伏,形成线形的跳跃,使驾驶人感觉路线不够平顺,甚至出现驼峰、暗凹、断背或折曲等视觉中断的情况。

最 小 坡 长　　　　表 5-3

设计速度(km/h)	120	100	80	60
最小坡长(%)	300	250	200	150

注:条件允许时,当 $v=120$ km/h,最小坡长宜大于等于 400m。

同时,纵断面坡长也不能过长。一方面,坡长太长容易造成路线填挖过大,影响经济性和环境景观;另一方面,在纵坡坡度较大时,车辆的爬坡性能和下坡安全都不允许纵坡坡长过大。

在陡坡路段,坡长限制在传统理论上是以汽车上坡的减速行程来核算的。如以载重汽车东风 EQ140 为设计车型,通过理论推算,按照汽车上坡时从理想速度 v_1 下降到容许速度 v_2 的减速行程计算,并参照国外的经验,《标准》给出的高速公路的坡长限制,如表 5-4 所列。此时,在按表中规定的限制坡长处应设缓和坡段,缓和坡段的纵坡应不大于 3%,其长度应符合最小坡长的规定。对在陡坡路段行驶的上坡车辆,过大的坡长会影响车辆的行驶速度,从而带来通行能力降低和行车危险(主要是追尾)的增加。

坡 长 限 制 值　　　　表 5-4

设计速度(km/h)		120	100	80	60
纵坡值(%)	3	900	1 000	1 100	1 200
	4	700	800	900	1 000
	5	—	600	700	800
	6	—	—	500	600

注:只有在特殊困难的局部路段,高速公路的设计速度才可采用 60km/h。

在连续上坡路段当由几个不同陡坡段组成时,坡长是否符合规定,一般可采用按比例折算纵坡坡长的方法。例如,高速公路 $v=100$ km/h 一段已设计好 5% 上坡段 250m,拟再按 4% 设置上坡段,其长度为多少?此时 5% 路段已占有 $\frac{250}{500}$,则其后面 4% 纵坡的坡长限制值可为 $700\times\left(1-\frac{250}{500}\right)=350$ m。然后应设置一段坡长 250m、纵坡小于 3% 的缓坡段。

另一方面,山区高速公路陡坡路段连续下坡时的安全应引起特别的注意。虽然,下坡的车辆没有汽车爬坡动力性能的问题,但在重力的作用下,连续下坡时的车速会越来越高。为控制车速,许多驾驶人会采取间歇式制动(连续的点制动)的办法降低车速,长时间制动造成轮毂温度上升,制动力减低,严重时造成制动失效。近年来,我国山区高速公路建设中已发现多处由于连续长大下坡形成的事故易发路段。实践表明:上述坡长限制指标还无法解决连续长大下坡中的坡长限制。从行车安全考虑,设计中应根据在不同车速、不同纵坡条件下制动毂升温规律确定连续下坡的纵坡值(包括缓坡段的坡度)和总坡长。纵坡应力求均匀,不应采用最大值或接近最大值的坡度,更不宜连续采用不同纵坡最大坡长值的陡坡夹短距离缓坡的纵坡线形。

三、合成坡度

汽车在有纵坡的小半径曲线上行驶时,除受坡度阻力外,还受曲线阻力的作用。由于曲线阻力的存在,当汽车上坡时,消耗的功率增加,行驶速度降低。当汽车下坡时,有沿合成坡度方向倾斜和滑移的倾向,增加了行车的危险性。当纵坡大而曲线半径小时,为防止车速降得过低,以及防止汽车沿纵坡与超高组合的斜向坡度方向滑移,应将其组合的坡度限定在适当的范围内(图 5-1)。其目的在于保证曲线段的汽车行驶状况与直线段相同。

在设有超高的平曲线坡段上,由路线纵坡与曲线超高横坡所组成的斜向坡度,即是合成坡度。合成坡度按下式计算:

$$i_合 = \sqrt{i_横^2 + i_纵^2} \tag{5-1}$$

式中:$i_合$——合成坡度(%);
$i_横$——超高横坡(%);
$i_纵$——路线纵坡(%)。

在高速公路设计中,为保证行车安全,合成坡度应控制在适当范围内。《规范》规定:合成坡度不得超过 10%(120km/h 及 100km/h 时)及 10.5%(80km/h 及 60km/h 时)。

对于给定的道路纵坡和超高横坡,其合成坡度可依合成坡度临界线图(图 5-2)来检查。此时,由图中直接查出纵坡与超高相对应的交点,应在合成坡度临界线以内。如超出临界线则应对纵坡或超高进行相应调整,使组合后的合成坡度不超出规定值。表 5-5 所示为对应于各种超高横坡度时的圆曲线半径。

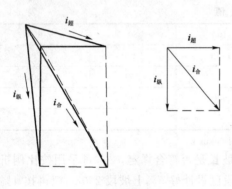

图 5-1 合成坡度

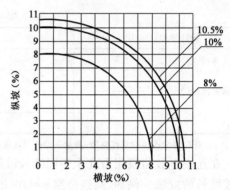

图 5-2 合成坡度临界线图

对应于各种超高横坡时的曲线半径 表 5-5

设计速度(km/h)	曲线半径(m)								
120	5 500	3 240	2 160	1 620	1 300	1 080	930	810	720
100	4 000	1 710	1 220	950	770	650	560	500	440
80	2 500	1 240	830	620	500	410	350	310	280
60	1 500	810	570	430	340	280	230	200	160
横坡度(%)	2	3	4	5	6	7	8	9	10

当陡坡处于小半径曲线段上时,在条件许可情况下,以采用较小的合成坡度为宜。特别在下述情况下必须小于 8%:①冬季路面有积雪、结冰地区;②自然横坡较陡峻的傍山路段。

除上述最大容许合成坡度外,相反,合成坡度也不能过小,它会导致路面排水不畅,从而影响到行车的安全。因此,我国《规范》规定最小合成坡度不宜小于 0.5%,在超高过渡段尤应注意。在不得已当合成坡度小于 0.5%时,应采用综合排水措施,以保证路面排水畅通。

四、竖曲线

为减缓汽车行驶在纵坡变坡处所产生的冲击,以及保证行车视距,必须插入纵向曲线,称为竖曲线,以改善线型,增加行车的安全感和舒适性,并有利于道路排水。

纵断面上两纵坡线交点处称为变坡点。在变坡点设置的竖曲线有凸形竖曲线和凹形竖曲线两种。凸形竖曲线的设计以改善纵坡的舒顺性、保证行车视距为依据。凹形竖曲线则主要为缓和行车颠簸和振动,同时保证夜间行车照明视距、跨线桥视距为依据。

纵断面变坡点处的转角称为变坡角,以 ω 表示,ω 的大小(以弧度计)近似地等于相邻两纵坡度的代数差,即 $\omega = i_1 - i_2$,式中 i_1、i_2 分别为相邻纵坡线的坡度值,上坡为正,下坡为负。如图 5-3 所示,$\omega_1 = i_1 - (-i_2) = i_1 + i_2$,$\omega$ 为正,变坡点在曲线上方,则为凸形竖曲线。当 $\omega_2 = -i_2 - i_3 = -(i_2 + i_3)$,$\omega$ 为负,变坡点在曲线下方,则为凹形竖曲线。

1. 竖曲线要素计算

竖曲线型式采用圆曲线,在设计和计算中,为方便计算和施工,以抛物线近似代替圆曲线,两者在使用范围内几乎没有区别。

竖曲线一般采用二次抛物线的表达式(图 5-4)。

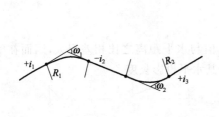

图 5-3 竖曲线的变坡角

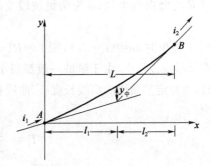

图 5-4 抛物线形竖曲线

$$y = \frac{1}{2k}x^2 + ix$$

任意点 x 的坡度变化为:

$$i = \frac{1}{k}x + i_1$$

任意点的曲率半径 R 为:

$$R = \frac{\left[1 + \left(\frac{dy}{dx}\right)^2\right]^{3/2}}{\frac{d^2y}{dx^2}} = k(1 + i^2)^{3/2}$$

其中,$\frac{dy}{dx} = i$;$\frac{d^2y}{dx^2} = \frac{1}{k}$。

由于 i 数值远小于 1,i^2 可予忽略,则 $R \approx k$。

可以视为竖曲线的半径值(也相当于圆曲线型竖曲线的半径值)为:

$$R \approx k = \frac{L}{i_2 - i_1} = \frac{L}{\omega} \tag{5-2}$$

并可得二次抛物线型竖曲线的一般方程式为:

$$y = \frac{i_2 - i_1}{2L}x^2 + i_1 x \tag{5-3}$$

按上式,则可求得 l_1 处的纵距为:

$$y_中 = \frac{i_2 - i_1}{2L}l_1^2$$

点 B 处抛物线纵距为：
$$y_B = \frac{i_2 - i_1}{2L}L^2 + i_1 L$$

若从直线纵坡推求，则：
$$y_B = i_1 l_1 + i_2 l_2$$
$$\frac{1}{2}(i_2 - i_1)(l_1 + l_2) + i_1(l_1 + l_2) = i_1 l_1 + i_2 l_2$$

则
$$(l_1 - l_2)(i_1 - i_2) = 0$$

当 $i_1 \neq i_2$ 时，$l_1 = l_2$。

此时又可求得：$y_{中} = \frac{1}{8}(i_2 - i_1)L$

竖曲线各曲线要素可从图 5-5 中计算，即竖曲线长度 L、切线长度 T 和外距 E。
设 R 为竖曲线半径，ω 为两纵坡段变坡角（以弧度计），则：
$$L = R\omega$$

当 ω 很小时，$\omega = (i_1 - i_2)$，则 $L \approx R(i_1 - i_2)$。

在纵断面设计中，由于纵坡一般都很小，高程变化值与水平距离之比相差很大，因而在实际计算时，均假定竖曲线的切线长度 T、曲线长度 L 等于其水平投影长度。

则
$$T \approx \frac{1}{2}L = \frac{R}{2}(i_1 - i_2) \tag{5-4}$$

$$E = \frac{T^2}{2R} = \frac{L^2}{8R} = \frac{R(i_1 - i_2)^2}{8} = \frac{T\omega}{4} \tag{5-5}$$

为具体敷设竖曲线，竖曲线中点各点纵横坐标 x，y 值，可按下式计算：

$$y = \frac{x^2}{2R} \tag{5-6}$$

或
$$y = E\left(\frac{x}{T}\right)^2$$

式中：x——竖曲线各点计算的横坐标；
y——竖曲线各点的纵距。当 $x = T$ 时，$y = E$。

对于凸形竖曲线，设计高程＝未设竖曲线时的坡道高程－y；
对于凹形竖曲线，设计高程＝未设竖曲线时的坡道高程＋y。
可以看出，在实际应用中，不论用抛物线型还是圆曲线型的竖曲线，所得计算结果是一样的。

2. 凸形竖曲线半径限值

为满足行车舒顺和安全，对竖曲线半径不能过小，规定了一定的限值。
为保证行车视距，凸形竖曲线极限最小半径按下述情况考虑。
当竖曲线长度 L 大于视距 S 时，$R_{凸}$ 如图 5-6 所示。
$$S = S_1 + S_2$$
在 $\triangle AOM$ 中 $(R + d_1)^2 = S_1^2 + R^2$，
$S_1^2 = (2R + d_1)d_1$，因 d_1 与 $2R$ 相比很小，可略去 d_1。
所以 $S_1 = \sqrt{2Rd_1}$，同理 $S_2 = \sqrt{2Rd_2}$。
因此 $S = S_1 + S_2 = \sqrt{2R}(\sqrt{d_1} + \sqrt{d_2})$，

$$R_凸 = \frac{S^2}{2(\sqrt{d_1} + \sqrt{d_2})^2}。$$

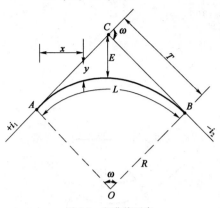

图 5-5 竖曲线要素

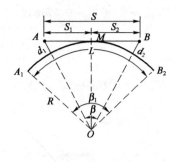

图 5-6 $L>S$ 时的 $R_凸$ 的确定

如取 $d_1=1.2\text{m}, d_2=0.1\text{m}$，$S$ 取停车视距 $S_停$，则：

$$R_凸 = \frac{S_停^2}{2(\sqrt{1.2}+\sqrt{0.1})^2} = \frac{S_停}{3.98} \tag{5-7}$$

当按不产生不舒适感的冲击变化为控制条件时，则：

$$L = \frac{v^2|i_1-i_2|}{360}$$

由此可得：

$$R_凸 = \frac{v^2}{360} \times 100 \tag{5-8}$$

我国规范规定的公路竖曲线极限最小半径值是考虑上述两项因素，并且主要是以 L/S 的条件得到保证来确定的。详见表 5-6 所列。

凸形竖曲线极限最小半径 表 5-6

设计速度 (km/h)	缓冲冲击所要求的 曲线长度(m) $L_{v1}=v^2\Delta/360$	视距所要求的 曲线长度(m) $L_{v1}=D^2\Delta/360$	采用值 L_t(m)	极限值(m) $R=1\,000L_t/\Delta$
120	40.0Δ	111.0Δ	110Δ	11 000
100	27.8Δ	64.5Δ	65Δ	6 500
80	17.8Δ	30.2Δ	30Δ	3 000
60	10.0Δ	14.1Δ	14Δ	1 400

注：1. 只有在特殊困难的局部路段，高速公路的设计速度才可采用 60km/h。

2. v——行车速度（计算时采用设计速度）(km/h)；

  D——视距（计算时采用停车视距）(m)；

  L_t——采用的竖曲线长度(m)；

  Δ——坡度差(%)；

  R——极限最小半径(m)。

3. 凹形竖曲线半径限值

凹形竖曲线半径的限值主要依据缓和行车时汽车的颠簸与振动来确定。汽车沿凹形曲线路段行驶时，在重力方向受到离心力作用而发生颠簸和引起弹簧负荷增加，因此，在确定凹形竖曲线半径时，对离心加速度要予以限制，即应考虑缓冲要求，此时可按式(5-8)计算。同时，还应保证夜间灯光照射及跨线桥下的视距要求。

(1)前灯照射要求,如图 5-7 所示。

当 $L/S_停$ 时,
$$L = \frac{S_停^2 |i_1 - i_2|}{200(h_0 + S_停 \tan\delta)}$$

取汽车前灯高度 $h_0 = 0.75$m,灯光光束扩散角 $\delta = 1°$,则:

$$L = \frac{S_停^2 |i_1 - i_2|}{200(0.75 + S_停 \tan 1°)} = \frac{S_停^2 |i_1 - i_2|}{150 + 3.49 S_停} \tag{5-9}$$

(2)跨线桥下的视距要求,如图 5-8 所示。

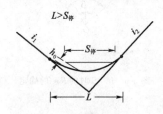

图 5-7 灯光视距确定 $R_凹$

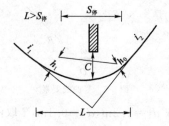

图 5-8 跨线桥下视距确定 $R_凹$

当 $L/S_停$ 时,

$$L = \frac{S_停^2 |i_1 - i_2|}{100[\sqrt{2(C-h_1)} + \sqrt{2(C-h_0)}]^2}$$

取净空高 $C = 4.50$m,视线高 $h_1 = 1.50$m,因此

$$L = \frac{S_停^2 |i_1 - i_2|}{2\,692} \tag{5-10}$$

《标准》规定的公路凹形竖曲线极限最小半径是考虑了缓冲要求、前灯照射、跨线桥下视距的要求而确定的。如按式(5-8)、式(5-9)、式(5-10)计算,相应于高速公路的凹形竖曲线极限最小半径见表 5-7。《标准》规定值见表 5-8。竖曲线极限最小半径仅在受地形或条件限制,不得已时方予采用。

凹形竖曲线极限最小半径 表 5-7

设计速度 (km/h)	缓冲冲击所要求的曲线长度(m) $L_{v1} = v^2\Delta/360$	前灯光束距离所要求的曲线长度(m) $L_v = D^2\Delta/(150+3.49\Delta)$	跨线桥下视距所要求的曲线长度(m) $L_{v2} = D^2\Delta/1\,927$	采用值 L_t(m)	极限最小半径(m) $R = 1\,000 L_t/\Delta$
120	40.0Δ	50.0Δ	22.9Δ	40Δ	4 000
100	27.8Δ	36.2Δ	13.3Δ	30Δ	3 000
80	17.8Δ	22.1Δ	6.3Δ	20Δ	2 000
60	10.0Δ	13.7Δ	2.9Δ	10Δ	1 000

注:1.只有在特殊困难的局部路段,高速公路的设计速度才可采用 60km/h。

2. v——行车速度(计算时采用设计速度)(km/h);

D——视距(计算时采用停车视距)(m);

L_t——采用的竖曲线长度(m);

Δ——坡度差(%);

R——极限最小半径(m)。

高速公路竖曲线半径 表 5-8

竖曲线半径(m)		设计速度 v(km/h)			
		120	100	80	60
凸形	一般最小值	17 000	10 000	4 500	2 000
	极限最小值	11 000	6 500	3 000	1 400
凹形	一般最小值	6 000	4 500	3 000	1 500
	极限最小值	4 000	3 000	2 000	1 000

注：只有在特殊困难的局部路段，高速公路的设计速度才可采用60km/h。

另外，对于高速公路设计，竖曲线不仅要满足视距和离心力的要求，从良好的视觉要求角度，竖曲线设计宜采用较长的竖曲线和坡长组合，《规范》规定：有条件时宜采用大于或等于表5-13所列视觉所需要的竖曲线半径值。

4. 竖曲线最小长度

为满足驾驶者操作需要，竖曲线最小长度按设计速度3s运行距离计算，如以公式表示，则

$$L = \left(\frac{5}{6}\right)v \tag{5-11}$$

式中：v——设计速度(km/h)。

竖曲线最小长度可查表5-9值规定。为行车安全舒适，实际设计时，应采用表列值的1.5~2.0倍或更大值。条件允许时，当$v=120$km/h，竖曲线长宜大于等于400m。

高速公路竖曲线最小长度 表 5-9

设计速度 v(km/h)	120	100	80	60
竖曲线最小长度(m)	100	85	70	50

注：只有在特殊困难的局部路段，高速公路的设计速度才可采用60km/h。

五、爬坡车道

爬坡车道是在纵坡大于4%的陡坡路段于正线行车道一侧增设的供载重汽车行驶的专用车道。

1. 爬坡车道设置条件

高速公路符合下列情况之一者，可在上坡方向行车道右侧设置爬坡车道。

(1)当上坡方向载重汽车的行驶速度降低到表5-10的容许最低速度以下时。

上坡方向容许最低速度 表 5-10

设计速度(km/h)	120	100	80	60
容许最低车速(km/h)	60	55	50	40

(2)上坡路段的设计小时交通量超过设计通行能力时。

爬坡车道的设置，应与改善路线纵坡、不设爬坡车道做技术经济比较论证后确定。对隧道、大桥、高架构造物及深挖方路段，是否设置爬坡车道，要权衡工程费用的增加及对通行能力的影响综合考虑确定。

对六车道及六车道以上高速公路可不设爬坡车道,因正线外侧车道可作为爬坡车道使用。

2.爬坡车道的构造

(1)横断面构成

爬坡车道设置在正线车行道右侧,一般宽3.50m,其与正线车行道之间设以路缘带,如图5-9所示。当爬坡车道旁路肩较窄,不能提供紧急停车时,应在连续很长的爬坡车道路段,根据需要设置紧急停车带。

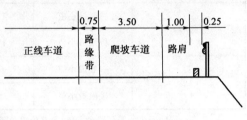

(2)超高与加宽

爬坡车道上的行车速度较小,为保证行车安

图5-9 爬坡车道(单位:m)

全,在需要设置超高时,与正线相应的超高坡度规定值见表5-11,超高坡度的旋转轴为爬坡车道内侧边缘。

爬坡车道的超高值(%) 表5-11

正线超高值	10	9	8	7	6	5	4	3	2
爬坡车道超高值	5				4			3	2

爬坡车道的曲线加宽按行车道曲线加宽的有关规定执行。

(3)爬坡车道的布置与长度

爬坡车道平面和纵面布置如图5-10所示,其总长由起点侧三角端渐变长 L_1、爬坡车道长 L 和终点侧的附和长度 L_2 三部分组成。

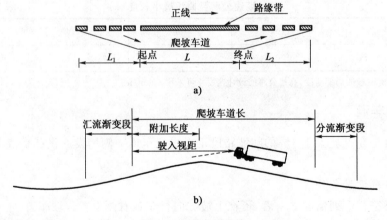

图5-10 爬坡车道布置

爬坡车道起点三角端过渡段长度 L_1 为45m。

终点侧的附加长度段是供车辆驶入正线前加速到容许最低车速所需的长度,其长短与正线的纵坡有关,可参考表5-12确定附加长度,该值包括终点三角端渐变长60m在内。

爬坡车道终点附加长度(m) 表5-12

恢复到容许最低车速处的纵坡(%)	下坡	平坡	上坡			
			0.5	1.0	1.5	2.0
附加长度(包括三角端)	150	200	250	300	350	400

爬坡车道起终点应结合线形设计设在通视良好、便于辨认、过渡顺适的地点。

3. 爬坡车道长度的确定

爬坡车道长度通常是根据爬坡性能曲线用图解方法求取。其方法是按道路设计纵坡与坡长的关系，经查爬坡性能曲线图逐段推求各段端点车速，其中低于容许最低车速的分割路段，即为待定的爬坡车道的起讫范围。具体步骤如下。

(1)绘制道路纵断面线形图，如图 5-11a)所示。L_v 代表竖曲线长度。

(2)绘制分段换算坡度图，如图 5-11b)所示。图中竖曲线段的坡度是将竖曲线分成若干连续的直线坡段。具体分段和坡度取值按下列规定：①长度不足 200m 的竖曲线，按其长度各半分别采用其前后的坡度值；②长度大于 200m 的竖曲线，当其前后坡的代数差绝对值小于 0.5% 时，可将竖曲线分成四等分，两端各 1/4 段采用前后坡度值，中间 2/4 段采用前后坡段的坡度代数平均值。

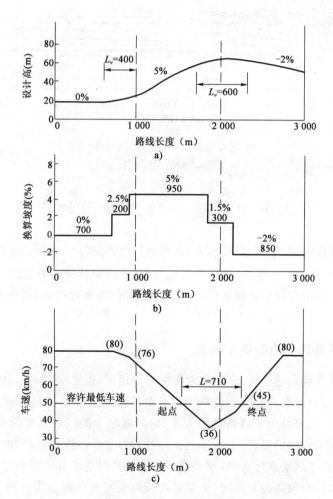

图 5-11 爬坡车道长度的确定
a)纵面线形；b)换算坡度；c)速度曲线

(3)绘制速度曲线图，如图 5-11c)所示。该图主要利用载货汽车的爬坡性能曲线图来绘制。日本规定载货汽车主线设计速度按 80km/h 考虑，容许最低车速不得低于 50km/h。减速时与加速时的曲线图见图 5-12。

(4)确定爬坡车道范围与长度。由速度曲线图直接图解找出低于容许最低车速的界限范围及相应的起讫点,即为所求的爬坡车道长度 L(不包括两端三角渐变段范围)。爬坡车道具体布设位置,除按上述方法拟定以外,尚应综合考虑同线形的关系、通视条件以及如何便于同正线连接顺适等因素。

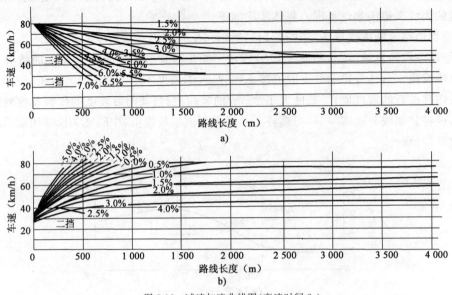

图 5-12 减速加速曲线图(变速时间 2s)
a)减速时;b)加速时

第二节 高速公路纵断面的布局

高速公路线形标准高、车道多、路幅宽,在跨越其他道路时须全部采用立体交叉,因而在纵断面设计时,有不少特点。在平原地区,跨越的河流、道路和其他通道很多,在纵断面布局上就会产生很多矛盾。在山岭和重丘陵地区,由于地形切割,地面起伏大,如何安排宽幅的多个车道,如何设置隧道,在纵断面设计上也有不少困难。本节将分别叙述。

一、平原地区高速公路的填土高度

我国近年来修建的高速公路,多数在沿海的平原地区,这里水网密布,地方交通发达,修建高速公路,就要跨越很多水道和地方道路。为了满足农村和地方上大量频繁的通道和小河航道下穿净高的要求,大多采用了高路堤的方案,将路基填土的一般高度做到 3~4m 以上。这种做法带来了如下不好的后果:①土方量大;②占地多;③噪声波及远;④破坏景观和环境中的生态平衡;⑤土基施工压实难度大,特别当遇到软土地基时造成过大和不均匀的沉降。

国外在平原地区修筑高速公路时,大多采用浅路堑或低路堤方案。低等级道路横穿高速公路时一般采用上跨的分离式立体交叉,称为跨线桥。跨线桥的间距也比较稀疏,地方通道较多采用侧道连通跨线桥迂回穿越高速公路。采用如图 5-13 所示的浅路堑或低路堤方案的突出优点是:①可使土石方横向平衡,不需远距离取土或弃土;②将挖出之土在两侧修筑成缓坡土堤,可将噪声阻隔在道路通道之中;③方便上跨跨线桥的修筑;④侧面缓坡土堤外侧修成 1∶10 的缓坡,可归还农村种植庄稼;⑤土坡上也可植树绿化,美化环境。

上述的浅路堑、低路堤方案与国内常用的高路堤方案相比较,具有明显的优点。但国内难于采用的主要原因在于大量地方交通通道的要求,特别是农用拖拉机和非机动车(畜力车、人力车、自行车等)难于上坡走上跨立交,也不愿迂回走侧道,他们往往要求每隔300m左右就要建设一条下穿高速公路的通道。其他沿海平原地区地下水位较高,也是原因之一。

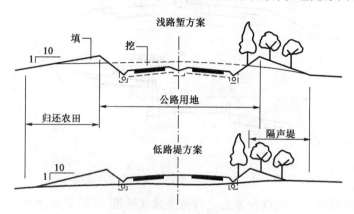

图 5-13 高速公路的浅路堑和低路堤方案

由于采用了高路堤方案,从国内已建高速公路的概算中可以看出,路基、土地征用和通道修筑三项费用之和为总造价的50%;路基的造价甚至大于路面的造价,这在高级路面的道路中也是反常的。如果把整条100多公里的高速公路的路堤高度降低1m,也许可以节省造价几个亿。除此之外,从长远来看,高路堤对环境和生态破坏的影响,就更难估算了。

鉴于以上原因,建议努力探索、研究和实践把我国平原地区高速公路纵断面从不得不采用高路堤方案中解脱出来。现提出以下几项考虑方法:

①与高速公路所经地区的地方政府各级机构多做宣传和进行协商,探讨在高速公路修建后将局部地区土地的归属进行重新划分,以减少两侧居民的往来量;

②加速地方交通的现代化,采用农用汽车代替现有的畜力车和人力车;

③积极探索减少下穿式通道的数量,在高速公路的一侧或两侧建筑必要的侧道,贯通和归并要求穿越高速公路的通道;

④对过多的小河航道也可采用挖掘侧向人工渠道适当归并,有些地段可以考虑通道与水道合用同一个孔道;

⑤积极采用降低通道底高程的措施,对适当下挖的通道底面的浸水问题可以考虑设井抽水、处理地面水、隔断地下水等措施。

二、山区高速公路纵断面设计的特点

在山区和丘陵地区修筑高速公路时,按第三章第三节的方法选定路线后,在纵断面布局中可能遇到两个问题:一是由于高速公路占用路幅较宽,为节省土石方而不得不采用双向分离式路基;二是由于高速公路的技术标准高,在越岭区段和沿溪切山嘴区段将出现较多的隧道路段。

对于采用分离式路基的区段,上行线和下行线应分别绘制纵断面地面线进行拉坡。如图5-14所示,在路基尚未分岔地段[图5-14a)],按常规以道路中央分隔带中线的地面高程当作地面高程,以中央分隔带外侧边缘(左侧路缘带的左边缘)的高程作为设计高程。在分设上下行路基后[图5-14b)],则分别采用车道中心处的地面高程以及采用车道中心处路面高程作为设计高程。在设计时必须加以注意，并在纵断面图纸上注明。

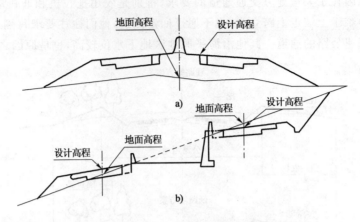

图 5-14　在分离式路基区段纵断面的基准高程

对设置隧道的路段一般应设计为上下行两座独立隧道，也就是应分上下行绘制纵断面图，分别进行拉坡。注意隧道内的纵坡应不小于 0.3%，并不大于 3%；但独立的明洞和短于 50m 的隧道其纵坡不受此限。长隧道内的纵坡宜更缓些，纵坡最大宜为 2%（特殊的为 3%）。隧道内的纵坡，一般可设置成单面坡或人字坡；对地下水发育的隧道及特长和长隧道宜采用双向出水的人字坡。隧道内纵坡变更处均应设置竖曲线。

三、纵断面设计的一般原则

在纵断面设计中，主要是选定纵坡度确定纵坡线以及设置竖曲线两项。其目的是要求把纵面线形诸要素组合成汽车行驶平顺舒适、视觉连续、路表圆滑的线形。

在选取纵坡时，除考虑地形条件控制外，在给定设计速度范围内，应努力尽量选取缓坡。对陡坡的选用，不仅能从满足规范要求出发，而是应从工程经济、行车安全、通行能力等多方面综合考虑，慎重对待。

纵断面线形设计要求在整条路线上紧密配合平曲线，使路线能适应各种不同车辆的要求，力求采用缓和的纵坡度维护均衡的营运速度，尽量使载重汽车能经常保持有较高速度的行驶状况。

在设置竖曲线时，应特别注意行车时的视觉要求。为此，竖曲线半径应尽量采用大一些的，务使视觉舒畅，路容美观。在有条件的情况下，为获得连续而平顺的纵断面线形，可参照表 5-13 选取竖曲线的半径。

按视觉要求而选用的最小竖曲线半径　　　　表 5-13

v (km/h)	凸形竖曲线半径 (m)	凹形竖曲线半径 (m)	v (km/h)	凸形竖曲线半径 (m)	凹形竖曲线半径 (m)
120	20 000	12 000	80	12 000	8 000
100	16 000	10 000	60	9 000	6 000

注：只有在特殊困难的局部路段，高速公路的设计速度才可采用 60km/h。

为达到视觉良好，美观舒适并具有足够的视距，前苏联曾提出用下式确定竖曲线半径，可供设计时参考，其值列于表 5-14 中。

凸形竖曲线 $R_凸 \geqslant 0.01v^3 + 300$

凹形竖曲线 $R_凹 \geqslant 0.34v^3 + 300$

式中：v——设计速度（km/h）。

前苏联建议的适用竖曲线半径   表 5-14

设计速度	竖曲线半径(m)	
(km/h)	凸形	凹形
120	17 580	5 200
100	10 300	3 700
80	5 420	2 480
60	2 460	1 530

注：只有在特殊困难的局部路段，高速公路的设计速度才可采用60km/h。

除上面所述者外，纵断面线形组合设计中尚应注意的若干一般原则如下：

(1) 在进行纵断面设计安排各个坡段和设置竖曲线时应前后反复审核和调整，务必使线形适应地形和环境，保证行车安全，全线运营车速均衡。

(2) 在较长的直线路段或大半径曲线路段，应避免在短距离内出现凹凸反复起伏或中间暗凹的线形。此时凸起部分易遮住视线，凹下部分可能看不见（图 5-15），使驾驶人员产生茫然的感觉，不利于行车的安全。

图 5-15 中间凹下看不见的线形

(3) 在较长的连续上坡路段，宜将较陡的坡段放在底部，接近坡顶的纵坡宜适当放缓一些，这样的线形行车比较舒顺。

(4) 两相邻路段纵坡变化小时，竖曲线半径要尽可能大些，避免竖曲线长度过短。竖曲线短而半径小的纵面线形（图 5-16），视觉上不舒适，行车时影响驾驶员的安全感。在长的纵坡线端部也不要设计急剧的竖曲线。

(5) 避免在同向竖曲线间插入短的直线坡段，特别是凹形竖曲线。为改善视觉，宜把两竖曲线包络为一个大的单竖曲线或改成复竖曲线。

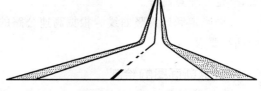

图 5-16 竖曲线短而半径小的纵面线形

反向竖曲线间最好设置一段不小于3s设计速度的直线坡段。

(6) 加、减速道进出口处前后的纵坡宜平缓些。在积雪冰冻地区，应避免采用陡坡。

第三节 纵断面图的设计和绘制

一、纵断面图的设计方法

纵断面图是公路路线设计中的一项重要文件，它的设计主要是指在该图纸上能明确而合理地选定纵坡的组合并安置好竖曲线。设计的方法是：在路线位置拟定（包括实地定线和纸上定线）后，先依中桩及高程记录绘出纵断面图的地面线，在纵断面图的最下面一栏列明平曲线

(包括缓和曲线)的正确位置以及半径、长度等要素值。然后按选线意图确定控制点的位置及其高程,考虑填挖等工程经济及与周围地形景观的协调,综合考虑平、纵、横三个面,试定坡度线,再对照横断面检查核对,确定纵坡值。在每一个纵坡转折处,设置竖曲线,选定半径。计算设计高程,填写图下的所有栏目,完成纵断面图。

对公路地质复杂路段,为清楚表示沿线土壤地质变化情况,可在地面线以下 2cm 处绘出"土壤地质断面图"。

纵断面图的设计可按如下步骤进行:

(1)根据中桩及水准记录,绘出纵断面图的地面线;

(2)了解该路设计要求,熟悉全线有关勘测设计资料(如交叉口、桥涵、居民区等情况);

(3)根据中线测设资料,绘出全线的交角点、平曲线及其要素(偏角、半径等);

(4)确定纵面控制点,初试拉坡。

所谓纵面控制点,是指高速公路的起终点高程、垭口、重要桥梁涵洞、隧道的要求高程,路线交叉点的高程,路基最小填土高程,沿溪(河)线的洪水位高程,其他有关建筑物的高度和竖向设计要求等,这些都应作为控制纵坡线的依据。

在纵断面图上标明纵面控制点,对设计高程起到局部或整体的控制作用,然后即可进行初步拉坡。

(5)调整坡度线。在初试拉坡,并定出坡度线后,即可检查最大纵坡、坡段长度以及坡长限制等是否符合规定,以及平竖曲线的组合、桥头接坡等是否合理,这样,可适当调整坡度线,一般把变坡点设在整 10m 桩上,以便于计算。

(6)根据横断面进行核对。按已调整后的纵坡可得出填挖高度,对重要控制点、填挖较大路段、挡土墙等重点断面进行检查;若有填挖过多、坡脚交不上地面、挡土墙工程过大等情况,则须再进行调整纵坡,这一工作对陡峻的山腰线更为重要。

(7)确定纵坡度。经调整无问题后,即可确定纵坡度,取至小数点后一位,即千分之一,然后,确定变坡点高程。

(8)确定和计算竖曲线。根据高速公路的设计速度和地形情况,确定竖曲线半径,并计算竖曲线要素。

二、纵断面图的绘制

路线纵断面图应示出地面线和设计线的高程,注明竖曲线的位置、半径及其要素,注出桥梁、隧道、路线交叉、涵洞等的位置,列出桥涵结构类型、孔数及跨径,写明水准点编号、位置和高程,如有断链、设计洪水位、影响路基设计的地下水位等也应注明。

纵断面图的水平比例尺一般应与平面图一致,一般为 1∶2 000,垂直比例尺相应地用 1∶200,对高速公路也可用水平比例尺 1∶1 000,垂直比例尺相应地用 1∶100,图的下部各栏示出土的地质说明、地面高程、设计高程、坡度及坡长、直线及平曲线(包括缓和曲线)、里程桩号等。下部栏目中还应增加超高过渡方式一栏。

纵断面图如图 5-17 所示。

设计文件的总说明书中,应在平面缩图下面附有纵断面缩图,简明示出主要地名、垭口、河流、大中桥、隧道及主要路线交叉等的位置、名称与高程,分段注明地质概况。水平比例尺与平面缩图相同,垂直比例尺用 1∶1 000~1∶2 000。

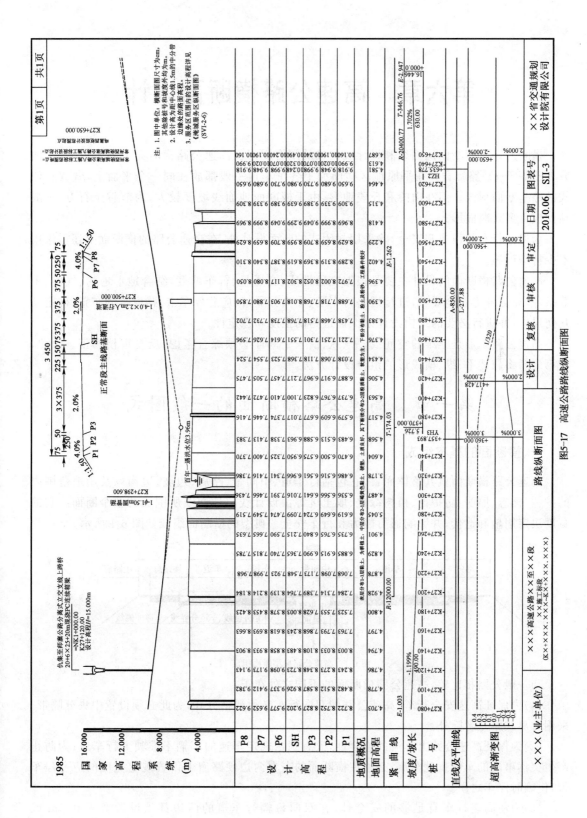

图5-17 高速公路路线纵断面图

第六章 高速公路横断面设计

横断面是由横断面地面线和设计线构成的闭合图形。高速公路横断面上的车道多(车道数大于等于4),路幅宽。在平原地区横断面上各个车道一般都放在同一个平面上,做成整体式的路基断面形式。但在山岭和丘陵地形,由于横断面地面线坡度较大,为节省土石方,一般须做成分离式断面形式。

为保证行车的快速和安全,除采用封闭式的断面设计外,在高速公路的横断面上还需采用不少特殊设施。

高速公路横断面的设计主要是根据交通性质、交通量、行车速度,结合地形地物、气候、土等条件,充分考虑安全要求,进行道路行车道、中央分隔带、应急停车带、路肩等的布置,确定其几何尺寸,并进行必要的结构设计以保证道路的强度和稳定性。

高速公路线形是三维的空间线,平、纵、横三个断面必须综合考虑,反复审核修正。因此,在第七章将叙述平、纵、横线形的组合设计方法。

第一节 高速公路横断面的一般图式

一、横断面的基本组成

高速公路横断面就其整体而言,它包括行车道、中间带、路肩、边坡、边沟以及用地范围内的护栏、标志、照明、防护栅、植树绿化、取土坑等由设计线与地面线所围成的整个断面。它的宽度决定用地和造价,并影响通行能力和行车安全。典型的横断面组成如图 6-1 所示。

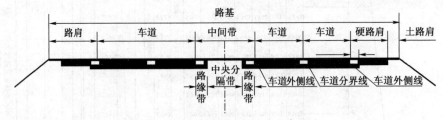

图 6-1 高速公路典型断面组成

与一般公路相比较,高速公路横断面的不同之处在于:

(1)为保证高速安全行车,高速公路的双向行车必须严格分开,为此必须设置中央分隔带。采用分离式路基者除外。

(2)为保证高速公路上车流的连续性,没有到达规定车速的车辆不准驶上行车道;为防止产生突然事故的车辆扰乱车流,必须在横断面的左右两边硬路肩上设置规定宽度的应急停车带,供临时停车之用。

(3)为使高速行车有足够的安全性,在双向每幅行车道的两边都须设置宽为 0.5m 或 0.75m 的路缘带。

(4)在中央分隔带两侧和两边路肩上一般须设置安全护栏。

(5)为使路幅全封闭,禁止非机动车和行人进入车道,路基两边都必须设置防止进入的防护栅或其他隔断设施。

二、高速公路的路基横断面设计

做路基横断面设计时,要求在各桩位的横断面地面线基线上,确定横断面设计线的形状、尺寸和结构,其主要作用是:①为计算路基土石方提供资料;②确定用地范围;③为路基施工提供依据。

在横断面设计中,首先应确定路基宽度。路基宽度为行车道、中间带与路肩宽度之总和。当设有应急停车带、爬坡车道、变速车道时,应包括这些部分的宽度。

高速公路路基宽度《规范》规定如表6-1所示。在正常情况下应采用"一般值",仅在地形困难或情况特殊时,局部路线方可采用"最小值"。

整体式路基宽度 表6-1

设计速度(km/h)		120			100			80		60
车道数(条)		8	6	4	8	6	4	6	4	4
路基宽度(m)	一般值	42.0	34.5	28.0	41.0	33.5	26.0	32.0	24.5	23.0
	最小值	40.0	—	25.0	38.5	—	23.5	—	21.5	20.0

注:1.《标准》规定:八车道高速公路,当设置左侧硬路肩时,内侧车道可采用3.50m,设计速度120km/h时路基宽度一般值为45m,最小值为42m;设计速度100km/h时路基宽度一般值为44m,最小值为41m。八车道高速公路,当不设置左侧硬路肩时,内侧车道采用3.75m,路基宽度值如表6-1所示。考虑到中国目前的实际情况,《规范》未要求在整体式路基中设置左侧硬路肩,规定:八车道高速公路,内侧车道可采用3.50m。

2.只有在特殊困难的局部路段,高速公路的设计速度才可采用60 km/h。

当地形条件适宜时,特别是在原地面横坡较大的山区和重丘陵区,亦可作为分离式路基,此时上下行断面各自独立,并分别由行车道、路肩等部分组成。分离式路基宽度见表6-2。

分离式路基宽度 表6-2

设计速度(km/h)		120			100			80		60
车道数(条)		8	6	4	8	6	4	6	4	4
路基宽度(m)	一般值	22	17.0	13.75	21.75	16.75	13.0	16.0	12.25	11.25
	最小值	—	—	13.25	—	—	12.50	—	11.25	10.25

注:1.八车道高速公路的内侧车道采用3.50m时,相应路基宽度可减0.25m。

2.只有在特殊困难的局部路段,高速公路的设计速度才可采用60 km/h。

图6-2给出了我国《标准》中设计速度为120km/h的高速公路路基典型横断面(包括整体式路基和分离式路基)。其他设计速度下的横断面的形式一般可参照该典型横断面图设计,具体尺寸见第二节。

国外高速公路采用的横断面标准根据各国的国情、土地政策、行车速度、舒适和安全程度等各异,其差别主要在中央分隔带的宽度、路缘带和应急带的宽度。美国和德国的标准较宽,日本则与我国相近。

在横断面设计中应绘出标准横断面图和逐桩的路基横断面图。如遇到特殊地形和地质情况,应绘制特殊路基设计图。

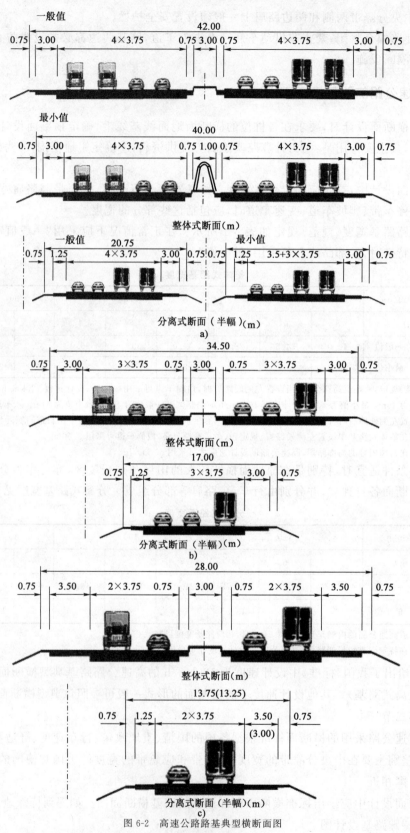

图 6-2 高速公路路基典型横断面图

a)设计速度 120km/h、八车道；b)设计速度 120km/h、六车道；c)设计速度 120km/h、四车道

绘制标准横断面图时,应在整条高速公路全线范围内选择有代表性的典型横断面,做出路基标准横断面图。图中应注明用地界、安全护栏、防护栅、绿化等的位置,绘出路堤和路堑边坡以及横断面各组成部分的详细尺寸和布置,作为施工的标准图式。

绘制路基横断面图时,应对路线的每一个中桩处绘出横断面设计图,它反映了每个桩位处横断面的尺寸和结构,是路基施工、占地边界、土石方计算的依据,图中应绘出地面线和设计线(包括边沟、边坡、开挖台阶、视距台等)。挡土墙、护坡、护脚等构造物均可绘上,并注明其起讫桩号、圬工种类及断面尺寸。一般须采用1:200的比例尺。绘制横断面图的工作量大且繁琐,一般都用计算机来完成。图6-3所示为某一高速公路的若干个路基横断面图。

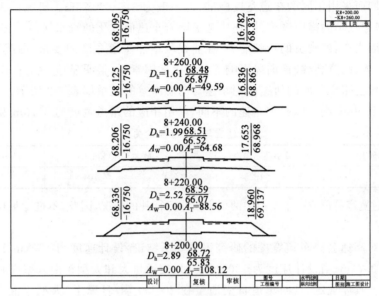

图6-3 高速公路的路基横断面图

对特殊情况下的路基,如高填深挖路基、不良地质地段路基等,应单独设计,并绘出特殊路基设计图。图中应标示出地质、各种防护工程设施和构造物布置大样等。

高速公路遇到较大桥梁时,宜采用两座分离式桥梁,一座用于上行交通,另一座用于下行交通。对大型和特大型桥梁的横断面侧向余宽可以适当减少。高速公路的隧道一般应设计为上下行两座独立隧道。桥梁和隧道两端接线的横断面都应分别单独设计。

高速公路各车道的平面线形常以中央分隔带的中心线为基准向左右分别展开,做成整体式的路基横断面。但中央分隔带的宽度在特殊情况下不一定都是等宽的,特别是由于地形等条件,来往两向车道的设计线不一定在同一平面上,就会过渡到分离式的路基断面。此时,平面线和纵断面线都分别按上下车道做独立设计。但此时上下车道的横断面往往相互有影响的,上行车道的边坡坡脚或挡土墙的布置都直接与下行车道的位置相干扰,因此就宜于绘制贯通上下行车道的大横断面,把上行车道和下行车道的相对位置(水平距离和相对高差)清楚地绘制在路基横断面图上。

第二节 各组成部分的细部构造

高速公路横断面包含有不少内容,现将它们各组成部分的细部构造、功用及设计要求分别叙述于下。

一、行车道与车道

行车道是高速公路横断面中最主要的组成部分,它至少由双向四个车道组成,可以是六个车道或八个车道。最靠近中间带(即最左边)的车道运行车速最高,又可称为超车车道,主要由高速的轿车行驶;最右边的车道为慢车道,其运行车速也在 60km/h 以上,载重车和大客车较多。行车道中的车道数主要根据远景年的设计交通量、每一车道的通行能力和服务水平确定。详见第二章及表 2-9。

单一车道的宽度则依设计速度及大型车混入率而定。各国由于设计速度的差异及大型车所占的比例不同而采用不同的车道宽度标准,但一般为 3.5~3.75m。研究认为,在考虑车道的宽度中,除考虑汽车的横向宽度外,还应考虑随着车速而变化的汽车横向动态净空。影响汽车横向运动的因素有:驾驶员的行驶能力、在曲线段增加车道宽度的要求、曲线段汽车的动态横移、反光镜位置、超宽装载、横向风影响等。从上述因素看,很明显地与汽车车速有关。

一项德国对公路横断面的研究认为车速与动态净空的关系如表 6-3 所示。如果设计车辆的宽度规定为 2.50m,则可以根据车速的不同,采用相应的车道宽度为 3.75m 和 3.50m。

运行速度与动态净空的关系 表 6-3

最大车速(km/h)	最小动态净空(m)	最大车速(km/h)	最小动态净空(m)
$v>70$	1.25	$50<v\leqslant 70$	1.00

由于车道过宽容易形成一个车道中两列小车并行行驶的情况,因此,不推荐采用大于 4m 的车道宽度。

一项日本对高速公路车道宽度的研究得出如下结论:设计速度为 120km/h 时,内外车道宽度均宜采用 3.75m;当设计速度为 100km/h 时,交通量大和大型车混入率高时,内侧车道宽度应为 3.75m。具体规定为:四车道日交通量在 20 000 辆/日以上,大型车混入率在 20%~30% 时,内侧车道宽度应采用 3.75m;六车道交通量较大,大型车混入率大于 30% 时,中央车道与内侧车道宽度均应采用 3.75m。

我国《规范》规定:高速公路设计速度一般为 120km/h、100km/h、80km/h,这些设计速度所采用的车道宽度均为 3.75m,但当高速公路为八车道时,内侧车道宽度可采用 3.50m,在特殊困难的局部路段,高速公路设计速度可选用 60km/h,此时的车道宽度采用 3.50m。对各种高速公路行车道宽度规定值见表 6-4。这些规定与国外的一些研究基本相符。

行 车 道 宽 度 表 6-4

设计速度 v (km/h)	120			100			80		60
车道数(个)	8	6	4	8	6	4	6	4	4
行车道宽度 (m)	8×3.75 (3.5+3×3.75)	6×3.75	4×3.75	8×3.75 (3.5+3×3.75)	6×3.75	4×3.75	6×3.75	4×3.75	4×3.50

注:1. 只有在特殊困难的局部路段,高速公路的设计速度才可采用 60 km/h。
2. 高速公路为八车道时,内侧车道宽度可采用 3.50m。

高速公路各路段的车道数应根据预测交通量、服务水平等确定,其车道数为四车道以上时,应按双数增加。

高速公路在连续上坡路段设置爬坡车道时,其宽度应为 3.50m。高速公路的互通式立体交叉、服务区、停车区、公共汽车停靠站、管理与养护设施等与主线相衔接处,应设置加速车道和减速车道。加(减)速车道宽度应为 3.50m。连续长、陡下坡路段,为减轻失控车辆的损失或危及第三方安全,宜在长、陡下坡地段的右侧视距良好的适当位置设置避险车道,其宽度不应小于 4.50m。

二、中间带

中间带由中央分隔带和两侧路缘带组成(图 6-4)。

中间带的宽度根据设计速度、周围环境及用地条件等因素确定。对于用地条件宽裕、环境设计要求高的国家(如美国和德国),采用了较宽的中间带,这样对于布置优美的景观,减小噪声及空气污染的影响,降低夜间行车眩光的影响等都会起到良好的作用。对于用地紧张的国家和地区多采用较

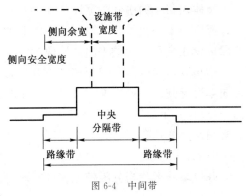

图 6-4 中间带

窄的中间带,同时采用了防撞护栏和防眩板等措施来补救安全和防眩作用。我国用地紧张,设计规范规定采用较窄的中间带。

中间带的功能是:分隔对向车流,防止对向车辆碰撞;减少干扰,保证车速;减轻夜间对向车灯的眩光;清晰显示内侧边缘,引导驾驶员视线;防止行车任意转弯调头;并可作为设置安全护栏、标志、绿化及其他交通设施之用。路缘带则起着引导视线及增加侧向余宽的作用。

中间带宽度应等于设施带宽度和两边侧向余宽之和(图 6-4),侧向余宽则为侧向安全宽度与路缘带宽度之和。

当中央分隔带内需埋设管线等设施时,例如需要管线埋设、植树及设置防冲护栏,设施带宽度一般为 1.0m;侧向安全宽度应考虑到弯道视距、养护人员安全操作宽度等因素,也需要 0.5～1.0m 的宽度;再加上路缘带宽度为 0.50～0.75m,因此侧向余宽总计应为每边 1.75m,其中中央分隔带的宽度为 2.0～3.0m,中间带的全宽应为 3.0～4.5m。

当中央分隔带采用刚性护栏,且无需设置中墩或埋设管线时,中央分隔带宽度可采用 1.0m,加上路缘带,中间带的全宽应不小于 2.0～2.5m。

《标准》对中间带和中央分隔带的宽度规定如表 6-5 所示。

中 间 带 宽 度 表 6-5

设计速度 v(km/h)		120	100	80	60
中央分隔带宽度(m)	一般值	3.00	2.00	2.00	2.00
	最小值	1.00	1.00	1.00	1.00
左侧路缘带宽度(m)	一般值	0.75	0.75	0.50	0.50
	最小值	0.75	0.50	0.50	0.50
中间带宽度(m)	一般值	4.50	3.50	3.00	3.00
	最小值	2.50	2.00	2.00	2.00

注:1. 一般值为正常情况下的采用最小值为条件受限制时可采用的值。

2. 只有在特殊困难的局部路段,高速公路的设计速度才可采用 60 km/h。

3. 中央分隔带采用刚性护栏,且无需设置中墩或埋设管线时可采用表中最小值。

当采用分离式断面时,可结合地形情况设计成宽度大于 4.50m 宽的中间带,特别是在人烟稀少的边远地区,中间带可以做到 6～15m,根据地形变宽布置。宽中间带内宜采用 4∶1～

6∶1的缓坡向中央倾斜,以利于排水,坡上宜植草皮,既保护边坡、美化环境,同时又利于失控的车辆在坡上减速。

整体式路基的中间带宽度应在相当长的路段范围内保持不变。当中间带宽度变化时应设置过渡段。窄中间带过渡段以设在缓和曲线范围内为宜,其长度与缓和曲线相等;宽中间带过渡段以设在半径较大的平曲线路段为宜。

中央分隔带每隔一定距离需设开口,以解决高速公路维修时的交通,使车辆在必要时可到反向车道行驶。一般情况下,以每2km设一处为宜,开口位置应设在通视良好的路段,若位于曲线路段,其平曲线半径以大于700m为宜。在互通式立体交叉、隧道、大桥、服务区等设施前后必须设置开口。开口处应设置活动护栏,严禁车辆掉头。活动护栏应具有防撞能力,以防止失控车辆在开口处闯入对向车道。

开口端部形状当分隔带宽度较窄时可采用半圆形;当宽度大于等于3m时可采用弹头形,其形状见图6-5。

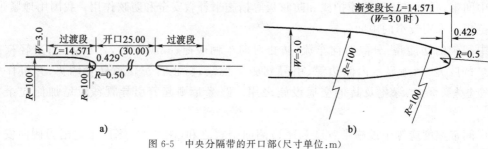

图6-5 中央分隔带的开口部(尺寸单位:m)
a)开口形状;b)渐变大样

中央分隔带表面可分凹形和凸形两种形状,前者用于宽度大于4.5m的中间带,后者用于宽度小于等于4.5m的中间带。

中央分隔带缘石形状分平齐式、斜式和栏式三种,前者用于宽度大于5m的中间带,后者用于宽度小于等于4.5m的中间带。中央分隔带原则上不应设凸起缘石,由于排水或其他原因而需设置时,应采用具有低而圆滑、外形不会引起车辆弹起的斜式缘石。

中央分隔带表面处理可采用植草皮或采用铺面封闭等方式。一般情况下,在宽度大于4.5m的中间带植草皮,栽灌木;在宽度小于等于4.5m的中间带只栽灌木或采用铺面封闭,同时应设置半刚性或刚性护栏。

三、路肩

高速公路的路肩是指从行车道外缘至路基边缘的地带。它由外侧路缘带、硬路肩和保护性土路肩组成(图6-6)。

高速公路路肩的功能是:保护和支撑路面,并作为侧向余宽的组成部分;临时停放产生故障或发生事故的车辆;养护和维修工作人员和应急车辆的临时通行;显示行车道外侧边缘,引导视线,增加行车的安全性;为设置路上设施或埋置地下设施及养护作业提供场地。

高速公路应在硬路肩宽度(S)内设路缘带(e),其宽度一般为0.50m。

高速公路右侧的硬路肩一般应贯通,形成紧急停车带,可供产生特殊交通事故临时停车或紧急通车使用,一般应大于等于3m(包括路缘带),保护性土路肩为0.5m或0.75m。在地形条件比较困难或条件受限的特殊地点,如桥梁、高架路等,硬路肩宽度和土路肩宽度可适当缩减，但不得低于《标准》所列的最小值，我国标准规定高速公路路肩宽度如表 6-6 所示。

路 肩 宽 度   表 6-6

设计速度 v(km/h)		120	100	80	60
右侧硬路肩宽度（m）	一般值	3.00 或 3.50	3.00	2.50	2.50
	最小值	3.00	2.50	1.50	1.50
土路肩宽度（m）	一般值	0.75	0.75	0.50	0.50
	最小值	0.75	0.75	0.50	0.50

注：1. 一般值为正常情况下的采用值，最小值为条件受限制时可采用的值。
    2. 设计速度为 120km/h 的四车道高速公路，右侧硬路肩宽度宜采用 3.50m，六车道、八车道高速公路的右侧硬路肩宜采用 3.00m。
    3. 只有在特殊困难的局部路段，高速公路的设计速度才可采用 60 km/h。

当高速公路右侧硬路肩宽度小于 2.50m 时，无法形成贯通的紧急停车带，为保证行车的安全，应设置具有一定长度的港湾式紧急停车带以供临时停车使用。港湾式紧急停车带间距不宜大于 2km，其宽度包括硬路肩和路缘带在内为 5.00m，有效长度一般为 50m，并设置 100m 和 150m 左右的过渡段。如图 6-7 所示。港湾式紧急停车带原则上左、右对称设置。

高速公路采用分离式断面时，行车道左侧应设硬路肩，其宽度应符合表 6-7 的规定。

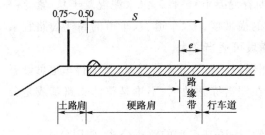

图 6-6　路肩（尺寸单位：m）

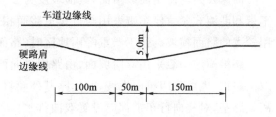

图 6-7　港湾式紧急停车带示意图

分离式断面高速公路左侧路肩宽度   表 6-7

设计速度(km/h)	120	100	80	60
左侧硬路肩宽度(m)	1.25	1.00	0.75	0.75
左侧土路肩宽度(m)	0.75	0.75	0.75	0.50

《标准》中规定"八车道高速公路宜设置左侧硬路肩，其宽度应为 2.50m。左侧硬路肩宽度内含左侧路缘带宽度"。设置左侧硬路肩可以让内侧车道上出现故障或耗尽燃料的车辆不必穿过三条车道停到右侧路肩，降低车辆交织风险和二次事故的发生。但在实际应用中，左侧硬路肩有一些局限性，首先，设置左侧硬路肩的八车道高速公路路基宽度将至少增加5m，大大增加了公路用地面积，在土地资源紧张地区，左侧硬路肩的设置将会非常困难；其次，目前在国内硬路肩行车、超车引发的事故和纠纷时有发生，在实际运行中反而造成了一定安全问题。另外《标准》对左侧硬路肩的设置是建议性的，不是强制性规定，再结合在我国设置左侧硬路肩的实际运行效果和实际的道路交通条件，八车道高速公路可考虑不设置左侧硬路肩，但应设法通过交通安全设施保证道路交通安全。

高速公路的特长桥梁、隧道，根据需要可设置港湾式紧急停车带，其间距不宜小于 750m，但其宽度及长度可适当减少(图6-7)。当采用最小值的过渡段时,为使过渡段外形圆滑,可采用图6-8所示用反向圆滑线连接的线形。

在高速公路的直线路段上,为保证排水,土路肩横坡一般比路面横坡大1%～2%,并向路基外侧倾斜。在曲线超高路段,内侧路肩横坡可与超高横坡$i_超$相同;外侧路肩坡度:当路肩宽度在1.75m以上时宜设向外侧的反向坡度,但车道横坡大于8%超高时,曲线外侧的路肩横坡可与超高横坡一致向内侧倾斜。

对控制进入的高速公路,在能提供消防、急救、道路养护及处理交通事故等条件的地点可设置紧急出口,其位置应选在通视良好、与外部一般公路连接方便的地点,见图6-9。

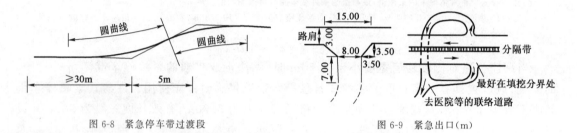

图6-8 紧急停车带过渡段　　　　　图6-9 紧急出口(m)

四、路拱坡度

高速公路均使用高级路面,其横坡度为2%(沥青混凝土)～1.5%(水泥混凝土)。紧急停车带和港湾式紧急停车带采用与行车道路面相同的横坡度。六车道、八车道的高速公路宜采用较大的路面横坡。位于严重降雨地区时,路面横坡可适当增大。

路拱横坡一般采用双向坡面,由路中央向两侧倾斜。如为分离式路基,每侧行车道可设置双向路拱,也可采用单向横坡,并向路基外倾斜。在积雪冻融地区,不论是整体式路基或是分离式路基,对每向行车道都应设置双向排水。

高速公路路拱可采用曲线形,如:双曲线 $y=Ax^2+By+C$ 型的路拱公式,使用公式为:

$$y=\frac{h}{16}\left\{-7+\sqrt{49+480\left(\frac{x}{l}\right)^2}\right\} \tag{6-1}$$

式中:x——距路中心的横向距离(m);

　　　y——相应于距路拱顶点水平线为x处的竖向高度(m);

　　　h——路拱高度(m);

　　　l——路幅半宽(m)。

此种形式路幅1/4宽处为$3/8h$,1/2宽处为h,但中心部分较缓。

五、植树带

为保持良好的公路交通环境和确保沿途良好的生活环境,作为公路横断面组成要素所设置的植树带,可参见图6-10。

植树带宽度一般可为1.5m,当通过城市、风景区时,应结合住宅、交通状况综合考虑设置较宽的植树带。

由植树带与路肩、人行道、辅道所组成的环境设施带应依交通量、道路构造及环境保护上的要求,根据环境影响评价书(EIS)所提出的建议及防治措施加以确定。

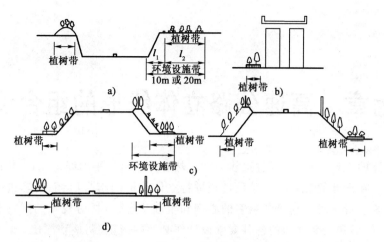

图 6-10 植树带
a)挖方;b)高架构造物下;c)填方;d)零填零挖

第七章 高速公路立体线形的组合设计

在高速公路的设计过程中,经过选线、定线,然后分别进行平面线形设计、纵断面线形设计和横断面设计。在设计的最后一个阶段还须进行立体线形的组合协调工作,进一步检查在空间形态下汽车高速行驶时驾驶员和乘客的心理和生理状态,包括对视觉的影响和对环境的感受,对三维立体线形和三个立面的各种要素设计作必要的修正、调整和深化。

第一节 三维立体线形组合设计的方法

高速公路的立体线形是最终反映在驾驶员眼帘中的公路形态,这一形态的好坏关系到高速公路建成以后汽车的运行质量。一个有经验的工程师在整个平、纵、横设计过程中会根据立体线形组合的原则分别予以掌握。但也避免不了疏忽,所以一般还须要在最后一个阶段采用一定的方法予以检查,根据发现的问题,对设计进行修正。

高速公路线形组合设计的检查和修正,可以采用绘制透视图的方法进行,在发现问题后进行反复的修改与调整。驾驶员在高速公路上行车时,是通过视觉和运动中的感觉来感知道路的立体线形的,其中视觉又是驾驶者感知公路的主要媒介。立体线形的优劣,通过视觉判断最为明确。所以,通常高速公路线形设计依靠设计者的立体思维难于判断确定时或为审查者提供更直观的立体线形组合情况时,常采用驾驶员视点处的透视图,从而可以看到需要鉴别路段的三维立体的直观形象。绘制透视图,一般都采用计算机辅助设计技术。图7-1即为由计算机绘制的道路透视图。

图7-1 道路线形的透视图检查

工程师使用最多的是驾驶员视点处的线形透视图。这种线形透视图是按汽车在公路上的行驶位置,根据公路线形的几何情况确定的视轴方向和根据行驶速度确定的视轴长度,利用透视的原理画出道路的几条主要行车道和边缘线。它简单明了,可以快速地鉴别线形的优劣。图7-2所示即为一个例子。图7-2a)的公路线形经过检查,修正为图7-2b),增长了平曲线,缩短了竖曲线,改善了线形的视觉效果。

如果要检查整个横断面范围内的路线质量,则可以绘制包括道路两侧边坡在内的全景透视图(图7-1)。如果为便于给驾驶员和非专业人员进行鉴别,则还可以将计算机绘制的透视图与照片图像相叠加,获得更为逼真的三维立体图象。为更好体会在运动中的感觉,则可以采用动态透视图达到获得四维(平、纵、横和时间)的虚拟实景。

我国《标准》指出:"高速公路、一级公路应做好总体设计,使各技术指标的设置与平、纵组合恰当,线形平面顺适、纵面均衡;各构造物的选型与布置合理、实用、经济"。《规范》又指出:"线形设计应综合考虑平面、纵断面、横断面三者间的关系,做到平面顺适、纵面均衡、横面合理。必要时可运用公路透视图进行分析评价"。因此,在高速公路的设计中,透视图是表达路线质量最直观形象的语言,它不仅是设计工程师的有效工具,也是向公众展示项目设计意图、征询意见建议的必要手段。

在缺乏采用计算机绘制透视图的这种手段时,则可以采用如图7-3所示的绘制对应的平面曲率图和纵坡线图,然后依靠工程师的立体想象和丰富经验来作出如何修正的判断。

图7-3中平面曲率图的纵坐标代表线形的曲率,纵坐标为常数的段落是圆曲线段,其值为$1/R$,R为半径。曲率图上的零点相应于平面线形的反弯点。纵断坡度图的纵坐标为坡度的一次导数值,坡度图的零点相应于纵断面竖曲线的顶点。如图7-4所示的线形,曲率图的零点与坡度图的零点处于同一个位置,一一相对应,则是一个不好的组合。图中点A和B为纵断面凸形竖曲线的顶部,它与平面线形的反弯点相互重合,在视线诱导上是很不利的,图中C点是指平面线形的变曲点与纵面线形的凹形竖曲线相重合,不利于排水。经过修改,使零点的相位错开,如图7-3所示,则能成为平、竖曲线一一相对应的良好示例。

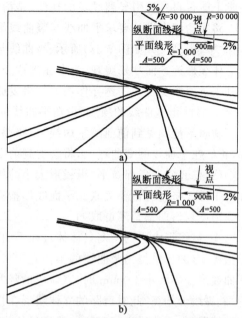

图7-2 采用线形透视图法检查和修正线形

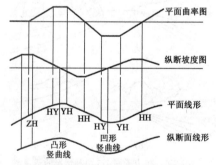

图7-3 采用平面曲率和纵断面坡度图检查线形

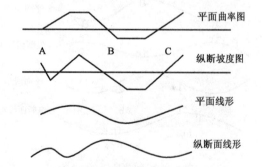

图7-4 由平面曲率图和纵断坡度图检查到的不利线形

第二节 三维立体线形组合设计的原则

高速公路线形组合设计应满足两方面的要求,一方面是汽车行驶动力学上的要求,另一方面是驾驶员和乘客在心理和生理上的要求,特别反映在视觉、舒适和愉快感上。两者又不可分割,互相影响。就满足行驶动力学的要求而言,在公路技术标准的制订中,确定了很多要素的最小值或限值;但从满足视觉和心理要求而言,则又往往需要采用较最小值大得多的或较限值更为宽松的数值,而这又与工程经济产生矛盾。因此,在最后的组合设计检查时,需要综合考虑多方面的因素,处理好各种矛盾。在高速公路的设计中,希望注意在工程造价增加不大的情况下以满足行车安全和视觉心理要求为主。对个别路段通过技术经济论证不能满足所有要求时,则可在保证行车安全的条件下采取其他景观和美化的设计方案进行弥补。

在高速公路线形的组合设计中,对线形进行检查、修正和深化设计的原则和要点综合如下:

(1)平、纵线形合理的组合设计,应使线形连续,在视觉上能自然地引导驾驶员的视线。在视觉上能否自然地引导驾驶员的视线,是衡量立体线形的最重要指标。

路线的组合设计要求平曲线与竖曲线最好相互对应,并且平曲线应稍长于竖曲线,也就是所谓"平"包"竖"。如图 7-5a)所示,平曲线与竖曲线一一相对应,其透视图将如图 7-6a)所示,其立体线形连续而顺畅美观,汽车在到达竖曲线顶点之前就可以清楚地看到前方线形的弯曲,起到了对驾驶员视线的诱导作用。如果设成为图 7-5b)的状况,即把平曲线和竖曲线错开,图中 A 点是凸形竖曲线的顶点,设在平曲线的起点上,其透视图如图 7-6b)所示,汽车在上坡道上行驶时不能预见到前面的平面线形,极易造成驾驶的失误;图中的 B 点是凹形竖曲线的底部,正好在平曲线的变曲点上,将会看到前方扭曲的不良线形。

(2)要经常考虑保持平、纵线形大小的均衡,这不仅关系到眼睛所看到的道路的平顺性,而且与工程经济也有重要关联。平面线形指标高而纵面线形反复起伏,或者纵面线形平顺而平面线形反复弯曲都是不可取的。

平、纵线形大小的均衡具体体现在平曲线和竖曲线半径的比值上,但并没有统一规定的定量指标,有的国家提出竖曲线的半径宜于采用大于平曲线半径 6 倍的数量。在一般情况下,当平曲线半径不大于 1 000m 时,其对应的竖曲线半径采用平曲线半径的 10~20 倍时,便可以称为平、纵线形均衡,此时道路的立体线形在视觉上感到很平顺。在综合考虑视觉要求和工程经济的情况下,平曲线半径和竖曲线半径的均衡指标可参考表 7-1 采用。

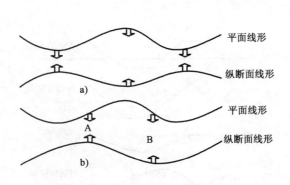

图 7-5 平、纵线形的对应关系

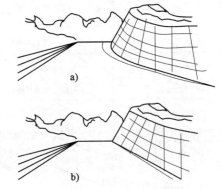

图 7-6 相应于图 7-5 两种情况的透视图

平、竖曲线半径的均衡关系　　　　　表 7-1

平曲线半径(m)	竖曲线半径(m)	平:竖
600	10 000	1:16.7
700	12 000	1:17.1
800	16 000	1:20
900	20 000	1:22.2
1 000	25 000	1:25
1 100	30 000	1:27.3
1 200	40 000	1:33.3
1 500	60 000	1:40
2 000	100 000	1:50
3 000	180 000	1:60

(3)汽车在高速公路上高速行驶时,驾驶员的动态视野应当宽阔清晰,不能在视野所及范围内出现扭曲、突变、隔断等不良的线形。

驾驶员能看到在前方公路的平曲线一般不宜超过两个,纵面起伏一般不宜超过三个。

在直线段上或大半径的长曲线上一般不宜多次变坡,反复凹凸,这种线形使驾驶员感到前方的线形折叠而不连续。一般说来,在长直线段上宜用长而缓的坡度,插入的竖曲线也要选用尽量大的曲线半径。但在某些情况下,一个平曲线长度内也可以包含有多个竖曲线,但应以视觉不影响行车的舒顺性为限。我国平原地区,桥涵通道多,纵坡受密集的交叉构造物控制。为降低填土高度,采取多次变坡的办法,在纵坡及坡差均很小、竖曲线半径又较大、视觉无异常感觉又不影响行车的舒适性时,这样的线形设计还是允许的。例如,在我国平原地区,当高速公路纵坡差小于等于1%、在一个平曲线内有3~4个竖曲线时,透视图形的视觉仍然良好。

在完全通视的条件下,长下坡路段前方的平面线形不宜多次转向形成蛇状的线形,这对视觉的连续性和均衡性都不好。如图 7-7 所示,当驾驶员下坡超速行驶又要反复转动转向盘时,对安全驾驶是很不利的,应尽量避免。

图 7-7　长下坡段前方遇到蛇形平面线形

(4)高速公路线形设计时,平、纵断面组合时应注意避免下列情况:

凸形竖曲线的顶部或凹形竖曲线的底部,应避免插入小半径的平曲线。前者失去诱导视线的作用,驾驶员需接近坡顶才发现平曲线,因而会形成减速或因高速行驶变换方向而招致车祸。后者易使驾驶员对纵坡判断失误,把下坡看成上坡而导致超速行驶,造成交通事故。

凸形竖曲线顶部或凹形竖曲线的底部,应避免设置反向曲线的拐点。前者使驾驶员感到不安,在顶点发现反向转弯,操作危险。后者会引起排水上的问题,并在拐点前后呈现视觉上的扭曲现象。

在一个平曲线内避免存在竖曲线反复凹凸情况。当一个平曲线内竖曲线反复凹凸时,往往只看到眼前和远方,而中间凹下部分看不见,因而视觉上会出现线形切断情况而产生不安感。改善上述情况的方法是使平曲线与竖曲线相重合或增大竖曲线半径,以改善纵断面线形。

应避免在长的直线段插入小半径的竖曲线。当长直线段上有凹形竖曲线时(从长的下坡过渡到长的上坡),驾驶员会随前方上坡看成比实际要大的坡度而采取不必要的加速,以致造成驾驶上的失误。此时应减缓纵坡,增大竖曲线半径并采取防护安全设施予以改善。

应避免使用短的平曲线、竖曲线和直线,特别在同一方向转弯的曲线之间应避免加入短的直线。当为平面线形时,同向曲线间的直线好像弯向与两端曲线相反的方向;而为纵断面线形时,两同向竖曲线间的短直线好像浮在上面,视觉上很不顺适。此时,最好做一个大的平(竖)曲线或是复曲线。

此外,两个同向或反向平曲线相连时,应尽量加大其半径并加大缓和曲线长度,以使前曲线终点与后曲线起点设在同一点上。

同时,在较长的直线段上,为保证高速公路的舒顺、连续,应避免很多个短的纵坡连接在一起。

(5)应选用恰当的合成坡度,坡度过大会产生不安全,会使个别低速行驶的车辆驾驶失误而导致事故。合适的合成坡度应当是汽车以选定的车速行驶时,不感到有离心力存在,也不需修正转向盘而很自然地在弯道上行驶。合成坡度过小会造成路面排水不畅,对高速行驶的车辆由于路面上的水膜而影响行车安全。一般希望合成坡度在8%以下,最小不小于0.5%。

根据高速公路的特点,设计速度高,因而在小半径弯道上的超高横坡较大,在遇到较大纵坡时容易形成过大的合成坡度。另外,高速公路的路幅宽,在超高过渡地段容易出现过小的合成坡度。在互通式立体交叉的匝道口以及进出道口都容易出现过大或过小的合成坡度，必须逐段详细加以审核，然后在横断面线或纵断面线上调整。

第三节 线形与环境、景观的协调要求

在现代化高速公路的勘测设计中，除了满足行驶动力学方面以及驾驶员视觉心理方面的要求外，高速公路路内路侧的环境及景观的要求也是不可忽视的。在最后的设计阶段中，还应就线路整体从环境和景观方面进行检查，以达到全面协调和综合优化的目的。

一、环境设计

高速公路的修建给环境带来许多不利的影响，这种影响主要是指道路两侧离中线各几百米到几公里范围内的环境变化，破坏了自然环境的动态平衡以及社会经济方面的原有体制。根据目前的研究，这种影响主要包括四个方面，即指噪声影响、废气污染、社会经济影响以及生态环境破坏。

高速公路的环境设计在整个规划和设计的全过程中，自始至终，不可忽视。在规划阶段或是在可行性研究阶段，应在 1∶50 000 的地形图上详细论证该路的规划线形对环境有否影响，有多大影响，作出可否建设的决定。在初步设计阶段，则在 1∶5 000 的地形图上对三维的立体线形对环境的影响要作出量化的评价，如噪声的强度、空气和水被污染的程度，对各个路线方案、各个路段作出多指标的综合评价、排序、方案论证和拟定。在技术设计阶段，应在 1∶1 000 的地形图上作出保护环境的具体的相应措施，如防噪声屏障的设计、保护野生动物生态环境的措施等。在施工图阶段应在 1∶500 或 1∶100 的地形图上确定执行计划。

其中最重点的是在初步设计阶段的工作。即在高速公路路线走向和线位布设确定后，应全面考虑沿线的自然环境和社会环境，对环境的危害或影响程度进行定量或定性的评价，如果危害和影响过大，则有必要对某些路段的定向和位置进行改变。如果在线形定线中确定了若干个方案，则可以对各个方案分别作出定量或定性的评价，对各种评价指标综合后作出排序，最后确定最佳设计方案。

以下就危害环境的几个主要方面分别叙述，供评价、分析和拟订方案时参考。

1. 环境噪声的影响

车辆在高速公路上行驶所产生的噪声，除发动机和车体产生的噪声外，特别严重的是高速行车时车轮与路面间强烈的摩擦声。在路线近旁 200m 范围内如有居民点、学校、医院等，则可造成很大的危害，白天噪声可达 75～80dB，夜间可降低 20dB，而一般不影响人们休息和睡眠的噪声应小于 40dB。在遇到噪声超标，影响居民生活以及学校、医院、疗养区等安宁的地段，应通过现场勘察核实，采用适宜的防治对策。如调整路线的平面位置避让，调整纵断面线以形成路堑或隔声路堤，在横断面上种植绿化林带，必要时建造声屏障或其他隔声建筑物等。

2. 废气和污水的危害

大量汽车在高速公路上行驶，由于发动机工作，会排出大量尾气。在这种尾气中，含有大量的一氧化碳、氮氧化物、碳氢化物、铅微粒等，在道路两侧积聚，对周围的空气和水质产生很大的污染。这种污染对人体健康形成一定危害，同时也将对动植物和水土环境造成严重影响。为防止这些危害，在确定路线时应注意避让饮用水源保护区、重要自然保护区、居民文教区、名胜古迹、风景旅游区等，合理确定路线与保护区的相对位置，尽可能地防止或减轻对环境的不

利影响。公路两侧采用好的绿化设计、好的横断面边坡和沟渠布设,有利于吸附废气和粉尘,有利于隔离路面污水。为保护农作物,要分开道路路面的排水沟渠和农田灌溉系统。

3. 对社会经济的影响

由于高速公路是全封闭的,路线建成后,公路两侧除通过立交和通道外,地区的社会经济发展由于两侧交往的阻隔受到一定的影响。此时宜于与当地政府和经济发展部门相协商,除选择合适位置设置必要的通道和调整公路两侧的土地划分和行政归属外,必要时也包括将路线局部路段线位作移动和变化,以确保不影响两侧社会经济发展的正常需要。在高速公路通过农田时应谨慎定线,尽量不占或少占高产农田;不得已必须通过时,在横断面上宜设置挡土墙、护脚或旱桥以减少占田数量。

4. 对生态环境的影响

生态环境涉及面广,它是指生物本身的生存条件和生存环境。高速公路建设后对生态环境造成一定的影响,主要有:对野生动植物及栖息地的影响,水土流失的影响,对农业土壤和农作物的影响,水环境的影响等。因而,在确定高速公路的平面线形和纵、横断面时,必须采取有效措施,以保护原有的自然环境。例如,为减少水土流失量,高填深挖、切割山体或压占植被时应慎重考虑,必要时可移动线位、改变纵断面线或在横断面上采取有效措施。在沿线有珍稀树种与珍贵野生物栖息地,应注意保护生态平衡。经过森林地带时,应注意保护森林资源,严格控制林木的砍伐数量。

二、景观与美化设计

高速公路作为一种人工构造物,对自然景观会产生一定的破坏作用。如果布局合理,与自然环境配合协调,通过一定的措施和方法,则能给对自然景观的破坏以一定的补偿,甚至能为自然景观增色,再配以行驶在高速公路上动态的车辆,使观赏者感到分外的美丽。因此,景观和美化设计已成为高速公路设计中一个必须注意的组成部分。

在高速公路上的驾驶者和车中旅客,随着车速的提高,视角减小、视点延长,对动态的前视景象,视觉精力特别集中,在高速公路的景观和美化设计中必须注意到这一特点。

高速公路景观和美化设计中的核心内容是对三维的立体线形从景观和美化的观点进行认真的审核。以下提出应注意和掌握的一些要点。

(1)高速公路线形定位时要注意到充分利用自然风景,如孤山、湖泊、大树、森林、果园、绿地等,尽量做到路线与大自然融合为一体,并能尽量利用它们为高速公路沿线增添景色。例如,不要隔断完整的景观,使用一定的曲线配合,把美好的景观点尽量放置在曲线内侧等。在路线遇到重要的名胜古迹、文物、风景旅游区和其他人文景观时,应合理确定路线与这些区域的相对位置,尽可能地防止或减轻对景观的不利影响。

(2)高速公路的修建要尽少破坏周围的地貌、地形、天然树林、重要建筑物等,要求边坡的造型和绿化应当与周围的景观配合。我国平原微丘区的高速公路多数采用高路堤的方式,无疑在景观上评价是一大缺陷,因而在条件容许时,特别在丘陵地形区域,应尽量采用低路堤和浅路堑的横断面。在不得已采用高路堤时,也应采用植树、植草、造型等景观设计来弥补。

(3)从横断面上看,如能把边坡修筑成坡顶和坡脚为流线型圆滑的断面,就能使之与自然地面相接近。在纵断方向上当边坡坡率变化时,最好做成边坡坡率为渐变过渡的断面,使用地边界线的线形顺畅,与道路线形一致,则会增加线形的流畅与美观。对中央分隔带、边坡和用地范围内的地带,做好绿化设计工作,如在中央分隔带上选用适宜高度的灌木带和常青植物,使它既能满足防眩要求又能保持景色。对路基边坡、弃土堆、取土坑等土质边坡可做与周围环境协调的绿化栽植,对石质边坡可采用攀援、蔓生植物进行绿化,以维护原地面绿化的要求。总之,在路线纵、横断面的纵坡和横向边坡设计中要注意公路路基立面和断面的造型,其目的是使断面造型尽量与自然地形、现有地带的地貌相适应,与沿线的植被绿化相协调。

(4)注意高速公路沿线大型构造物的造型,如互通式立体交叉及其匝道、跨线桥、跨河桥、服务区、沿线设施等作为景点要讲究艺术造型,要注意与周围环境充分协调。沿线的多种结构物之间,彼此要前后呼应,整齐和谐,但又应避免单一化,应注意给人以美的感觉。

(5)高速公路沿线的绿化设计应放在重要的位置,应能做到:协调自然,简单粗放,气势壮观,舒适优美,方便交通。这种绿化设计不仅在于公路两侧和边坡栽植行道树和矮丛林,它还应包括在中央隔离带、两侧防护带、立体交叉、服务区、交通岛、广场、上下边坡、路旁空地地域等进行广泛种植和造景设计。

第八章　高速公路立体交叉设计

交叉口车辆间的冲突源于车辆间在时间和空间上的重合。早期的公路交叉口均采用平面交叉的形式，车辆间的冲突只能靠时间的错位加以解决。与城市道路不同，公路交叉口基本上为无信号灯交叉口，交叉口的车辆基本上靠自然的组织行驶。如果说这种方式对车速不高、交通量不大的普通公路尚能适应的话，那么，对于交通量大、车速很高的高速公路或一级公路，平面交叉口就会给整个公路的安全、通畅、快速带来极大的影响，如在高速公路上采用信号灯交叉口，暂且不说公路上设置信号灯在供电、控制、维护上的困难，即使是实现了信号灯控制，停车等候也会极大地影响高速公路行车的连续、快速和安全的要求。立体交叉便应运而生了。

1921 年美国在布朗克斯河风景区干线公路上建成了第一座没有匝道的不完全互通式立交，1928 年又在新泽西州首次建成苜蓿叶形全互通式立交。此后，伴随着高速公路在各国的建设，立交如雨后春笋，成为高速公路、一级公路和城市快速干道的有机组成部分和重要节点，其形式也由苜蓿叶形、喇叭形等单一形式向大型的组合式立交发展。

根据相交道路的性质，公路上的立交可分为：公路与公路立交、公路与铁路立交、公路与城市道路立交、公路与乡村道路立交等。在没有特别的说明时，以下所指的立交为公路与公路立交，且包括分离式和互通式两类。按功能，互通式立体交叉又可分为枢纽互通式立体交叉和一般互通式立体交叉。枢纽互通式立体交叉即为高速公路与高速公路相互交叉的互通式立体交叉；一般互通式立体交叉则为高速公路与一般公路相交叉的互通式立体交叉。当高速公路与一级公路、一级公路与一级公路相交叉时，一般亦为枢纽互通式立体交。

第一节　高速公路立交的常用形式

一、互通式立交的组成

一个完整的互通式立体交叉，通常由跨线桥（或地道）、引道、匝道、出入口、变速车道、集散道、辅助车道等部分组成。图 8-1 为一苜蓿叶形立交，它是一个比较典型的全互通式立交。

(1) 跨线桥（或地道）

跨线桥（或地道）是分隔主线和相交道路的直行车流的主体结构物，主线相交道路可选择以桥梁上跨或以地道下穿的方式实现两者分离。

(2) 引道

引道是跨线桥（或地道）主体结构至正常道路之间的路段。

(3) 匝道

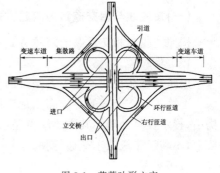

图 8-1　苜蓿叶形立交

匝道是为连接上下交叉的道路或两条不同高度的道路而设置的车行道。在立交中,车辆转向通常是用专用或合用的匝道来解决。

(4) 出入口

出入口是匝道与主线的连接部。相对主线而言,驶离匝道与主线的连接部为出口,驶入匝道与主线的连接部为入口。

(5) 变速车道

变速车道是在匝道与主线之间的附加车道,供驶离或驶入主线的车辆变速,以调节主线与匝道上的车速差。出口处应为减速车道,入口处应为加速车道。

(6) 集散道

集散道是为了减少主线上进出口车辆对直行车辆的干扰而设置的平行于主线的附加车道。

(7) 辅助车道

辅助车道是在进出口附近为了保持主线和匝道的车道数平衡要求和基本车道数要求所增设的附加车道。

二、高速公路立交的特点

各类立交在高速公路、其他公路和城市道路中都可使用,但是,高速公路立交也有其特点,主要表现在:

(1) 高速公路立交在我国大多数附设收费口,如何有利于收费口的设置与管理,是高速公路立交选型中的一个重要问题;

(2) 高速公路所经地区一般建筑物较稀,用地限制不大,土地价格也相对较低,因此,立交占地面积大与立交结构物多这两种情况往往取前者;

(3) 高速公路设计速度高,因此,立交匝道的设计速度也较高,选型中要充分考虑行车安全;

(4) 高速公路各项设计要求均很高,因此,通常要求在立交范围内,高速公路主线平纵线形尽可能不变或少变。

三、高速公路互通式立交的分类

互通式立交的分类方式主要有以下几种:①按相交道路跨越方式分类;②按交通功能分类;③按几何形状分类;④按交会道路的条数分类;⑤按互通式立交的层数分类;⑥按是否收费分类。

(一) 按主线与相交道路的跨越方式分类

按照主线与相交道路的跨越方式来分类,立交可分为上跨式和下穿式。

1. 上跨式

用跨线桥从被交道路上方跨过的交叉方式,如图 8-2 所示。

上跨式立体交叉的主线高出地表面,施工比较方便、造价较低,因下挖较小,与地面管线干扰小,排水容易处理。其主要缺点是占地较大,跨线桥影响视线和周围景观,引道较长或纵坡较大,不利于非机动车交通行驶。

2. 下穿式

用地道(或路堑)从相交道路下方穿过的交叉方式,如图 8-3 所示。下穿式立体交叉的主线低于地表面,占地较少,立交构造物对视线和周围景观影响小。其主要缺点是施工时地下管线干扰较大、排水困难、施工工期较长、造价较高、养护管理费用大。

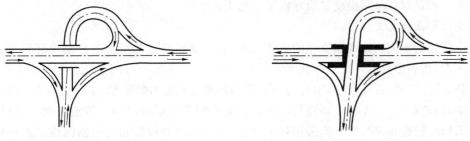

图 8-2　上跨式立体交叉　　　　　　　图 8-3　下穿式立体交叉

对于上跨式或下穿式立体交叉的选用,要根据地形、地质、经济、排水、施工及与周围环境的协调等各种条件来决定。一般来说,上跨式立体交叉宜用于乡村及城郊用地较宽裕、地面建筑物干扰较少的凹形地带,而下穿式立体交叉多用于城市地区用地较紧、地面建筑物干扰较大的凸形地带。公路立交的主线上跨或下穿,还应考虑填挖方数量和工程造价等因素综合确定。

(二)按交通功能分类

立交按交通功能分类可分为分离式和互通式两大类,分离式立交仅将主线与相交道路分离,两者之间无匝道联系,因此,分离式立交不能组织转向交通。分离式立交的作用是:保证直行车的通畅。可用于高速公路与铁路的立交、与等级相对较低的公路立交,以及与拖拉机和人行通道立交。

互通式立体交叉根据交叉车流轨迹线的交叉方式和几何形状的不同,可分为完全互通式、部分互通式和交织式立交三种类型。

1. **完全互通式立体交叉**

相交道路的车流轨迹线全部在空间分离的交叉。它是一种比较完善的高级形式立交,代表形式有喇叭形立交(图 8-4)和全苜蓿叶形立交(图 8-5)等。其特点是匝道数与转弯方向数相等,各转弯方向都专用匝道,无冲突点,行车安全,通行能力大,但立交占地面积大,造价高。适用于高速道路之间及高速道路与其他等级较高的道路相交。布设时应考虑相交道路的等级、实用性质和任务,结合交通量和地形条件,在满足交通功能的条件下,合理选择立交的形式和布置立交的匝道,尽量减少占地,降低造价。

图 8-4　三肢喇叭式立体交叉　　　　　　图 8-5　全苜蓿叶形立体交叉

2. **部分互通式立体交叉**

相交道路的车流轨迹线之间至少有一个平面冲突点的交叉。这是一种低级的互通式立体交叉,代表形式有部分苜蓿叶形立交(图 8-11)和菱形立交等。其特点是形式简单、仅需一座跨线构造物、占地小、造价低,但存在平面交叉,对行车干扰大。其适用于高速道路与次要道路相交,个别方向的交通量很小或分期修建时,或者用地和地形等条件限制时可采用部分互通式立体交叉。布设时应将平面交叉设在次要道路上。

3. 交织形立体交叉

相交道路的车流轨迹线以交织的方式运行,存在交织路段的交叉。它是由环形平面交叉发展而来的,代表形式有环形立体交叉,如图 8-13 所示。其特点是能保证主要道路直通、交通组织方便、无冲突点、占地较小,但通行能力受到环道交织能力的限制,车速受到中心岛半径大小的影响,构造物较多,左转车辆绕行距离长。其适用于主要道路与一般道路交叉,以用于五条及五条以上道路相交为宜。当采用环形立体交叉时,必须根据相交道路的性质进行比较研究,看环道的最大通行能力和所采用的中心岛尺寸是否满足远期交通量和车速的要求。布设时,应让主要道路直通,中心岛可采用圆形、椭圆形或其他形状。

(三)按几何形状分类

(1)"T"形交叉:如喇叭形、直连式 T 形等;
(2)"Y"形交叉:如定向 Y 形立体交叉等;
(3)"十"字形交叉:如菱形、苜蓿叶形、环形、定向形等。

(四)按相交道路的条数分类

按照交叉口相交道路的条数分类,立交可分为三路交叉、四路交叉和多路交叉。三路交叉可以是"T"形或"Y"形,四路交叉通常是"十"形或"X"形,三路和四路交叉一般可采用某种标准的立交形式,如喇叭形、苜蓿叶形等。而五路交叉或五路以上交叉,除了采用环形立交外,一般没有标准的形式可套用。

(五)按互通式立交的层数分类

按照立交的结构层次数分类,立交有二层式、三层式、四层式和多层式。

在不考虑行人和非机动车的情况下,大多数公路立交为二层至四层,只有多路立交或立交枢纽会形成四层以上的立交。由于公路立交用地限制通常不会太大,原则上高速公路立交不希望层次太多,而增加造价。

(六)按是否收费分类

(1)收费立体交叉;
(2)不收费立体交叉。

四、互通式立交的基本形式

高速公路互通式立交的形式多种多样,基本形式主要有以下几种:

1. 喇叭形立交

喇叭形立体交叉是三路立交的代表形式,如图 8-6 所示,它是一个环形匝道(转向约 270°)和一个半定向匝道来实现车辆左转弯的全互通式立体交叉。喇叭形立体交叉可分为 A 式和 B 式,经环形左转匝道驶入主线(或被交线)为 A 式,驶出为 B 式,如图 8-6 中 a)和 b)所示。

优点:

(1)除环形匝道以外,其他匝道都能为转弯车辆提供较高速度的半定向运行;
(2)只需一座跨线构造物,投资较省;

(3)没有冲突点和交织,通行能力大,行车安全;
(4)结构简单,造型美观,行车方向容易辨别。
缺点:
(1)环形匝道上行车速度低,线形较差,若采用较高的设计速度时,占地较大;
(2)左转弯车辆绕行距离较长。

喇叭形立体交叉适用于高速公路与地方道路相交的T形交叉口。环形匝道适应的交通量较小,设计速度小于等于50km/h。布设时应将环形匝道设置在交通量小的方向上,主线转弯交通量大时宜采用A式,反之可采用B式,但双车道匝道不应布置为环形匝道。通常情况下,地方道路上跨时,转弯交通的视野开阔,下穿时宜斜交或弯穿。

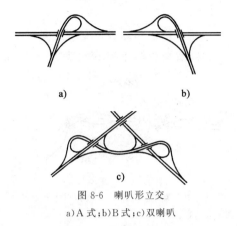

图8-6 喇叭形立交
a)A式;b)B式;c)双喇叭

喇叭形立交适用于T形交叉或收费公路的十字交叉。当次要道路交通量较大或转向交通量较大使得平面交叉不能满足交通需求时,可在次要道路一侧也设置喇叭形立交,即双喇叭互通式立体交叉[图8-6c]。

2. Y形立交

Y形立体交叉是用定向匝道或半定向匝道来实现车辆左转弯的全互通式立体交叉,如图8-7所示,相应地可分为定向Y形和半定向Y形两种,其中,a)为一处三层式跨线构造物,b)为三处两层式跨线构造物。

1)定向Y形立体交叉

定向Y形立体交叉是左转车辆在定向匝道上由一条高速道路直行方向车道的左侧驶出,由左侧进入另一高速道路直行方向车道的立交方式。

优点:
(1)对转弯车辆能够提供直接、无阻的定向运行,行车速度高,通行能力大;
(2)转弯行驶路径短捷,运行流畅,方向明确;
(3)主线外侧不需要占用过多土地。

缺点:
(1)主线双向行车道之间必须有足够距离,以满足匝道纵断面布置的要求;
(2)当主线单向有两条或两条以上车道时,左侧车道为超车道或快车道,使得左转弯车辆由左侧车道快速分离或由左侧车道快速汇入困难,而且不安全;
(3)需要跨线构造物多,占地较大,造价较高。

定向Y形立交[图8-7a]适用于右转弯速度高,且交通量大的枢纽互通式立体交叉,特别是主线双向为分离式断面,且相距一定宽度时较为适宜;另外,当主线外侧有障碍物时最为适宜。设计定向型立体交叉时,主线双向行车道之间的交叉范围所拉开的距离,必须满足左转匝道纵坡和桥下净空要求,在主线设计时就应充分考虑立交布置的要求。

2)半定向Y形立体交叉

半定向Y形立体交叉是对定向Y形立体交叉的改进,将定向左转匝道改为半定向匝道,即左转弯车辆由行车道的右侧分离或汇入主线或被交线,如图8-8所示。

优点：
(1)对左转弯车辆能够提供较高速度的半定向运行,通行能力较大；
(2)各方向运行流畅,方向明确,不会发生错路运行；
(3)主线外侧占用土地较少；
(4)左转弯车辆由主线右侧分离或汇入,运行安全方便,主线双向行车道之间不必分开。
缺点：
(1)匝道修建和运行长度较定向Y形立交长；
(2)需要跨线构造物多,占地较大,造价较高。

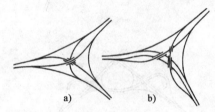

图8-7 Y形立交
a)左转匝道全为直连式的；b)左转匝道兼有直连式和半直连式的

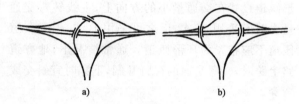

图8-8 半定向Y形立交
a)三处跨线桥；b)两处跨线桥

半定向Y形立交的适用性与定向Y形立交基本相同,一般用于主线双向交通量相对比较大且双向行车道之间不必拉开或难以拉开的情况。因主线外侧相对占地较少,更适宜于主线外侧有平行于路线的铁路、河流、房屋等障碍物的情况。

3.独象限式立交

独象限式立交即只在一个象限中布置双向匝道的立交,适用于转弯交通量不大的一般互通式立体交叉,如图8-9所示。非控制出入的公路相交时,若采用平面交叉会因高程相差悬殊而导致引道的纵面衔接或立面处理困难而需付出相当大的投资时,可考虑设置独象限立交。此外,其还可作为分期建设的首期工程。

4.菱形立交

菱形立交是只设右转和左转公用的匝道,使主要道路与次要道路连接,在跨线构造物两侧的次要道路上为平面交叉口,如图8-10所示。

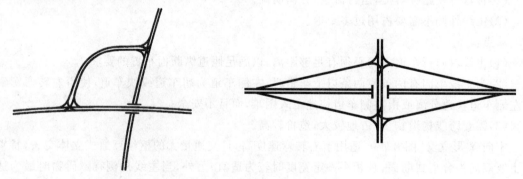

图8-9 独象限式立交　　　　　图8-10 菱形立交

优点：
(1)能保证主要道路直行车辆快速畅通；
(2)主要道路上具有高标准的单一进出口,交通标志简单；
(3)主要道路下穿时,匝道坡度便于驶出车辆减速和驶入车辆加速；

(4)形式简单,仅需一座跨线构造物,用地和工程费用小。

缺点:

(1)次要道路与匝道连接处为平面交叉,影响了通行能力和行车安全;

(2)次要道路上可能存在视认性、错路运行或行车等待等问题。

菱形立交多用于城市道路的主要道路与次要道路相交且用地困难的情况,而公路上多为收费立交,一般不采用菱形立交。布设时,应将平面交叉设在次要道路上。主要道路采用上跨式或下穿式,应视地形和排水条件而定,一般以下穿为宜。次要道路上可通过渠化或设置信号等措施组织交通。菱形立交形式简单且运行路程短捷,适合于出入交通量较小、匝道上无收费站的一般互通式立体交叉。

5.半苜蓿叶形立交

半苜蓿叶形立交是相对于全苜蓿叶形立交而言,在部分左转弯方向不设环圈左转匝道,而在次要道路上以平面交叉的方式实现左转弯运行的立体交叉,如图 8-11 所示,可以根据转弯交通量的大小或场地的限制,采用图中任一形式或其他变形形式。

优点:

(1)可保证主要道路直行车辆快速通畅;

(2)单一的驶出方式简化了主要道路上的交通标志;

(3)仅需一座跨线构造物,用地和工程费用较小;

(4)便于分期修建,远期可扩建为全苜蓿叶形立体交叉;

(5)消除了主要道路上的交织运行。

缺点:

(1)次要道路上存在平面冲突点,影响通行能力和行车安全;

(2)次要道路上可能有停车等待和错路运行现象;

(3)有时次要道路平面交叉口需要设信号控制,若出口匝道存储能力不足时,往往会影响主要道路的交通。

半苜蓿叶形立交可在主要道路与次要道路相交时采用。宜使转弯车辆的出入尽可能少妨碍主要道路的交通,平面交叉口应布设在次要道路上。必要时,在次要道路上组织渠化交通或设置信号控制。当跨线构造物前后有两个连续出口或入口时,宜在主要道路外侧设置集散车道以简化出入口。另外,除了以上形式可供选用外,还可视具体条件采用图 8-11 所示反象限布置或其他变形形式,如将某一象限的单独右转直接式匝道取消,改为平面交叉口。

半苜蓿叶形立交按匝道布置方式可分为三类,即主要公路的出口在跨线构造物之前的 A 型[图 8-11a)]和出口在跨线构造物后的 B 型[图 8-11b)],以及以主要公路为对称轴布置匝道的 A-B 型[图 8-11c)]。它们适用于出入交通量较小的一般互通式立体交叉。A 型、B 型两种形式的选择主要取决于转弯交通的特点和用地条件。转弯交通量不平衡时,应以平面交叉中的冲突最少作为匝道布设象限选择的原则。A-B 型只适用于被交路傍依铁路或密集建筑群或滨河的情况。

半苜蓿叶形立交中,在不设环形匝道的象限内增加右转弯匝道[图 8-11d)],适用于不设收费站的一般互通式立体交叉。

6.苜蓿叶形立交

1)普通苜蓿叶形立交

普通苜蓿叶形立交如图 8-12a)所示,是通过四个对称的环形左转弯匝道来实现各方向左转弯车辆的运行。

优点：
(1)交通运行连续而自然；
(2)无冲突点，无须设置信号控制；
(3)可由部分苜蓿叶形立交分期修建而成；
(4)仅需一座跨线构造物，造价较低。
缺点：
(1)左转弯车辆绕行距离较长，立交占地较大；
(2)环形左转匝道线形差，行车速度低；
(3)上线、下线左转匝道出入口之间存在交织运行，限制了立交的通行能力；
(4)主线及被交线上为双重出口，其中左转匝道出口在跨线构造物之后，使标志复杂。

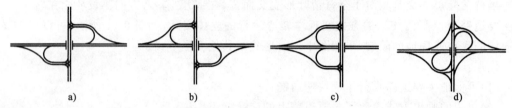

图 8-11 半苜蓿叶形立交
a)A 型 b)B 型 c)A-B 型 d)附加右转弯匝道

苜蓿叶形立交最大的优点是造价较低，只需一座跨线构造物就能实现左转弯运行，成为全互通式立体交叉。但因用地的限制，其环形左转匝道的曲线半径不能太大，因而行车速度和通行能力受到影响。另外，因跨线桥上下存在交织路段，限制了通行能力，多用于高速道路与一般道路或等级较高的道路之间相互交叉的立体交叉，而在城市内因受用地的限制很难采用。因其形式美观，如果在城市外围的环路上采用，再加以适当绿化，也是较为合适的。布设时视具体条件，环形匝道可采用单曲线、多心复曲线、方形或压扁形等形式。

2)带集散车道的苜蓿叶形立交

为了消除主线或被交线上的交织，避免双重出口而使标志简化，提高立交的通行能力和行车安全，常在主线或被交线外侧加设集散车道，成为带集散车道的苜蓿叶形立交。带集散车道的苜蓿叶形立交如图 8-12b)所示。

优点：
(1)使交织路段从高速公路上分离至车速较低的集散车道上，减少了对主线或被交线交通的影响，提高了行车的安全性；
(2)使高速公路上双重的出入口变为单一的出口或入口，简化了交通标志；
(3)比普通苜蓿叶形立交通过的交通量更大；
(4)各左、右转弯车辆运行自然流畅。
缺点：
(1)在环形匝道半径相同情况下，与普通苜蓿叶形立交相比占地更多；
(2)跨线构造物因跨度增大而造价更高些。

集散车道可使主线上的直行车辆畅通无阻，而由主线减速进入匝道的车辆与由匝道加速进入主线的车辆之间的交织运行，可以在集散车道上完成。同时，集散车道还提供了足够的加速和减速车道长度。布设时，应注意从主线或被交线的出口到集散车道的第一个出口之间保持足够的距离，便于设置指示标志及安全分流。

苜蓿叶形立交[图 8-12a)]适用于左转交通量较小的一般互通式立体交叉。带集散车道的苜蓿叶形立交[图 8-12b)],可避免转弯车流的交织对直行车流的干扰,但交织依然存在,因而枢纽互通式立交应尽量避免采用这种类型。

7. 环形立交

环形立交是由平面环形交叉发展而来的,常用形式分两层式和三层式两种(图 8-13)。其特点是用地较省,但承担的转弯交通量有限,因此只适用于转弯交通量较小的交叉。规模较大的平面环形交叉扩容改建时,可采用两层式环形立交。

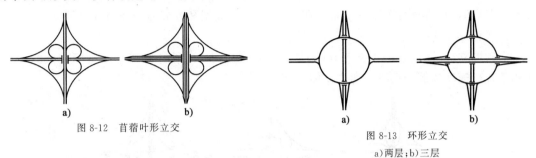

图 8-12 苜蓿叶形立交

图 8-13 环形立交
a)两层;b)三层

优点:
(1)能保证主要道路快速畅通,转弯行驶方向明确;
(2)无冲突点,行车较安全,交通组织方便;
(3)结构紧凑,占地较少。

缺点:
(1)存在交织运行,通行能力受到环道交织能力的限制;
(2)车速受到中心岛半径的影响,速度较低;
(3)构造物较多,工程费用较高;
(4)左转弯车辆绕行距离较长。

环形立体交叉多用于城市道路立交,而公路上由于收费制的影响一般不采用,视具体情况可采用两层式、三层式或四层式,其中两层式用于主要道路与次要道路相交的情况,三层式和四层式可用于相交道路直行车辆较多、车速较高的快速路、主干路、环城道路之间的交叉,或用于市区机动车与非机动车分离行驶的情况。布设时,应让主要道路直通,将交织段设在次要道路或匝道上。中心岛可采用圆形、椭圆形或其他形状。当机动车和非机动车分离行驶时,宜将非机动车设在地面一层或邻近地面层,以利于非机动车行驶。

当采用环形立体交叉时,必须根据相交道路的性质进行比较研究,以确定检验环道的最大通行能力和所采用的中心岛尺寸是否满足远期交通量和车速的要求。

8. 四肢半定向式立交

四肢半定向式立交如图 8-14 所示。它是由半定向左转匝道组成的一种高级的全互通式立体交叉。

1)X 形立交

X 形立交是四肢半定向式立交中线形指标较高的一种,如图 8-14a)所示,为将对向左转匝道对角靠拢布置的情况。

优点:
(1)各转弯方向车辆运行都有专用匝道,自由流畅,转向明确;
(2)单一的出口或入口,便于车辆运行和简化标志;
(3)无交织,无冲突点,行车安全;
(4)适应车速高,通行能力大。

缺点：
(1)层多桥长,造价高；
(2)占地面积大,在城区很难实现。

X形立交的转弯匝道线形更为流畅,转弯半径更大,适应的车速更高,桥梁建筑长度缩短,但总的建筑高度增加,匝道桥与跨线桥集中布设使结构更复杂。X形立交适用于高速公路之间各左转弯交通量均大的枢纽互通式立体交叉,在市区等用地和建筑物限制较严的地区很难设置。布设时,宜将直行车道分别布置在较低层次,而将对角左转匝道布置在高层。

2)涡轮形立交

涡轮形立交[图 8-14b)和图 8-14c)]是半定向式立交中左转弯匝道平面指标较低的一种,适用于转弯速度较低的枢纽互通式立体交叉。

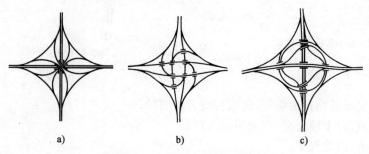

图 8-14　四肢半定向式立交
a)X形立交；b)、c)涡轮形立交

优点：
(1)匝道平曲线半径较大,纵坡缓和,适应车速较高；
(2)车辆进出主线安全顺畅；
(3)无交织,无冲突,行车安全；
(4)适应车速较高,通行能力较大。

缺点：
(1)左转弯车辆绕行距离较长,运营费用较大；
(2)需建多座两层式跨线构造物,造价较高；
(3)占地面积大。

涡轮形立体交叉适用于高速道路和城市快速交通之间相互交叉的情况。

9.混合式立交

混合式立交是根据交通量并结合地形、地物限制条件,采用两种或两种以上不同形式左转匝道组合而成的立体交叉,一般只具有一个轴向或斜线对称性。混合式立交多数是由环形左转匝道与半定向左转匝道组合而成,如图 8-15 所示。它适用于一个或两个左转弯交通量较小或者其中一个方向左转弯交通量较大、其余三个方向交通量较小的情况。

优点：
(1)主要交通流匝道平曲线半径较大,纵坡缓和,适应车速较高；
(2)照顾交通流大小；
(3)形式可因地制宜；
(4)规模宏伟,造型具有非对称美。

缺点：
(1)主要交通流左转弯车辆绕行距离较长,运营费用较大；

(2)占地面积大。

10.复合式立交

当两处互通式立体交叉相距很近而不能保证应有的立交间距时,可将它们复合成一个立交,即在被复合的立交的直行车道旁设置分隔的集散道,将出入口串联起来,使主线一个行驶方向上只保留一对出入口或减少某些出入口,如图 8-16a)所示。对于出入交通量较大的复合立交(如其中一个为枢纽立交时),应采用匝道间的立体分离等措施来避免所有交织或高速公路间的主流匝道上的交织,如图 8-16b)所示。

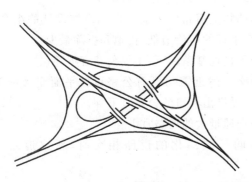

图 8-15　混合式立交

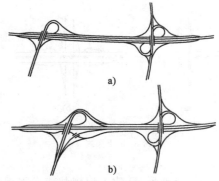

图 8-16　复合式立交

复合式互通立交在集散道上依然存在交织。若被复合的两个互通式立体交叉或其中之一为高速公路的,则交织运行会影响转弯运行中所应有的流态。此外,复合式互通立交中存在标志设置困难的缺点。因此,"复合"是在不得已情况下的权宜措施。在设计中遇到这种情况时,首先应从路网节点配置着手,解决交通转换,而不应轻易采用复合式互通立交。

由于道路网错综复杂和实地环境千变万化,所以互通式立交的设计也多种多样,下面展示部分混合型或不规则型的立交实例,如图 8-17～图 8-20(图片来源于 Google Earth 地图)所示。

图 8-17　上海市沪青平立交

图 8-18　上海市嘉金高速公路和沪杭高速公路立交

图 8-19　上海市沪青平高速公路和郊环高速公路立交

图 8-20　上海市莘庄立交

五、高速公路分离式立体交叉

分离式立交是指相交道路在空间上彼此分离、上下道路间无匝道相互连接、交通不能转换的交叉形式。高速公路与其他各级道路相交处，均应设立体交叉，其中除了设置互通式立交的地点以外，其他地点均应设分离式立交。

根据跨越方式的不同，分离式立交可分为上跨式和下穿式两种，如图 8-21 所示。分离式立交采用上跨或下穿方式，应综合考虑以下因素，并经技术、经济论证后确定。

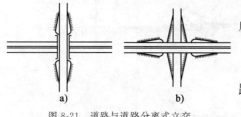

图 8-21 道路与道路分离式立交
a) 上跨式；b) 下穿式

（1）两相交道路的平面线形和纵坡设计的组合，应使整个工程的造价最低，占地和拆除最少；

（2）不良地基条件下，主要公路宜下穿；

（3）交叉附近需与既有公路设置平面交叉或为路旁用户提供出入口的公路宜下穿；

（4）交通量大的道路宜下穿；

（5）同已城镇化的道路相交时，新建道路宜上跨；

（6）结合地形、已建工程现状或发展规划，使之同周围环境相协调。

第二节　互通式立交的通行能力

通行能力是立交交通功能的重要体现。互通式立交的总通行能力是所有进入立交的各向通行能力之和。互通式立体交叉的通行能力由匝道、匝道出入口端部和交织区的通行能力等确定。

一、主线和相交道路通行能力

立交主线和相交道路在空间上是完全分离的，其直行交通无冲突，因此，可参照路段通行能力计算，但应适当考虑匝道进出口对直行车的影响。

二、匝道通行能力

互通式立体交叉的匝道设置收费站时，其匝道通行能力由该收费站的通行能力所决定。

互通式立体交叉的匝道不设收费站时，其匝道通行能力由匝道与被交公路连接处的平面交叉的通行能力所决定。匝道通行能力与主线和相交道路的通行能力和交通量、货车比例、车道数等有关。

匝道通行能力取决于下列三值中的最小值：匝道入口处的通行能力；匝道路段的通行能力；匝道出口处的通行能力。

通常进出口处的通行能力要比匝道路段的通行能力小得多，故匝道通行能力主要受进出口处的通行能力控制。而且，由于进出口处的车辆运行情况较复杂，通行能力无法用理论方法计算。美国《道路通行能力手册》对不同的主线与匝道情况进行了大量研究，提供了有关经验公式和诺谟图。我国高速公路起步较晚，在这方面的研究还不够，参考美国《道路通行能力手册》归纳出以下 6 种计算图式（图 8-22）。

（1）进入单向双车道干道的单车道入口匝道［图 8-22a］

$$\left.\begin{array}{l}V_r=1.13V_D-154-0.39V_f\\ V_r=2V_D-V_f\end{array}\right\} \quad (8\text{-}1)$$

式中：V_r——匝道出、入口处的通行能力（辆/h）；

V_f——干道单向合计交通量（辆/h）；

V_D——干道每一车道的设计通行能力（辆/h）。

采用以上公式计算结果中的最小值。

(2)离开单向双车道干道的单车道出口匝道[图 8-22b)]

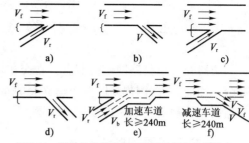

图 8-22 匝道与干道连接部分通行能力计算图式

$$V_r=1.02V_D-317-0.66V_f \quad (8\text{-}2)$$

(3)进入单向三车道干道的单车道入口匝道[图 8-22c)]

$$\left.\begin{array}{l}V_r=V_D+120-0.244V_f\\ V_r=3V_D-V_f\end{array}\right\} \quad (8\text{-}3)$$

采用式(8-3)计算结果中的最小值。

(4)离开单向三车道干道的单车道出口匝道[图 8-22d)]

$$V_r=2.11V_D-203-0.488V_f \quad (8\text{-}4)$$

(5)进入单向三车道干道的双车道入口匝道[8-22e)]

$$\left.\begin{array}{l}V_r=1.739V_D+375-0.499V_f\\ V_r=3V_D-V_f\end{array}\right\} \quad (8\text{-}5)$$

采用式(8-5)计算结果中的最小值。

(6)离开单向三车道干道的双车道出口匝道[图 8-22f)]

$$V_r=1.76V_D+279-0.062V_f \quad (8\text{-}6)$$

三、交织区段的通行能力

互通式立体交叉的交织区通行能力，应根据主线设计速度、车道数、交织类型、交织流量比和交织段长度等确定。参考美国《道路通行能力手册》所推荐的交织区段长度与交织交通量的关系图(图 8-23)，可以查得一定设计速度和交织段长度下的交织区通行能力。

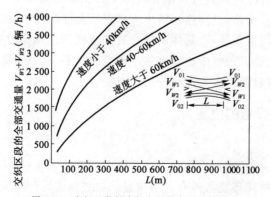

图 8-23 交织区段长度与交织段交通量的关系

L-交织区段长度；$V_{w1}+V_{w2}$-交织区段的全部交通量；V_{o1}、V_{o2}-分别为内、外侧非交织交通量

对立交匝道服务水平的分析可参考美国《道路通行能力手册》有关章节。

第三节　高速公路立交的规划布置和方案设计

道路交叉口是路网中的节点。立交在路网节点中起到交通枢纽的作用,是路网重要组成部分。因此,在路网规划时应考虑立交的布置,对其修建的位置、数目、间距、形式及条件等,按照路网总体规划要求做出合理的布置。

一、立交设置的条件

立交的设置使交叉口范围的车辆在空间上分隔开来,车辆经过交叉口时可不停车连续行驶;同时,立交又是一个大型的构造物,与平面交叉相比,其占地、造价和对环境的影响都要大得多,而且立交一旦建成,改造的难度也远比平面交叉口大。因此,在公路规划设计中对立交的设置及其形式的选择都应慎重考虑。通常,立交设置应考虑的因素有相交道路的类别和等级、设计速度、交通流量和流向、周边土地利用现状与规划、工程技术与经济、交通安全、环境与生态等。

1. 公路上设置立交的条件

(1)高速公路与其他公路相交,必须采用立体交叉,其中高速公路同其他各级公路交叉,除因交通转换而设置互通式立体交叉外,均必须设置分离式立体交叉;

(2)一级公路同交通量大的其他公路交叉,宜采用立体交叉;

(3)二、三级公路间的交叉,在交通条件需要或有条件的地点,可采用立体交叉。

2. 高速公路上设置互通式立体交叉的条件

(1)高速公路间及其同一级公路相交处。

(2)高速公路同通往县级以上城市、重要的政治或经济中心的主要公路相交处。

(3)高速公路同通往重要工矿区、港口、机场、车站和旅游胜地等的主要公路相交处。

(4)高速公路同通往重要交通源的公路相交而使该公路成为其支线时。

(5)高速公路间或高速公路与具干线功能的一级公路间或具干线功能的一级公路间的互通式立体交叉,应为枢纽互通式立体交叉。枢纽互通式立体交叉的匝道应具有良好自由流的线形,匝道上不设置收费站,匝道端部不出现穿越冲突。

(6)高速公路、一级公路间及其与其他公路相交的互通式立体交叉,应为一般互通式立体交叉。其匝道上可设置收费站,且高速公路出入口以外允许设置平面交叉。

尽管有了以上一些设置条件,在具体的场合要完全明确地确定立交的设置及形式是十分困难的,即使是在以上的设置条件中也有许多不确定的因素。因此,要具体确定一个立交的设置依据,还应从前面提到过的多方面进行分析、论证。

二、高速公路立交设置的位置

1. 立交位置选择

确定互通式立体交叉位置时,应综合考虑公路网的现状和规划情况,并设置在两相交公路线形指标良好,地形、地质和环境条件有利的位置。与之相连的公路应符合以下条件:

(1)相连接公路在路网中不应低于次要干道或集散路的功能,不应有较大的横向干扰;

(2)通行能力应满足过境和集散交通量的要求;

(3)与主要交通源的连接应短捷;

(4)分配到路网中附近公路的交通量应适当,不应使某些道路或路段负荷过重;

(5)根据路网布局等条件而选定的被沟通的公路,在通行能力和其他方面不能满足需要时,应进行改建设计。

由于高速公路立交造价高、占地大,又是高速公路与其他集散道路联系的最重要的手段,因此,高速公路立交位置的确定首先要考虑公路网的规划要求,在现状公路网与规划公路网不一致时,立交的位置通常应根据规划确定,再用修建连接线的方法与现状路网沟通。

此外,在丘陵和山岭区,立交的位置和形式应考虑充分利用地形,以减少桥梁等结构物设置,从而降低造价。

在平原区或靠近村镇的地方,应考虑少占农田和避让村庄,减少高速公路立交对居民生产、生活及环境的影响。

2.立交的间距

为了既保证高速公路主线的行车质量,又满足为周边地区服务的要求,高速公路上立交的间距应适当。立交的间距过大,对周边地区的服务作用就小,同时高速公路本身的使用效益也会降低;立交的间距过小,车辆进出高速公路过于频繁,会影响主线上的行车质量和安全。具体可从以下几个方面考虑立交的间距。

1)立交服务区域的大小

立交的间距首先要考虑的是交通需求。立交所服务的城镇或其他节点的规模在很大程度上决定了交通需求。通常,大城市和重要工业区周围的互通式立交间距应为5～10km,一般地区互通式立交的间距为15～25km。

日本按照高速公路所经城市的人口数量设置立交的数量标准,见表8-1。

立 交 数 量 标 准　　　　　　　　　　表8-1

人口数量(万人)	立交数量标准(个)	人口数量(万人)	立交数量标准(个)
<10	1	30～50	2～3
10～30	1～2	>50	3

2)相邻立交之间的交织段最小长度要求

在立交入口匝道的合流点到下一个立交出口匝道的分流点之间,车辆有交织行驶的情况,这段道路的长度必须不小于车辆交织所需的交织段最小长度。日本设计规范要求最小交织段的长度应为150～200m;德国设计规范则规定这段道路的长度不应小于2 700m;我国《标准》规定这段道路的长度不应小于1 000m。

3)驾驶员判别交通标志的时间

为了使驾驶员能在一定距离内预先看到前方的交通标志,德国设计规范规定驾驶员能够反应所需的道路长度为600m。

4)我国规范规定

(1)最小间距

综合各种因素,我国《标准》规定互通式立交最小间距不应小于4km[图8-24a],设置三个出口预告标志。当相邻互通独立设置时,应尽量保证按此要求设计。受地形条件或其他特殊情况限制,经论证相邻互通式立体交叉的间距需适当减小时,两互通立交之间的净间距(即其上一互通式立体交叉加速车道终点至下一互通式立体交叉减速车道起点之间的距离)不得小于1 000m[图8-24b],可设置两个出口预告标志。保持1 000m净交织长度的这种运行方式会对主线上的流态有明显的影响,尤其是在主线交通量较大时。因此,应从严掌握,经论证后才采用,且应设置完善醒目的标志标线和视线诱导标等交通安全设施。

若相邻互通式立体交叉的净间距小于上述规定的1 000m最小值,且经论证必须设置时,应将两互通式立体交叉合并设置为复合式互通立交,以辅助车道[图8-24c)]或集散道路[图8-24d)]将两互通式立体交叉直接连接或将两座互通式立体交叉合并为一座进行设计。

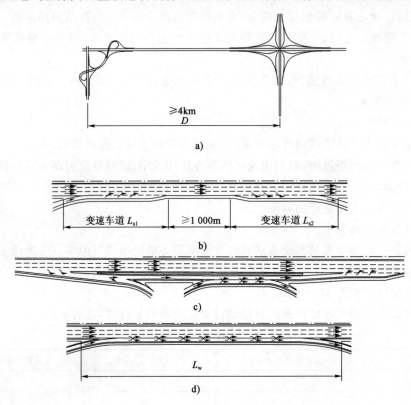

图8-24 立交最小间距

a)立交之间(中线至中线)最小间距;b)前一加速车道至后一减速车道之间最小距离;c)设置辅助车道;d)设置集散车道

采用辅助车道(不小于500~750m)或者是有交织集散道或无交织集散道将两互通式立体交叉直接连接。在交通流的组织、标志标线的设置等方面将两互通按一座进行设计。

当多肢交叉辅助车道或集散道长度不足时,通常按多肢立体交叉处理。形成四肢以上交叉,只有能舍弃部分交通流线,才能得到较好的处理。同时,应尽可能拉开交点之间的距离。

(2)最大间距

相邻互通式立体交叉的最大间距不宜大于30km。在人烟稀少的地区,其间距可适当加大,但超过30km时,应设置与主线立体分离的"U形转弯"设施。

5)互通式立体交叉与相邻的其他有出入口的设施或隧道之间的距离

(1)互通式立体交叉与服务区、停车区、公共汽车停靠站之间的距离,应能满足设置出口预告标志的需要;条件受限制时,间距可适当减小,但上一入口终点至下一个出口起点的距离不应小于1 000m。

(2)隧道出口与前方互通式立体交叉间的距离,应满足设置出口预告标志的需要。条件受限制时,隧道出口至前方互通式立体交叉减速车道渐变段起点的距离不应小于1 000m,否则应在隧道入口前或隧道内设置预告标志。

(3)互通式立体交叉与前方隧道进口间的距离,应满足设置标志和标志以后对洞口判断所需的距离。

互通式立交与相邻的其他设施间的最小间距见表8-2。

互通式立交与相邻的其他设施间的最小间距　　　　　表8-2

设施名称	最小间距(km)	
	一般值	低限值
互通式立交与服务区	5	3
互通式立交与停车场		
互通式立交与公交停靠站	4	1.5
互通式立交与隧道		

三、立体交叉方案设计

立交方案是立交设计的关键。立交方案不仅影响立体交叉本身的交通功能、技术标准、行车安全和工程经济等,而且还影响立交周边区域路网及交叉口的交通状况及市容环境等。合理的立交方案不但可在经济的工程造价下提供高效、安全、畅通、舒适的交叉口交通条件和协调的环境条件,同时也有利于改善周边路网和交叉口的交通状况。

1.影响立体交叉方案设计的主要因素

(1)规划因素

规划方面的因素有规划道路等级、规划立交等级、规划用地面积及形态、交通网现状及经济发展规划、立交周边的规划土地性质及规划重大公建设施等。

(2)道路因素

道路方面因素主要有以下几个内容:

①相交道路性质、任务、等级;

②相交道路的设计速度;

③近远期结合方面的要求;

④收费体系;

⑤投资额及可提供的用地范围。

(3)交通因素

交通因素有现状及远景各个方向的交通量、交通组成、交通空间及时间分布特征、交通发展预估、设计通行能力和立交服务水平、交通安全性等。

(4)自然因素

公路立体交叉选型设计中,自然条件是必须考虑的方面。它包含以下四个因素:

①地形状况;

②地质资料;

③水文资料;

④气候资料。

(5)环境因素

互通式立交占地较大，一般在180～300亩，枢纽互通式立交有时高达600亩，或更大。用地往往是决定立交形式的关键，在用地和拆迁受限制的情况下，占地较小拆迁较少的立交方案往往是最佳方案。所以，互通式立交除了提供车辆在路网上的转换和出入高速公路的基本功能外，还应满足地方政府的要求、建设单位的利益、农田水利要求，同时注意文物保护等。归纳起来，互通式立交形式选择的环境条件主要包括：

①用地规划；

②土地利用现状；

③建筑设施现状；

④文物古迹保护区。

(6)经济因素

经济方面的因素主要有立交投资额、主要经济指标如土建工程经济指标、征地拆迁经济指标、环境保护指标等。

(7)交通美学的要求

互通式立交选型在交通美学上的要求主要有以下两点：

①与环境相协调、匹配；

②美的再创造——以立交美化环境。

在立交的设计当中，城市道路立体交叉的美学方面的因素常被考虑进去；而公路中，则考虑得很少。但是我们应当看到，随着社会经济的发展，可能修建公路立交的地段也会进入城市规划区，所以在公路立交选型中考虑到交通美学的要求是有必要的。况且，在几个优劣难分的立交方案比选的情况下，造型优美、设计大方、与环境相匹配的立体交叉形式是首选的方案。

(8)其他因素

其他因素如政府部门的批复、主管部门的要求、相关部门的要求和意见等。

2. 立体交叉方案设计的基本原则

互通式立体交叉选型，应综合考虑相交公路的功能、等级、匝道设计速度、地形、地物、用地条件、交通量、造价以及是否设置收费站等因素。方案应能适应交通量发展，确保行车安全、通畅和车流的连续。交通量大、设计速度高的行车方向，线形指标应采用高值，路线应短捷，纵坡应平缓；车辆组成复杂时，要考虑个别交通特性的需要。

(1)两条干线或功能类似的高速公路相交时，应采用设计速度较高的、能使转弯车流保持良好自由流的各种直连式匝道；非干线公路间的枢纽互通式立体交叉宜用直连式。当左转弯交通量较小时，可采用含设计速度较低的直连式(或半直连式)匝道，或部分环形匝道的涡轮形(或混合式)匝道。

(2)高速公路与一级公路相交时，宜采用混合式立交。当转弯交通量不大且不致因交织困难而干扰直行车流时，允许在较次要公路的一方设置相邻象限的环形匝道。

(3)高速公路与一级公路或交通量大的二级公路相交，而且在需设置收费站的情况下，宜采用双喇叭立交。

(4)高速公路与其余公路相交时，宜采用在低等级公路上存在平面交叉的旁置式单喇叭形立交、半苜蓿叶形立交。匝道上不设收费站时，宜采用菱形立交。

(5)因地形有利而设互通式立体交叉时，可采用匝道布置简单、造价低廉的独象限立交或菱形立交等。

(6)在路网密度较高的区域，可通过路网中节点交通转换的合理分配，而将某些立交做成非全互通式的(某些岔路间不相沟通,包括平交的转弯在内);一旦提供沟通,则应使往返匝道成对出现。

(7)立体交叉方案应满足路网布局和规划要求,力争与周边路网立交、交叉口相协调,以提高整个路网的通行能力。

(8)一条道路或一个区域范围内立交,其匝道进出口形式力求统一,并力争采用单出入口形式。

3. 立体交叉方案设计的方法步骤

1)收集必要的基础资料

首先,收集与立交方案设计有关的基础资料,如区域规划、用地规划、地形地貌、交通量、地质水文、地上地下公用设施、技术经济指标、环境要求等资料,为立交方案设计作准备。

2)确定立交等级及功能要求

根据相交道路等级及在路网中的作用,确定立交的交通功能和等级。在交通功能方面,首先确定是分离式立交,还是互通式立交;互通式立交是枢纽互通式立交,还是一般互通式立交,是收费立交,还是不收费立交以及有无非机动车和行人的通行要求等。

3)拟订立交方案的控制条件

根据规划用地、地形地貌、地质、地上地下公用设施、环境要求等情况,拟订控制性用地、控制性建筑、控制性公用设施及控制性环境要求等作为立交方案设计的控制性条件。

4)初拟立体交叉的方案

根据确定的立交等级、功能要求、控制性条件,初拟立交方案。立交方案可在一般立交形式基础上,结合具体的控制条件进行。

5)拟订立交结构及其他配套设施方案

在拟订的立交总体布置方案基础上,对立交结构形式、排水设施等进行方案设计,提出满足功能要求、经济合理、施工方便、与环境协调的方案。

6)通过方案比选,提出推荐方案

经过立体交叉总体方案及结构选择,会产生多个有比较价值的立体交叉方案。必须对多方案进行技术、经济、效益的比较,选择合理的立体交叉形式和适当的规模,提出满足交通功能要求、适合现场条件、造型美观、投资少并与环境协调的推荐方案。

为了达到立交方案设计的要求和目的,尽管影响立交方案选择的因素很多,但一般只从技术、经济、社会效益、环境影响等方面进行评价和比选,并提出推荐方案。

(1)交通适用性

立交的交通适用性是立交方案成立的前提和基础,也是立交最重要的内在质量,它一般包含以下内容:

①立交的通行能力和服务水平。立交通行能力大小、服务水平高低是衡量交通适用性的最重要的指标。立交通行能力一般分主线、匝道、出入口几部分。一般情况下,出入口通行能力较小,起控制作用。

②主线行车速度。立交主线路段行车速度,不仅影响主线的行车效率和通行能力,在某种程度上还影响社会效益。

③匝道标准。其主要评价指标有匝道行车速度、匝道绕行距离。

④线形标准。立交平纵线形标准是影响行车安全、舒适性的重要指标。良好的线形指标,不但有利于行车安全和舒适,也有利于减小驾驶员行车疲劳以及减少油耗。

(2)工程经济性

工程经济性一般从以下两个方面来评价:

①工程建设费:包括建筑安装费、征地拆迁费等所有为立交建设需要的费用,是影响工程经济的主体部分。

②运行管理费:指立交维持日常运行需要的费用,主要有运行费、管理费等。

(3) 施工便易性

施工便易性指标主要包括施工技术难度、施工交通组织及影响程度、工期等内容。其中,施工技术难度包括施工技术力量要求、施工设备要求等。

(4) 环境协调性

环境协调性包括立交对周边自然环境和生态环境的协调与影响,对周边地块的分隔,征地、拆迁影响等。

以上内容的分析评价,可采取对每一指标提出权重和评分的方法,计算出每个方案的总分,按分值大小提出推荐方案。该方法比较直观,但权重的分配难度较大。目前,工程界较多采用由专家组通过各指标的综合评定,提出推荐方案。

第四节 立交主线及匝道几何设计

一、立交主线设计

主线线形指标是对立交范围内的视距、视觉、对前方路况的预知性、变速车道的平纵线形及其与主线的衔接以及匝道关键段落的平纵线形等一系列形态要素的宏观控制,以保证车流顺畅平滑,变速从容,使整个立交具有良好的运行性能。因此,立交范围内主线的平曲线半径、竖曲线半径、最大纵坡较主线标准段有更高的要求。

1. 平曲线半径

互通式立交范围的主线平曲线半径如果太小,设在曲线外侧的匝道出入口以及加减速车道与主线的横坡值相差较大,会影响驶出驶入车辆的安全,超高过渡设置也有困难。因此,互通式立交的主线横坡应尽量控制在3%以下;设计车速比较低(50km/h、60km/h)时,可适当放大到4%~5%,并据此计算平曲线半径的允许值。

2. 竖曲线半径

互通式立交全部设在主线的大半径凹形竖曲线半径之内时,驾驶员可清晰地辨认立交位置,并作出操作判断。当立交设在主线小半径的凸形竖曲线之内或以后时,立交就可能全部或部分被遮挡,因此,立交范围内凸形竖曲线半径应达到一定值,以保证足够的视距。

3. 最大纵坡

交通事故与主线的纵坡有很大关系,立交范围内主线纵坡过大,会严重影响行车安全;互通式立交下坡坡度较大时,对驶出互通式立交的汽车减速不利,由于车速过大,车辆在驶出主线时易失去控制和不稳;上坡坡度较大时,驶入主线的汽车不易加速,这不仅要延长加速车道的长度,而且即使加速车道长度得到保证,若大型车速还未增加到规定速度就与主线汇流,也会造成交通事故,因此主线的最大纵坡应规定在适当范围内。

4. 互通式立交范围内的主线主要技术指标

互通式立交范围内的主线技术指标见表8-3。

5. 主线横断面

互通式立交范围内主线横断面应与主线标准段一致，无特殊情况时技术标准可采用主线横断面技术标准；枢纽型立交范围内主线横断面应与主线标准段一致，以保持车道数和硬路肩连续。

互通式立体交叉范围内的主线技术指标　　　　　　　　　　　表 8-3

设计速度(km/h)		120	100	80	60
最小圆曲线半径(m)	一般值	2 000	1 500	1 100	500
	极限值	1 500	1 000	700	350
最小竖曲线半径(m)	凸形 一般值	45 000	25 000	12 000	6 000
	凸形 极限值	23 000	15 000	6 000	3 000
	凹形 一般值	16 000	12 000	8 000	4 000
	凹形 极限值	12 000	8 000	4 000	2 000
最大纵坡(%)	一般值	2	2	3	4.5(4)
	极限值	2	2	4(3.5)	5.5(4.5)

注：当主线以较大的下坡进入立交且所接的减速车道为下坡，同时后随的匝道线形指标较低时，主线的纵坡不得大于括号内的值。

二、视距

互通式立体交叉区域应满足匝道和主线停车视距、出口识别视距等。

1. 停车视距

单向单车道匝道主要满足停车视距。单向双车道匝道一般快、慢分道行驶，可不考虑超车视距；双向双车道匝道一般应设中间隔离设施，也不存在会车和超车问题。所以，匝道全长只需满足停车视距要求。匝道停车视距见表 8-4。

匝 道 停 车 视 距　　　　　　　　　　　表 8-4

匝道设计速度(km/h)	80	70	60	50	40	35	30
停车视距(m)	110(135)	95(120)	75(100)	65(70)	40(45)	35	30

注：积雪冰冻地区，应不小于括号内的数值。

2. 识别视距

为使驾驶员及时发现互通式立体交叉的出口，按规定行迹驶离主线，从而防止误行，避免撞及分流鼻，保证行驶安全，互通式立体交叉的引道上应保证对出口位置的判断视距（其物高为0），这一视距称为"识别视距"。识别视距一般情况下宜大于表 8-5 所列值；条件限制时，应大于 1.25 倍的主线停车视距。

识 别 视 距　　　　　　　　　　　表 8-5

主线设计速度(km/h)	120	100	80	60
识别视距(m)	350～460	290～380	230～300	170～240

注：当驾驶员需接受的信息较多时，宜采用较大(接近高限)值。

判断出口时，驾驶员应看到分流鼻端的标线，故物高为0。对此，在确定凸曲线半径时应特别注意。

表 8-5 注中的"驾驶员需接受的信息较多"，是指引道上标志较多或上跨构造物的墩、台净距较小而需要驾驶员时刻注意，因而可能会忽略出口的存在或难以估计至出口的

距离。

3. 通视三角区

汇流鼻前,匝道与主线间应具有如图 8-25 所示的通视三角区。

为保证汇流鼻前的通视三角区,设计中应注意:主线为下坡、匝道为上坡的情况下,通视区范围内的匝道纵坡不得与主线纵坡有较大的差别。尤其是当主线为桥梁并采用实体护栏时,护栏便完全遮挡匝道方的视线。最理想的通视条件是三角区范围内匝道的路面高于主线的路面。

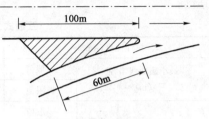

图 8-25 汇流鼻前通视三角区

匝道出口位置应明显、易于识别,宜将出口设置在跨线桥前;当设置在跨线桥后时,匝道出口至跨线桥的距离不应小于 150m。但如果跨线桥上或下的主线在平、纵面上均呈直线线形或很大半径的曲线,且墩、台并不压缩桥下主线驾驶员的视野,从而不影响驾驶员对出口的判断时,可不受这一规定所限。

三、匝道设计

匝道是互通式立体交叉不可缺少的组成部分,是供上下相交道路转弯车辆行驶的连接道。匝道设计直接影响立体交叉的功能、行车安全和工程投资等。因此,匝道设计应根据确定的立交等级、规划交通量及通行能力,进行合理布置,并采用合适的标准。

1. 匝道设计速度

匝道设计速度主要是根据立体交叉等级、类型、转弯交通量以及用地和建设费用等条件选定。由于匝道布设受立体交叉形式、地形、用地和建设费用等限制,其平、纵线形指标都较正线低。因此,匝道的设计速度也应较正线低,但降低不得过大,以免车辆在离开或进入正线时急剧减速或加速,导致行车危险,降低通行能力。匝道设计速度一般较低,为主线设计速度的 50%~70%,尤其是用于匝道位于高速道路到较低速道路的上坡道情况。

各互通式立体交叉的匝道设计速度与立交的形式密切相关,因此通常立交匝道设计车速和形式应同时加以研究,尤其是枢纽互通式立交的设计。

公路互通式立体交叉匝道设计速度的规定见表 8-6。

公路立体交叉匝道设计速度 表 8-6

匝道类型		直 连 式	半 直 连 式	环形匝道
匝道设计速度 (km/h)	枢纽互通式立交	80、70、60、50	80、70、60、50	40
	一般互通式立交	60、50、40	60、50、40	40、35、30

选用匝道设计速度时应遵循以下原则:

(1)右转匝道应尽量采用上限或中间值;

(2)直连式或半直连左转匝道宜采用上限或中间值;

(3)汽车在匝道上行驶过程中客观上存在着变速,因此匝道设计速度实际上应是匝道线形受限制路段所能保证的最大安全速度,其余路段上应以与匝道中必然存在的变速行驶相适应的速度作为设计的控制值。接近自由流出入口附近的匝道部分,应有较高的设计速度;接近收费站或平面交叉的匝道端部,设计速度可酌情降低。对此,设计者必须改变以往在确定匝道各部位要素时笼统地以一个固定的设计速度作为设计控制的做法。

2.匝道的运行特性

匝道是供上下相交道路转弯车辆行驶的连接道,它由三组成部分:

①匝道与主线的分流点;

②匝道行车道;

③匝道与主线分(汇)流鼻点(分、合流点)。

一般,匝道与高等级道路设计成允许高速合流和分流,以便对连接的高速公路上的交通流产生的影响减到最少,匝道分(汇)流鼻点(分、合流点)的几何设计(加速车道、减速车道的长度、收敛角或发散角、主线和匝道相对坡度、出入口形式、匝道车道数)都会影响匝道的使用。

匝道和主线的分、合流点是两股车流汇聚区域。在合流区,匝道上的车辆试图在主线车道中寻找入口或"间隙"插入,受匝道驶入交通的影响,在合流区主线车流进行车道重分布,为避免合流区交通紊乱和冲突,主线方向驾驶员常常在合流前变道,对主线交通产生影响;在分流区,驶出匝道的基本作用是分流,驶出的车辆必须占用靠近匝道的车道,车辆在分流区进行车道重分布,当驶出车道是双车道时,分流行驶的影响会波及主线的几个车道。

3.匝道的基本形式

互通式立交匝道形式分右转匝道和左转匝道两大类,如图8-26、图8-27所示。

(1)右转匝道

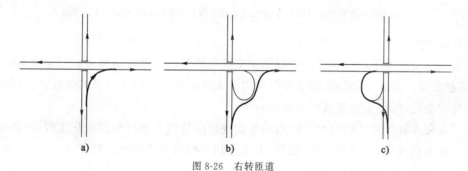

图8-26 右转匝道
a)直连式右转匝道;b)半直连式右转匝道;b)环形右转匝道

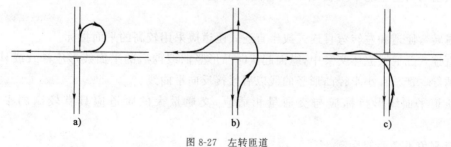

图8-27 左转匝道
a)环形匝道;b)半直连式匝道;c)直连式匝道

①直连式右转匝道:直接实施右转(最常用形式)。

②半直连式右转匝道(迂回定向匝道):为了减少占地,沿环形匝道迂回右转。

③环形右转匝道:并入环形左转匝道实施右转。

(2)左转匝道

左转匝道一般可根据匝道的交通量大小、服务水平高低依次选用环形匝道、半直连式匝道、直连式匝道。

①环形匝道:为了实施左转行驶,从主线行车到右侧驶离主线后,约向右转270°构成环形左转弯的匝道。

②半直连式匝道(半定向匝道):为了实施左转行驶,从主线行车道右侧驶离主线后,前进方向大致不变,跨过相应道路然后向左的左转匝道形式。

③直连式匝道(定向匝道):为了实施左转行驶,从主线行车道左侧驶离主线,在主线上直接实施左转的匝道形式。

此外,半直连式、直连式匝道还有因出入口形式不同而产生的变形形式。在主线右侧车道驶出,主线左侧车道驶入,见图8-28a)、b)。在主线左侧车道驶出,主线右侧车道驶入,见图8-28c)。

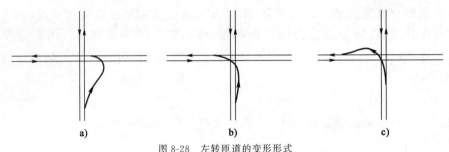

图8-28 左转匝道的变形形式
a)半直连式匝道左侧车道驶入;b)直连式匝道左侧车道驶入;c)直连式匝道左侧驶出

4.匝道平面线形

互通式立交匝道平面线形设计应根据相交道路的等级和性质所确定的互通式立体交叉的等级,依据预测的交通量、地形、用地条件等因素来确定立交匝道类型及其曲线半径,使其适应行驶速度的变化,保证车辆连续安全的运行。

为了保证车辆连续、安全行驶,匝道的平面线形应适应车辆行驶速度从主线(匝道)进入匝道(主线)的变化规律,并结合地形、地物,力求达到工程及运营的经济性要求。

匝道平面设计应遵循以下原则:

①从出入口至匝道中平面线形紧迫路段的范围内,圆曲线的半径应与变化着的速度相适应。

②右转弯匝道和左转弯直连式或半直连式匝道应采用较高的平面指标。

③直连式互通式立体交叉中,纵面起伏时凸形竖曲线前后的平面线形应一致或具备良好的线形诱导。严禁在小半径凸形竖曲线以后紧接反向平曲线。

④匝道平面线形指标应与交通量相适应,交通量大的匝道应具有较高的平面线形指标。

⑤应避免不必要的反弯。

(1)匝道平曲线最小半径

匝道的平面线形和路线一样对汽车安全顺适行驶具有重要作用。圆曲线和缓和曲线的确定以设计速度为主要依据。匝道圆曲线最小半径和匝道设计速度有关,根据汽车在弯道上行驶时的力系平衡分析计算匝道平曲线最小半径。

匝道圆曲线最小半径采用对应设计速度的最大超高横坡和容许横向力系数值时所需的半径;而最小半径一般值采用一般容许超高及与之舒适性水平相匹配的横向力系数值时所需的半径;不设超高最小半径,对应于匝道设计标准横坡时所需的半径值。

匝道圆曲线设计容许的最大超高横坡和容许横向力系数决定了匝道圆曲线的最小半径。由于地域、气候的不同,采用不同的最大超高横坡和容许横向力系数,也有不同圆曲线最小半径限制。表8-7为公路立体交叉匝道圆曲线最小半径,通常应选用大于一般值的半径;当受地形条件或其他特殊情况限制时,方可采用极限值;冰冻积雪地区不得采用极限值。

立交匝道圆曲线最小半径 表8-7

匝道设计速度(km/h)		80	70	60	50	40	35	30
圆曲线最小半径(m)	一般值	280	210	150	100	60	40	30
	极限值	230	175	120	80	50	35	25

(2)匝道回旋线参数

车辆在匝道上由直线段驶入圆曲线、由圆曲线驶入直线段或大半径圆曲线与小半径圆曲线之间应设置缓和曲线。缓和曲线采用回旋线,以满足车辆行驶轨迹和离心力渐变的特性。

曲线超高之间或曲线超高与直线双向路拱横坡之间的缓和段以及曲线平面加宽的宽度和直线路段宽度过渡段所需要的缓和段,均应在缓和曲线范围中完成。

①匝道回旋线最小长度。回旋线最小长度的确定,必须使离心加速度变化率不超过一定限度,且在方向操作上要有合理的时间。

匝道回旋线长度、回旋线参数应不小于表8-8所列值。

匝道回旋线参数及长度 表8-8

匝道设计速度(km/h)	80	70	60	50	40	35	30
回旋线参数A(m)	140	100	70	50	35	30	20
回旋线长度(m)	70	60	50	40	35	30	25

反向曲线间的两个回旋线,其参数宜相等或相近;相差较大时,大小两参数之比不宜大于2。回旋线长度还应满足超高过渡的需要。

②分流鼻处曲线参数。在主线出口往往有这样的情况,即驾驶员没有遵循"一般可能"减速的规律而及时采用发动机制动和采用较小减速度的制动器减速。这种看来是"失误"的驾驶行为在设计时应该给予考虑,应为之提供一定余地。对于直接式出口,由于强调了变速车道的线形与主线的一致而在分流鼻处不会存在曲率过大的问题。采用平行式出口时,必须注意这一问题。在分流鼻处,匝道平曲线的最小曲率半径规定见表8-9。

分流鼻处匝道平曲线的最小曲率半径 表8-9

主线设计速度(km/h)		120	100	≤80
最小曲率半径(m)	一般值	350	300	250
	极限值	300	250	200

③匝道复曲线圆弧长度。匝道中径向连接的复曲线,其大小半径之比不应大于1.5:1,否则应设缓和曲线。

5. 匝道纵断面线形

(1)匝道最大纵坡

互通式立交一般交通量大,行驶车种复杂,为保证行车安全,立交匝道最大纵坡值按互通式立交等级,匝道设计速度采用不同标准。匝道因受上下线高程的限制,为克服高差,节省用地和减少拆迁,并考虑匝道上车速较低,匝道纵坡一般比主线纵坡大。

公路互通式立交匝道最大纵坡不应大于表8-10所列值。

公路立体交叉匝道最大纵坡 表8-10

匝道设计速度(km/h)			80、70	60、50	40、35、30
最大纵坡（%）	出口匝道	上坡	3	4	5
		下坡	3	3	4
	入口匝道	上坡	3	3	4
		下坡	3	4	5

因地形困难或用地紧张时,最大纵坡可增大1%。非冰冻积雪地区在特殊困难情况下,最大纵坡可增加2%。

(2)匝道竖曲线半径

在纵断面纵坡的变坡点应设竖曲线,在匝道纵断面设计中竖曲线的设计受很多因素制约。其中,离心力在凸形竖曲线中表现为失重,在凹形竖曲线中表现为增重,对驾乘人员及汽车悬挂系统均不利。匝道长度及视距是决定竖曲线最小长度和半径的主要因素。匝道各设计速度对应的竖曲线最小半径及最小长度见表8-11。

匝道竖曲线的最小半径及最小长度 表8-11

匝道设计速度(km/h)			80	70	60	50	40	35	30
竖曲线最小半径(m)	凸形	一般值	4 500	3 500	2 000	1 600	900	700	500
		最小值	3 000	2 000	1 400	800	450	350	250
	凹形	一般值	3 000	2 000	1 500	1 400	900	700	400
		最小值	2 000	1 500	1 000	700	450	350	300
竖曲线最小长度(m)		一般值	100	90	70	60	40	35	30
		最小值	75	60	50	40	35	30	25

设计时应尽量采用大于或等于一般值的竖曲线半径,特殊困难时可适当减小,但不得低于表列最小值。

(3)分流鼻附近竖曲线半径和长度

分流鼻附近竖曲线半径和长度应不小于表8-12所列值。

分流鼻附近匝道竖曲线半径及长度 表8-12

主线设计车速(km/h)		120	100	80	60
凸形竖曲线半径(m)	一般值	3 500	2 000	1 600	900
	最小值	2 000	1 400	800	450
凹形竖曲线半径(m)	一般值	2 000	1 500	1 400	900
	最小值	1 500	1 000	700	450
竖曲线长度(m)	一般值	90	45	60	40
	最小值	60	50	40	35

(4)互通式立交匝道纵断面设计要点

①匝道纵断面线形应平缓,避免不顺适的急剧变化及反坡。为满足匝道上车辆经常变速行驶的行车要求,应尽量避免断背纵坡线(两同向竖曲线间隔一短直线段)。

②匝道同主线相连接的部位,其纵面线形应连续,避免线形的突变。

③出口匝道宜为上坡匝道。

④上坡加速或下坡减速的匝道,应采用较缓的纵坡,应避免采用最大纵坡值。

⑤匝道中设收费站时,邻接收费广场的路段,其纵坡应平缓,不得以较大的下坡紧接收费广场。

⑥匝道端部纵坡变化处应采用较大半径的竖曲线。匝道中间难以避免反坡时,凸形竖曲线应具有较大的半径,尤其是在其后不远处有反向平曲线或匝道分、汇流的情况下。

6. 匝道横断面及加宽

(1)匝道横断面组成

匝道横断面由车道、路缘带、硬路肩和土路肩(城市道路不设)组成,对向分离的双车道匝道还应包括中央分隔带。各组成部分的尺寸规定如下:

①车道宽度为 3.50m。

②路缘带宽度为 0.50m。

③左侧硬路肩(含路缘带)宽度为 1.00m。

④右侧硬路肩(含路缘带)宽度:设供紧急停车用硬路肩时为 2.50m,条件受限制时可采用 1.50m,但为对向分隔式双车道时宜采用 2.00m;不设供紧急停车用硬路肩时为 1.00m。

⑤土路肩的宽度为 0.75m;条件受限制时,不设路侧护栏者可采用 0.5m。

⑥中央分隔带的宽度不应小于 1.00m。

(2)匝道横断面类型及选用原则

匝道横断面基本可分为单车道匝道、无紧急停车带的双车道匝道、设紧急停车带的双车道匝道、对向分隔式双车道匝道四种,如图 8-29 所示。其适用条件为:

①交通量小于 300pcu/h、匝道长度小于 500m 时,或者交通量大于或等于 300pcu/h 但小于 1 200pcu/h、匝道长度小于 300m 时,应采用 I 型。

②交通量小于 300pcu/h、匝道长度大于或等于 500m 时,或者交通量大于或等于 300pcu/h 但小于 1 200pcu/h、匝道长度大于或等于 300m 时,应考虑超车之需而采用 II 型,但此时应采用单车道出入口。在较陡的上坡匝道上,因载货汽车的明显降速而增加了小汽车超车的迫切性。因此,虽然匝道长度未达规定值,也可采用单车道出入口的 II 型断面。

③交通量大于或等于 1 200pcu/h 但小于 1 500pcu/h 时,应采用 II 型。

④交通量大于或等于 1 500pcu/h 时,应采用 III 型。

⑤两条对向单车道匝道相依且平、纵线形一致时,应采用 IV 型。当设计速度小于或等于 40km/h 且位于非高速公路一方时,可采用 II 型。

⑥环形匝道采用单车道匝道,其设计通行能力为 800～1 000pcu/h。国外使用经验表明,双车道环形匝道易发生交通事故(尤其是在半径较小的情况下),因而国外有"环形匝道只用于单车道匝道"的规定。为节约用地,我国环形匝道的半径都较小(小于 75m),因此规范中也作了这一规定。环形匝道的设计通行能力为一范围值,设计中可根据环形匝道的半径的大小而酌情选用。

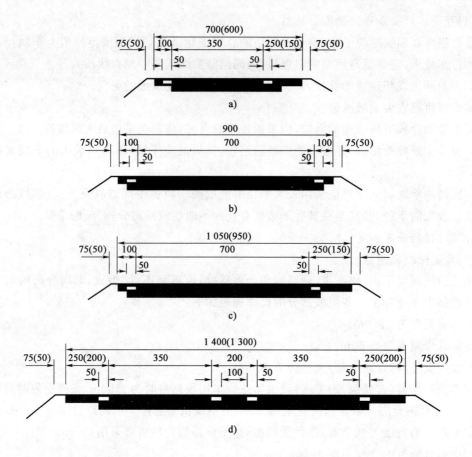

图 8-29 匝道横断面的基本类型(尺寸单位:cm)

a)Ⅰ型-单车道;b)Ⅱ型-双车道;c)Ⅲ型-双车道(设供紧急停车用硬路肩);d)Ⅳ型-对向分隔式双车道

注:不包括曲线上的加宽值

⑦属主线分岔或合流的双(多)车道匝道,其车道和硬路肩的宽度应与主线的相同。T形交叉中,线形连续的两岔(过境路)上的出入口端部可用Ⅲ型断面,在匝道上取一定长度作过渡,至接近"支路"的端部的段落具有与"支路"相同的车道和硬路肩的宽度。

匝道类型及车道数的确定一般取决于匝道的通行能力、服务水平、设计交通量及交通组成、设计速度等因素。另外,超车的可能性也会对匝道的通行能力产生很大影响。因此,常用匝道交通量与匝道长度作为选择匝道断面类型的主要依据(图 8-30)。

(3)匝道圆曲线加宽

匝道圆曲线的加宽值,应根据圆曲线半径按表 8-13 所示数值采用。曲线加宽的过渡可按照主线加宽过渡的方式进行。

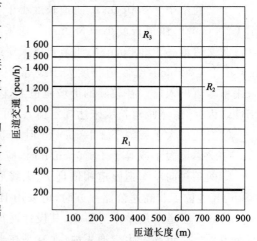

图 8-30 匝道类型的选择

匝道圆曲线的加宽值 表8-13

单车道匝道（Ⅰ型）		单向双车道或双向双车道匝道	
圆曲线半径(m)	加宽值(m)	圆曲线半径(m)	加宽值(m)
25～27	2.00	25～26	2.25
27～29	1.75	26～27	2.00
29～32	150	27～29	1.75
32～36	1.25	29～31	1.50
36～42	1.00	31～33	1.25
42～48	0.75	33～36	1.00
48～58	0.50	36～39	0.75
58～72	0.25	39～43	0.50
≥72	0	43～47	0.25
		≥47	0

7. 匝道超高及其过渡

（1）超高值

匝道上的圆曲线应根据规定要求设置必要的超高，超高值按表8-14选用，积雪冰冻区超高不得大于6%，合成坡度不得大于8%。

匝道圆曲线的超高 表8-14

匝道设计速度 （km/h）	匝道圆曲线半径(m)								
80	<280	280～330	330～380	380～450	450～540	540～670	670～870	870～1 240	>1 240
70	<210	210～250	250～300	300～350	350～430	430～550	550～700	700～1 000	>1 000
60	<140	140～180	180～220	220～270	270～330	330～420	420～560	560～800	>800
50	<90	90～120	120～160	160～200	200～240	240～310	310～410	410～590	>590
40	<50	50～70	70～90	90～130	130～160	160～210	210～280	280～400	>400
35	<40	40～50	50～60	60～90	90～110	110～140	140～220	220～280	>280
30	—	—	30～40	40～60	60～80	80～110	110～150	150～220	>220
超高(%)	10	9	8	7	6	5	4	3	2

（2）超高过渡段

匝道上直线与超高圆曲线间或两超高不同的圆曲线间，应设置超高过渡段，其长度应根据匝道设计速度、横断面类型、旋转轴的位置以及超高渐变率等因素确定。超高过渡段长度计算公式与主线相同。匝道超高渐变率规定见表8-15。

横坡处于水平状态附近时，其超高渐变率不应小于表8-16规定。

匝道超高过渡应平顺和缓，不产生扭曲突变。一般以正线边线不动并作为匝道超高的旋转轴，沿超高过渡段逐渐变化，直至达到圆曲线内的全超高。

匝道超高渐变率 表 8-15

断面类型及旋转轴位置 匝道设计速度(km/h)	单向单车道		单向双车道及非分隔式对向双车道	
	左路缘带外边线	行车道中心线	左路缘带外边线	行车道中心线
80	1/200	1/250	1/150	1/200
70	1/175	1/235	1/135	1/185
60	1/150	1/225	1/125	1/175
50	1/125	1/200	1/100	1/150
≤40	1/100	1/150	1/100	1/150

匝道最小超高渐变率 表 8-16

断面类型		单向单车道	单向双车道、非分隔式对向双车道
旋转轴位置	行车道中心线	1/800	1/500
	路缘带外边线	1/500	1/300

(3)超高过渡方式

超高方式与主线相同,即根据实际条件在匝道上以行车道中心线旋转或以路缘带外边线旋转两种。超高过渡方法视匝道平面线形而定。有缓和曲线时,超高过渡在回旋线的全长或部分范围内进行;无缓和曲线时,可将所需过渡段长度的 1/3~1/2 插入圆曲线,其余设在直线上;两圆曲线径相连接时,可将过渡段的各半分别置于两圆曲线内。

8.匝道平、纵线形组合设计

匝道平、纵线形不但要满足有关规定,而且其平、纵线形组合设计也应满足一定的要求,使匝道立体线形平顺、无扭曲,视野开阔,行车安全舒适,视觉美观,并与主线衔接处及周围环境协调配合。匝道平、纵线形组合设计的原则和要点与主线线形组合基本相同,但应注意进出口的平、纵组合处理。

在出口处,若是越过凸形竖曲线以下坡驶入匝道时,坡顶之后的平曲线不应突然出现在驾驶员眼前,而应将凸形竖曲线加长以增大视距,使驾驶员能及早发现平曲线的起点和方向,并有足够的反应时间和安全运行时间。在入口处,若由匝道上坡驶入主线时,应将出入口附近的匝道纵断面与邻近主线基本一致,以保证驾驶员对主线前后有良好的视距。

第五节 匝道端部设计

匝道端部是邻近主线出入口部分的统称,包括匝道渐变段、变速车道、匝道端点。在匝道端部,汽车要做变速、分流、合流等复杂运动,匝道端部是汽车驶出、驶入主线争夺时间和空间场所,也是互通式立交易发生交通阻塞和交通事故的部位,故设计时应给予特别注意。

匝道端部可以根据端部变速车道的外形分为平行式和直接式,也可根据端部变速车道车道数分成单车道和多车道型。

端部设计的一般原则是:出入顺适、安全,线形与主线协调一致,出入口标识清晰,主线与匝道间能相互通视。

一、出入口设计

1. 匝道在主线上的出入口设置

匝道在主线上的出入口一般应位于主线行车道的右侧。当出入口属主线分岔和合流时，应视情况而定。由于匝道从左方出入主线时，会破坏整条路线上互通式立交出入位置的统一性，尤其是在互通式立交的间距密集、只能在短距离内指示立交出口的情况下，左出口、右出口混用会引起驾驶混乱，引起主线直行车辆行驶迟疑不决。因此，互通式立交设计中应尽量避免左侧入口和出口，匝道的出入口应设置在主线行车道右侧；受条件限制的特殊情况，出入口只能设置在主线行车道左侧时，应把左侧出入口按主线车道分流或合流岔口形式设计，并设足够长的辅助车道。

2. 出入口端部位置应明显且易于识别

匝道出入口端部位置应明显，出口匝道端部必须使主线行驶车辆的驾驶员从很远就能识别，预先作出判断；减速车道的路面标线必须明显和主线区分，使驾驶员很容易区别出减速车道，并能防止主线车辆误入减速车道。

(1) 一般情况宜将出口设置在跨线桥等构造物前，困难地段可把变速车道大部分设置在跨线桥前。其目的是防止跨线桥结构的阻碍，看清出口匝道的起点和匝道平曲线方向。

(2) 一般情况宜将出口设置在凸形竖曲线上坡道上，当设置在凸形竖曲线下坡道处，应将凸形竖曲线设置得长些，以增大视距使驾驶员能看清出口端部变速车道渐变段的起点和匝道平曲线的方向。

(3) 入口端部宜设在主线下坡路段，以利用下坡便于重型车辆加速，并在入口端点应保持充分的视距，见图 8-31（汇流鼻前通视三角区），以便匝道上汇流车辆能调整车流汇入主线车流中。

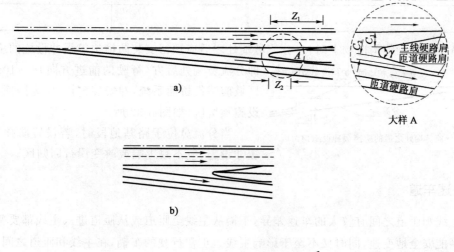

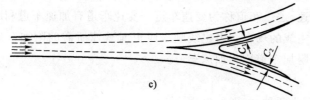

图 8-31　分流鼻端处的铺面偏置加宽
a) 硬路肩较窄时；b) 硬路肩较宽时；c) 主线分岔时

二、分流鼻端设计

根据《规范》的定义,渐变段宽度达到"一个车道宽"的断面称为分(汇)流点;变速车道和主线两者的铺面分岔点称为分(汇)流鼻。

与主线分流的出口匝道分流鼻端处,匝道行驶车速较高,必须考虑行车的安全,为了防止汽车对端部撞击,一般推荐采用在分流鼻处主线和匝道铺面偏置加宽。在车道边缘留出端点余宽,并在分流鼻端后方的主线侧通过一定渐变率,使误认减速车道一边的车辆能安全地回到主线一边,并在分流鼻端后一定范围设置缘石使其轮廓醒目、易于识别,如图8-31所示。

偏置加宽值和分流鼻端圆弧半径规定见表8-17。分流鼻处的加宽路面收敛到正常路面的过渡长度 Z_1、Z_2 应不小于依据表8-18渐变率计算的值。

分流点处偏置值与端部半径   表8-17

分 流 方 向	主线偏置值 C_1(m)	匝道偏置值 C_2(m)	鼻端半径 r(m)
驶离主线*	2.5~3.5	0.6~1.0	0.6~1.0
主线相互分岔	1.80		0.6~1.0

注:* 设计时,可取用表8-19中数值。

分流鼻端偏置加宽渐变率   表8-18

设计速度(km/h)	渐变率(1/m)	设计速度(km/h)	渐变率(1/m)
120	1/12	60	1/8
100	1/11	≤40	1/7
80	1/10		

分流鼻位于桥梁等构造物上时,自分流鼻端处之后应预留安装防撞垫等缓冲设施的位置,即分流鼻端处后方(行驶的前进方向)6~10m的区域应铺设桥面系统,并安装护栏,作为防撞缓冲设施预留区,如图8-32所示。

当分流鼻位于路基地段时,若设置防撞垫等缓冲设施,应不致影响或改变误行回归区。

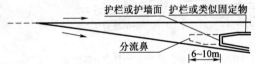

图8-32 分流鼻端处之后的防撞缓冲设施预留区

三、变速车道

通常主线和匝道之间有较大的车速差异,车辆从主线至匝道或从匝道进入主线都要变速。为了使车辆能安全地变速,同时又不至于影响主线上正常行驶的车辆,在主线和匝道之间应设置一附加车道,用于车辆的加减速,这一车道称为变速车道。变速车道有加速车道和减速车道两种,分别用于进入主线和驶离主线的场合。由主线驶入匝道时减速所需的附加车道称为减速车道;由匝道驶入主线所需的附加车道称为加速车道。

1. 变速车道形式

变速车道分为直接式和平行式两种,如图8-33所示。

直接式是根据直接以平缓的角度出入主线原理进行设计,其优点是线形平顺并与行车轨迹吻合,从而减少由于在直行主线车道上开始减速而引起尾部碰撞事故的发生,缺点是起点不易识别,适用于减速车道或双车道的加速车道。

平行式是以增设一条平行主线的变速车道的方式构成。平行式特点是车道划分明确,渐变段的线形突变有不易被忽略、减少不及时出入主线的可能性的优点,但车辆驶入或驶出有一个"S"形曲线,驾驶操作有些别扭,可能导致减速车道车辆在直行主线上减速而发生追尾冲突,且平行式加速车道能给汇流车辆提供更多的时间和机会去寻找直行交通车流中间隙,故加速车道宜采用平行式。

由于两者各有利弊,各国条文说明对出入口形式各有偏好。美国联邦公路管理部门对此无统一的规定,各州的做法也有不同。德国和日本规定,单车道入口为平行式,其余为直接式。而德国则规定,出入口均为平行式。澳大利亚、英国和其他一些欧洲国家则规定出入口均为直接式。我国《规范》中,出入口的形式参照日本的规定。

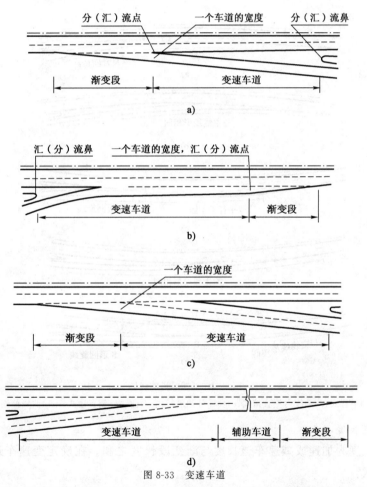

图 8-33 变速车道
a)直接式单车道;b)平行式单车道;c)直接式双车道;d)设辅助车道的直接式双车道

主线为左偏并接近圆曲线最小半径的一般值时,其右方的减速车道应为平行式,且应缩短渐变段(将缩短的长度补在平行段上)。

根据国外经验,平行式减速车道有其忽略减速的缺点,因此减速车道接环形匝道时不宜采用平行式。

2.主线为曲线时变速车道线形

(1)平行式变速车道

平行式变速车道与主线相依部分应采用与主线相同的曲率。

平行式变速车道同匝道的连接段的线形:当为同向曲线时,线形分岔点 CP 以外宜采用卵形回旋线或复合回旋线,如图 8-34a)所示;当为反向曲线时,则 CP 以外宜采用 S 形回旋线,如图 8-34c)所示;当主线的圆曲线半径大于 2 000m 时,可采用完整的回旋线。

(2)直接式变速车道

直接式变速车道直至分、汇流鼻的全长范围内应采用与主线相同的线形,如图 8-34b)、图 8-34d)所示。

曲线外侧的直接式变速车道,当主线为设置大于 3% 超高的左弯曲线时,或因其他原因而不便在接近分、汇流鼻附近采用主线相同的线形时,可在主线边车道外缘线和匝道车道内缘线的距离为 3.5m 这一点至分、汇流鼻端范围内采用 S 形回旋线向匝道线形过渡,如图 8-34e)所示。

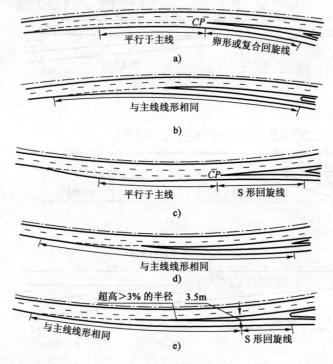

图 8-34 变速车道的线形

a)曲线内侧平行式;b)曲线内侧直接式;c)曲线外侧平行式;d)曲线外侧直接式一;e)曲线外侧直接式二

3.变速车道长度

变速车道长度为加速或减速车道长度与渐变段长度之和。在确定变速车道的长度时,主要考虑以下因素:

①满足与主线运行速度相应的分流角和汇流角(渐变率)的要求;

②在分、汇流鼻处,符合主线硬路肩宽度,分、汇流鼻处主线和硬路肩的路面偏置加宽的要求;

③按以上因素确定的出入口长度还应满足按一般规律变速所需变速长度的要求;

④加速车道在单车道情况下推荐采用平行式,但不排除直接式,入口长度仍按汇流角控制。

变速车道长度应根据主线设计速度采用大于表 8-19 所列值。

变速车道长度及有关参数　　　　　　　　　　　　　表 8-19

变速车道类别		主线设计速度（km/h）	变速车道长度（m）	渐变率（1/m）	渐变段长度（m）	主线硬路肩或其加宽后的宽度 C_1（m）	分、汇流鼻端半径 r[②]（m）	分流鼻处匝道左侧硬路肩加宽 C_2（m）
出口	单车道	120	145	1/25	100	3.5	0.60	0.60
		100	125	1/22.5	90	3.0	0.60	0.80
		80	110	1/20	80	3.0	0.60	0.80
		60	95	1/17.5	70	3.0	0.60	0.70
	双车道	120	225	1/22.5	90	3.0	0.70	0.70
		100	190	1/20	80	3.0	0.70	0.70
		80	170	1/17.5	70	3.0	0.70	0.90
		60	140	1/15	60	3.0	0.60	0.60
入口	单车道[①]	120	230	—(1/45)	90(180)	3.5	0.6(0.55)	—
		100	200	—(1/40)	80(160)	3.0	0.6(0.75)	—
		80	180	—(1/40)	70(160)	2.5	0.6(0.75)	—
		60	155	—(1/35)	60(140)	2.5	0.6(0.70)	—
	双车道[①]	120	400	—(1/45)	180	3.5	0.63	—
		100	350	—(1/40)	160	3.0	0.63	—
		80	310	—(1/37.5)	150	2.5	0.67	—
		60	270	—(1/35)	140	2.5	0.50	—

注：1. 单车道入口为平行式，若为直接式时，采用括号内的数值。入口为单车道的双车道匝道，其加速车道的长度应增加 10m 或 20m。

2. 分、汇流鼻端半径 r 值在设计中可取至小数点后一位，甚至均采用 0.6m，此时渐变段长度仍为表列之值。

下坡路段的减速车道和上坡路段的加速车道，其长度应按表 8-20 所列值的修正系数予以修正。

变速车道长度的修正系数　　　　　　　　　　　　　表 8-20

主线平均坡度（%）	$i≤2$	$2<i≤3$	$3<i≤4$	$i<4$
下坡减速车道修正系数	1.00	1.10	1.20	1.30
上坡加速车道修正系数	1.00	1.20	1.30	1.40

变速车道长度的选用除应符合以上规定的最小长度要求外，还应结合主线和匝道的设计速度、交通量、大型车比例等对变速车道长度进行验算，必要时增加变速车道的长度。符合下列情况者，宜增加变速车道的长度：

(1) 主线设计速度小于或等于 100km/h，且匝道的线形指标又不高时，宜采用高一个设计速度档次的变速车道长度；

(2) 主线、匝道的预测交通量接近通行能力，或载货汽车和大型客车比例较高时，宜增加变速车道的长度。

设计中应注意，尽管变速车道长度比以前增加了，但仍应使邻接变速车道的匝道部分具有较高的线形指标。在匝道上没有良好的线形和足够长的过渡情况下，不应采用过低的匝道设计速度。因为仅靠增大变速车道的长度来满足变速从容的要求未必奏效，而且往往是不经济的。

高速公路的一般路段上,设计速度越低,行驶速度越接近(甚至超过)设计速度。互通立交范围内主线的线形指标往往高于一般路段,更有超速的可能。因此,设计速度较低时,分、汇流点的速度往往高于设计速度。这一规律在我国已建的设计速度为60km/h、80km/h,甚至100km/h的高速公路已得到印证。

4. 变速车道横断面设置

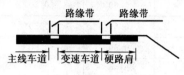

图 8-35 变速车道处断面

变速车道宜设一条车道,宽度为单车道宽,其位置自主线的路缘带外侧算起。变速车道外侧应另加路缘带、硬路肩,见图8-35。

因交通量必须设双车道变速车道时,变速车道宽度由3.5m改为2×3.5m,车道长度按表8-22有关变速车道为双车道的长度取值。

四、基本车道数和车道数的平衡

在高等级道路的较长路段内,必须保持一定的基本车道数。同时,在主线与匝道或匝道与匝道的分、合流处必须保持车道数的平衡,二者之间可通过辅助车道来协调。

1. 基本车道连续

高速公路应在全长范围内或重要节点之间的较长路段内保持固定基本车道数。在相邻的两路段间,一个方向行车道上的基本车道数的变化不得大于1。基本车道数是道路相当长的路段内根据设计交通量与通行能力分析所必需的车道数。

2. 车道平衡

在高速公路上,主线与匝道的分、汇流处应保持车道数的平衡。相邻两段在同一方向上基本车道数每次增减不得多于一条,见图8-36。

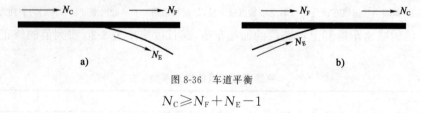

图 8-36 车道平衡

$$N_C \geqslant N_F + N_E - 1$$

式中:N_C——分流前或汇流后的主线车道数;
N_F——分流后或汇流前的主线车道数;
N_E——匝道车道数。

3. 辅助车道

在分、合流处,既要保持车道数平衡,又要保持基本车道数的连续。如果二者发生矛盾时,可通过在分流点前与合流点后的主线上增设辅助车道的办法来解决,见图8-37。

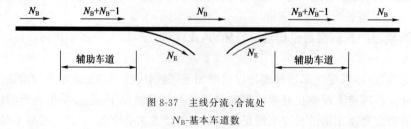

图 8-37 主线分流、合流处
N_B-基本车道数

(1)辅助车道的长度规定见表8-21。

辅助车道的长度 表 8-21

主线设计速度(km/h)		120	100	80
辅助车道长度(m)	入口	400	350	300
	出口	300	250	200
渐变段长度(m)	入口	180	160	140
	出口	90	80	70

(2)当互通式立体交叉入口与下一个互通式立体交叉出口均设有辅助车道或其中之一设有辅助车道时,若入口终点至出口起点的距离小于1 000m,则应增加辅助车道的长度,而将二者贯通。当交通量大、交织运行比例较高且增加车道的成本不高时,即使两者间距达2 000m,也宜考虑设置连续的辅助车道。

(3)辅助车道的宽度与主线车道相同,且与主线车道间不设路缘带。辅助车道右侧的硬路肩,其宽度一般与正常路段的主线硬路肩相同,用地或其他条件受限时可减窄,但不得小于1.5m。

当两个互通式立交相距很近、不能保证应有的立交间距时,可将它们组成复合立交。对于出入交通量较大的复合立交(其中一个为枢纽互通式立交时),应将辅助车道与主线采用固定隔离,形成集散车道。

在枢纽互通式立交中,交通量大的双车道匝道在分流、合流行驶时均需满足主线基本车道数连续和车道数平衡,以保证交通畅通、有序。

五、主线的分岔、合流和匝道间的分流、汇流

一条高速公路的一幅行车道分成两条连接另一条高速公路上的多车道匝道的分岔部(图8-38中的A),或者由一条高速公路分成两条高速公路的分岔部(图8-38中的A'),应按主线分岔设计。

自一条高速公路引出的两条直连式或半直连式多车道匝道汇合成为另一条高速公路的一幅行车道(图8-38中的B),或者由两条高速公路的同向行车道合并而成一条高速公路的一幅行车道(图8-38中的B'),应按主线合流设计。主线的分岔与合流部的设计应符合车道数平衡的规定。

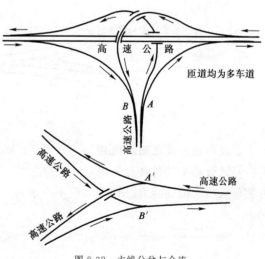

图8-38 主线分岔与合流

1. 主线的分岔和合流中的渐变段

(1)自分岔前或合流后的路幅(包括为维持车道数的平衡而增加的辅助车道)至增加或减少一条车道(两幅行车道出现公共路缘带的断面)的渐变段内,路幅宽度应线性变化;

(2)分岔和合流渐变段的渐变率分别为1∶40和1∶80;

(3)渐变段的边线及其邻接的双幅路段的边线,其线形应连续。

2.匝道间的分流和汇流中的渐变段

(1)匝道间分流、汇流前后车道数不同时,应设分流、汇流渐变段。分流、汇流渐变段的最小长度规定见表8-22。

匝道间分流、汇流渐变段的最小长度　　　　　　　　　　表8-22

分流、汇流速度(km/h)	渐变段最小长度(m)	
	分　流	汇　流
40	40	60
60	60	90
80	80	120

注:渐变段长度为行车道增加或减少一个车道和车道间路缘带宽度的线性过渡长度。

(2)在渐变段范围内行车道两边线的线形应一致,并与双幅路段边线的线形相连续。在汇流鼻后或分流鼻前,两行车道的公共铺面路段的纵面线形应一致。

(3)汇流前的匝道仅为满足超车之需而采用双车道时,宜在汇流前先并流为单车道,如图8-39所示。在并流前应设置预告标志,且在并流渐变段内的路面上画有并流标记。

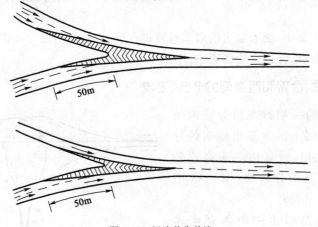

图8-39　汇流前先并流

3.相邻出入口之间的间距

高速公路上的各种相邻出口或入口之间、匝道上相邻出口或入口之间、主线上的出口至前方相邻入口之间的距离(图8-40)应不小于表8-23所列数值。

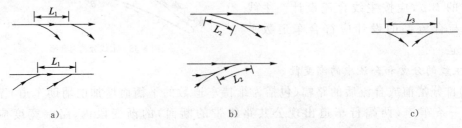

图8-40　各种相邻出口、入口之间的距离

a)主线上的相邻出口或入口;b)匝道上的相邻出口或入口;c)主线上的出口至前方相邻入口

当不能保证主线出入口间的应有距离或遇转弯车流的紧迫交织干扰主线车流时,应采用与主线相分隔的集散道将出入口串联起来。

高速公路相邻出口、入口最小间距　　　　　　　表 8-23

间距(m)			主线设计速度(km/h)	120	100	80
	L_1	一般值		350	300	250
		最小值	干线	300	250	200
			支线	240	220	200
	L_2	一般值		300	250	200
		最小值	枢纽互通式立体交叉	240	200	200
			一般互通式立体交叉	180	160	160
	L_3	一般值		200	150	150
		最小值	干线	150	150	120
			支线	120	120	100

4. 集散车道

在互通式立交内使用集散车道的特点是将交织点移出主线道路,并将多出入口形成单一出入口,所有主线出口都在互通立交之前,从而保证统一的出口型。

苜蓿叶形互通式立交中两条环形匝道的交通流就是典型实例,用集散车道将交织车流和主线车流分离,保证主线大交通量的正常运行(图 8-41)。苜蓿叶形互通式立交的环道在靠近外侧直行车道处构成交织段,在直行车道中产生相当大的加速和减速行驶使用集散车道,可将多出口形成单一出口,并将交织段转移到集散道路上。苜蓿叶形互通式立交的第二出口(环道出口)在许多情况下,往往是隐蔽在凸形竖曲线之后,视距不易保证,采用单出口设计,出口出现在上坡道上,则视距得到充分保证。

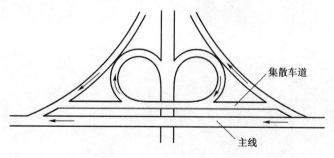

图 8-41　集散车道

设置集散型车道后,交织运行转移至集散车道,集散车道车速较主线低,交织运行在减速状态下进行,故集散车道宽度仅取决于通行能力需求。对集散车道本身车道平衡原则不作硬性规定,但在出入口处应按辅助道路的车道平衡原则,以保证交通畅通有序。

集散车道,特别是运用于一座以上互通式立交的集散车道,往往包含了多个出入口,交通流向复杂。交通标志设置不当,就会出现运行问题,故对集散车道的标志设置应给予高度重视。

集散道由行车道、硬路肩组成。集散道与主线间应设边分隔带。集散道一般为双车道；交通量较小时，非交织段可为单车道。右侧硬路肩的宽度一般为2.50m；当双车道的交通量不大于或略大于单车道的通行能力时，硬路肩的宽度可减至1.0m。

集散道与主线的连接应按出入口对待，并符合车道数平衡的原则。单车道出入口能满足交通量的需要时，可采用单车道出入口的双车道匝道的布置形式。集散道上相继入口或出口的间距，应满足匝道出入口间距的规定；入口和后继出口的间距应满足交织的需要。

第九章 高速公路路基路面设计

第一节 概 述

一、路基工程

路基作为路面的基础,与路面共同承担汽车荷载的作用。首先,路基必须具有足够的整体稳定性。在天然地表上开挖或填筑路基,必然会改变原地层的受力状态,有时可能会破坏原地层的自然平衡状态而导致路基失稳,从而导致交通阻断或引发交通事故。为保证高速公路的畅通和行车安全,必须采用一定的措施,如排水、防护、加固等,以确保路基在高速公路使用期内具有足够的整体稳定性。其次,路基应具备足够的抗变形能力。路基和路基下的土基,若在其自重或车辆荷载作用下产生较大的变形,会使路面损坏,影响路面的使用性能。为此,应采取各种有效的措施,如加固软弱地基、改善水温状况等,以控制路基和土基的变形量,给路面以坚定的支承。

路基的构造按其填挖情况,可分为路堤、路堑和半填半挖三种类型。高于原地面的填方路基称为路堤,其横断面由路基顶宽、边坡、边沟,可能有的支挡结构以及坡面防护、护坡道和取土坑等部分组成[图 9-1a];全部低于原地面的开挖路基称为路堑,其横断面由路基顶宽、挖方边坡、边沟、截水沟以及可能有的支挡结构、坡面防护、视距台、碎落平台和弃土堆等部分组成[图 9-1b];部分开挖部分填方的路基称为半填半挖路基,它兼有上述路堤和路堑的构造特点。

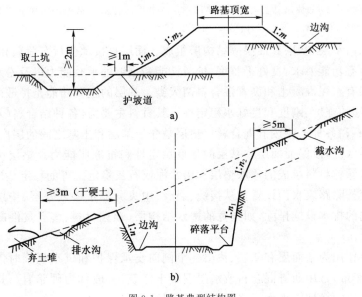

图 9-1 路基典型结构图

路基设计的主要内容为:设计路基横断面形状和边坡坡度;道路排水系统及构造物的设计;路基稳定性分析以及防护和加固设计。

二、路面工程

为了保证车辆安全高速的行驶以及乘客的舒适性和行车的经济性,路面必须具备以下特征。

1. 良好的平整度

路面不平整使行车颠簸,舒适性和速度下降,车辆运行成本增加,还可能引发交通事故,另外也将加速路面的损坏。路面良好的平整度必须靠优质的施工机具、精细的施工工艺、严格的施工质量管理和良好的养护来实现和保证。

2. 足够的抗滑能力

路面的抗滑能力是指路面与车轮之间的附着力,它是行车安全的必备条件。路面的抗滑能力可采用坚硬、耐磨和表面粗糙的集料修筑路表面层来达到,也可通过一些工艺措施,如刻槽来实现。

3. 足够的承载能力

路面结构必须具有足够强度、抗变形能力和耐久性,以保证在预定的使用期内环境(湿度和温度)和车辆荷载反复作用下不发生影响路面使用性能的结构损坏(如开裂)和过大变形积累(如沉陷、车辙)。另外,高速公路的路面还应满足低噪声、美观和雨天不溅水等要求。

路面典型结构如图 9-2 所示。

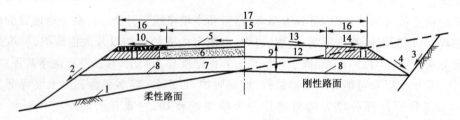

图 9-2 路面典型结构图

1-原地面;2-填方边坡;3-挖方边坡;4-边沟边坡;5-面层;6-基层;7-垫层;8-路基;9-路基结构;10-路肩面层;11-路肩基层;12-路面板;13-路面横坡;14-路肩横坡;15-路面宽;16-路肩宽;17-路基宽

路面结构层由垫层、基层和面层等结构层组成。面层直接承受行车荷载和大气作用,它必须具备路面的所有功能要求:良好平整度、抗滑性能和足够的承载能力以及密水性。高速公路的路面面层材料有水泥混凝土和沥青混合料两大类。基层的主要功能是扩散面层传下的竖向力,它应具有足够的强度、刚度和良好水稳定性。其材料主要为:各种结合料(水泥、石灰、沥青等)处治碎(砾)石和各种工业废渣混合料。垫层是介于基层和土基之间的层次,其主要作用为改善土基的湿温状况,以保证面层和基层的强度稳定性和抗冻胀能力。垫层可按材料分为由砂、砾石、炉渣等颗粒材料组成的透水垫层和由水泥或石灰稳定土等的稳定垫层。

路拱为迅速排除路表水而设置。从接缝、裂缝、中央分隔带渗入基层、垫层的水需通过设置在路面结构内的排水设施排除,如全宽的透水结构层(颗粒材料、多孔贫混凝土等),设置纵向排水管等。

路肩的主要作用为给面层和基层、垫层一个侧向支承保护和供车辆临时停靠。供车辆临停部分(紧急停车带)常用沥青混合料或水泥混凝土修筑,一般称为硬路肩。其外侧为用土填筑的土路肩。路肩的横坡应略大于路面横坡,以利排水。

路面设计的主要内容为：路面结构层的选择和组合方案的提出；各结构层混合料的组成设计；各结构层的厚度设计；方案的工程经济分析和比选，实施方案的确定。

第二节 路 基 设 计

一、路基的荷载—变形特性

路基土是非线性的弹塑体，它的应力—应变关系见图 9-3。随着应力的增大，应变速率加快，应力卸去后路基在理论上不能恢复到初始形状。习惯上仍采用表征线弹性体应力—应变关系的弹性模量表示路基土的应力—应变关系，不过它是依赖取值方法的条件模量。常用的条件模量有两个：一个是表示某一工作应力范围内应力—应变平均状况的割线模量（又称形变模量）$E_s(\sigma_0/\varepsilon_0)$；另一个是表示应力卸除阶段应力—应变平均状况的回弹模量 $E_r(\sigma_0/\varepsilon_r)$。上述两个模量 E_s、E_r 不仅与偏应力 $\sigma_1-\sigma_3$、侧限应力 σ_3 以及土的湿度和密实度状况有关，而且还是应力重复作用次数的函数。随着偏应力 $\sigma_1-\sigma_3$ 和侧限应力 σ_3 的增大，E_s 和 E_r 下降，但会随着土的压实

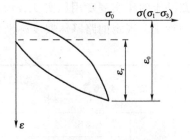

图 9-3 路基土应力—应变示意图

度的增加和含水率的减少而增加。在应力重复作用过程中，E_s 逐渐下降，但 E_r 变化不大。因此，在确定路基土形变模量 E_s 和回弹模量 E_r 时，应尽可能的依据路基土的实际湿密状况和受力条件。

路基结构的整体模量可从路基顶面的荷载—弯沉关系得到。路基顶面的荷载—弯沉关系一般通过圆形刚性承载板试验获得。路基回弹模量 E_r 是通过逐级加载—卸载法得出的荷载—回弹弯沉关系，并在地基假设为半无限弹性体的条件下得到的，即：

$$E_r = \frac{\pi p \delta (1-\mu_0^2)}{2w_r} \tag{9-1}$$

式中：p——承载板平均压强；
  δ——承载板半径；
  w_r——路基回弹弯沉；
  μ_0——路基材料的泊松比，一般在 0.3 左右。

上式中，w_r 通常取 1mm，这对于允许弯沉为 0.8～1.2mm 的柔性路面是比较适宜的；但对弯沉小很多的刚性路面来说，$w_r=1$mm 偏大了，由此得到的回弹模量是偏小的，需乘以一个扩大系数。

Winkler 假设路基表面任一点的弯沉量 w 正比于作用于该点的压力 p，其比例系数称为地基反应模量 k，即：

$$k = \frac{p}{w} \tag{9-2}$$

地基反应模量 k 值是用逐级加载法测定的。参照水泥混凝土路面下路基的弯沉和压力量，其取值条件通常规定为 $w=1.27$mm 或 $p=0.07$MPa。

测定 k 值的刚性承载板的直径为 76cm，若改用 30cm 的承载板，需乘以 0.4 加以修正。地基反应模量 k 实质上是一形变模量，若弯沉改用回弹值，则可得到地基回弹反应模量 k_r，它近

似等于 $1.77k$。

在以经验法为主的路面结构设计方法中,路基和筑路材料的抗变形能力用加州承载比 CBR 表征。CBR 为用直径 4.95cm 刚性压头直接压入路基或试件顶面,压入速度为 1.27mm/min,取压入量为 2.54mm 的压力值 p(MPa),再除以标准碎石压力值 7.0MPa 的相对值,即:

$$\mathrm{CBR} = \frac{p}{7.0} \times 100(\%) \tag{9-3}$$

路基必须充分压实,以消除在荷载和自然因素共同作用下可能出现的过量变形,提高路基的强度和刚度。土的压实度效果与土的含水率和压实功有关。在压实功一定的情况下,存在一最佳含水率 w_0,在此含水率时,可获得最大压实度。随着压实功的增大,最佳含水率减小。路基土的压实程度用压实度表示,即为土的密实度与标准击实试验获得的最大密实度的比值。现行规范规定的路基压实度标准见表 9-1。

土质路基压实度标准 表 9-1

填挖类型		路床顶面以下深度(m)	压实度(%)		
			高速公路一级公路	二级公路	三、四级公路
路堤	上路床	0～0.30	≥96	≥95	≥94
	下路床	0.30～0.80	≥96	≥95	≥94
	上路堤	0.80～1.50	≥94	≥94	≥93
	下路堤	≥1.50	≥93	≥92	≥90
零填及挖方路基		0～0.30	≥96	≥95	≥94
		0.30～0.80	≥96	≥95	—

注:1. 表列压实度以重型击实试验法为准。
   2. 三、四级公路铺筑水泥混凝土路面或沥青混凝土路面时,其压实度应采用二级公路的规定值。
   3. 路堤采用特殊填料或处于特殊气候地区时,压实度标准根据试验路在保证路基强度要求的前提下可适当降低。
   4. 特别干旱地区的压实度标准可降低 2～3 个百分点。

重型击实试验的单位实功为 $2.687\mathrm{MJ/m^3}$,它相当于 12～15t 压路机的碾压效果。

填筑路堤的理想填料为水稳定性好、压缩性小的材料,如砾石、不易风化的石块、碎石土、砾石土、粗中砂、砂性土等。黏性土在排水良好且充分压实的情况下,可作为路堤填料;极细砂、粉性土在季节性冰冻地区,需经稳定处理后方才使用;而易风化的软质岩石块、重黏土以及有机质土等不宜用作路堤填料。

二、路基边坡和稳定性

路基边坡的坡度影响路基的整体稳定性和工程量。正确确定路基边坡坡度是路基设计的重要任务。路基边坡坡度取决于边坡材料的类型和性质以及水文地质条件等自然因素。路基边坡的形状有直线形边坡、折线形边坡和台阶形边坡三种。直线形边坡适用于填高较小的路堤和单一岩层岩质的路堑;上陡下缓的折线形边坡路堤更符合受力状况,适合于中高路堤;台阶形边坡多用于高路堤,折线形和台阶形路堑适用于坡高范围内岩质和岩性不同的场合。一般来说,岩层的风化和破碎程度在浅表层比较严重,故路堑的边坡往往上缓下陡。

一般路基(小于 18m 的土质路堤,小于 20m 的石质路堤和小于 20m 的路堑)边坡坡度,可参照根据多年工程实践经验和大量研究总结得出的规范推荐值。对可能出现失稳的路基,如在山坡或垭口开挖路堑，坡体可能因失去支承而产生坍塌或滑坡；高路堤、沿河浸水路堤和软弱地基上路堤，有可能因边坡过陡、坡脚冲刷淘空或者地基承载力不足等原因，使填方土中(或连同下卧软弱土层)向下滑移，必须进行稳定性分析，以便采用适当的预防和整治措施，以确保路基的整体稳定性。

路基稳定性分析大多采用极限平衡法。该方法把下滑的土体近似为无变形的刚塑性体，并简化为平面问题，计算下滑体沿剪切面的下滑力同剪切面上材料的抗剪强度之比 F。F 就是该剪切面上的抗下滑的安全储备，称为安全系数，即：

$$F = \frac{S}{\tau} \tag{9-4}$$

式中：τ——剪切力；

S——土体抗剪强度，按摩尔—库仑定律，它可表示为：

$$S = c + \sigma_n \tan\varphi \tag{9-5}$$

式中：c——土的黏结力；

φ——内摩阻角；

σ_n——法向应力。

当土体为黏结力 c 很小的碎石、砾石、粗砂、中砂等透水性材料时，剪切滑动面近似为平面；对于黏结力 c 较大的黏性土，剪切滑动面可假设为圆弧面。实用的分析方法为条分法，由于该问题是超静定的，通常需进行某些简化，常用的近似方法为：

①不考虑土条两侧力的 Fellenius 法；

②计入土条侧向水平力但忽略其作用位置和竖向摩阻力的 Bishop 法；

③土条侧向合力假设平行于上侧土条滑动面的传递系数法。

上述三种方法中，Fellenius 法（图 9-4）应用最广，求得的安全系数通常较后两者小些，它的安全系数 F 的计算式为：

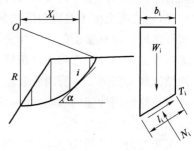

图 9-4 Fellenius 法

$$F = \frac{\sum\limits_{i=1}^{n}(cl_i + w_i\cos\alpha_i \cdot \tan\varphi)}{\sum\limits_{i=1}^{n} w_i \sin\alpha_i} \tag{9-6}$$

在上述计算式中，土体的剪切强度可分为不排水剪切强度和排水剪切强度两种。前者适用于饱和土和短期稳定性分析；后者用于分析中长期的路基稳定性。一般来说，路堤的危险期是短期的，而挖方边坡较危险，是长期稳定的。

对于浸水路堤，需考虑水的浮力和水头差引起侧向水平力，在地震设防区需考虑地震的水平惯性力。在未知剪切面的场合，一般假设几个可能的剪切面，分别求得各自的安全系数。安全系数最小的剪切面为危险剪切面。公路路基稳定性的安全系数最低为 1.25～1.50，失稳带来后果严重者取上限。计入最大地震力时，安全系数的最低值可降为 1.00～1.20。对于安全系数不能满足设计要求，或出现失稳征兆和已发生失稳的路基，预防和整治措施主要为：

①削坡减载。减缓边坡坡度，改用台阶形边坡，以减少滑动力。

②反压护道。在坡脚压载，增加抗滑力矩。

③完善排水系统。设置良好的地面和地下排水系统,疏干滑坡体,提高土体的抗剪强度。

④支挡结构。在滑动土体的下部设置石垛、挡土墙或抗滑桩等结构物,以增加滑动土体的抗剪力。

三、软土路基的路堤

路堤应修筑在具有足够承载力和低压缩性的地基上,如基岩、砾石土、砂土和低饱和度的黏性土地基。对于多见于沿海、滨湖、江河三角洲的低承载力和高压缩性的软弱地基,在选线时,应严格控制路堤高度,在可能的情况下应避开。这对于高速公路而言,由于平面线形、纵坡以及众多下穿结构物和桥梁的限制,是难以做到。在软弱地基上修筑路堤,需对地基进行钻探,确定软弱土层的分布情况以及其物理力学性质,据此分析地基的承载能力和可能的沉降量;若不能满足高速公路的要求,则需加以处理。

地基承载能力不足的主要处理措施可分为三类:增加稳定力矩以平衡主路堤滑动力矩的措施,如减缓路堤边坡和反压护道法等;利用土体排水固结提高软弱土层抗剪强度的技术措施,如慢速、分期填筑路堤和竖向排水法等;置换和直接加固软弱层的措施,如置换法、挤密桩、粉喷桩、石灰桩法等。第一类措施需占用大量的土地且要求有廉价的填料。第三类措施适用于软弱土层较薄且埋深较浅的场合,尤其是置换法。另外,有一些技术措施兼有两类措施的功效,如强夯法,对于杂填土、砂土,它的主要作用是挤密,而对于黏性土,它的主要作用是固结。

软土地基在路堤荷载作用下的沉降可分为施工期沉降和施工后沉降两部分。对道路使用性能有不利影响的主要是工后沉降中的不均匀沉降,更准确地说是路面结构大修期内的不均匀沉降,它主要发生于路堤与结构物(桥、涵洞、下穿通道等)交接处。在分析地基沉降时,地基不同深度因路堤自重引起的附加应力,按半无限弹性体上作用梯形条形荷载模型计算。地基沉降计算通常用分层总和法。沉降可分为再固结沉降 s_r、不排水剪切沉降 s_u、主固结沉降 s_d 和次固结沉降 s_s 四部分。前两者发生于路堤填筑期,仅对施工有影响。欲正确地估计软土地基沉降对道路使用性能的影响,还需详细地研究沉降速率,软土沉降速率取决于土体的渗透系数和排水路径。

沉降处理措施可分为两类:加速土体工前沉降,以减少工后沉降量,如加载预压、竖向排水和挤密砂桩等;减少总沉降量类,如挤密桩、石灰桩、粉喷桩和置换法等。后一类主要适用于弱软土层较薄且埋深较浅的场合。在沉降处理时,处理的标准——允许工后沉降量是关键。

在无承载力及沉降问题的地基,其顶面的杂草、树根和耕植土应清除,滞水排尽,以保证路堤底部干燥、稳定和坚实。地基为斜坡时,应开挖台阶,以防路堤沉坡下滑,当斜坡度超过1:2.5时,应进行稳定性验算。

四、路基防护加固

路堤和路堑边坡的坡面暴露在大气中,受到自然因素(水、温、风)反复作用,如干湿变化、冻融、冲刷和风蚀等。坡面可能出现剥落、碎落、冲刷或表层土溜坍,严重的会导致坍塌而使路基失稳。为此,在路基施工后应及时进行坡面防护。常用的防护措施有:

①植物防护。植草和种树,它能阻止风蚀和抗流速1.2~1.8m/s水流的冲刷。

②砌石护坡。对较陡的土质边坡和易风化或破碎的岩质边坡,可采用干砌和浆砌护坡,干砌片、块石的不冲刷容许流速为2~4m/s,浆砌的容许流速为4~8m/s。

③抹面。用于夹有易风化的软质岩层的路堑坡面,以防止软质岩层继续风化。

④护墙。用以防护坡度较陡的土质和易风化剥落及节理发达的岩质路堑边坡,避免进一步风化而出现崩塌和剥落。

⑤坡脚抛石。适用于水流平顺、无严重局部冲刷的浸水路堤边坡和河岸,容许流速为 3m/s。

⑥浸水挡土墙。用于峡谷急流、水流冲刷严重的地段,容许流速为 5~8m/s。

在受地形、地物或占地等限制而需收缩坡脚,或因放坡工程量过大、急流冲刷以及坡体有失稳危险时,应考虑设置挡土墙。挡土墙的类型很多,按支挡机理可分为:常见利用墙的质量和刚度阻挡土体下滑和倾覆的外部支挡系统;近 20 年发展起来的对可能滑动的土体内部和外侧进行加筋,并利用加筋单元同土(填料)之间的摩阻力和被动抗力稳定土体的内部稳定系统;不常见的上述二系统组合的杂交系统。在选择挡土墙类型时,应综合考虑使用场合的特点和要求、工程造价、结构的可靠性和耐久性以及美观等因素。

常用的挡土墙有:

①重力式挡土墙。墙身一般用片石或块石浆砌或干砌而成,它是依靠污工墙体自重抵抗墙后土体的侧向土压力。其自重很大,对地基要求较高。

②钢筋混凝土悬臂式和扶臂式挡土墙。悬臂式挡土墙由立墙、墙趾和墙踵板三个悬臂组成,主要依靠墙踵板上填料自重支挡墙后土体。当墙身高于 6m 时,因立墙与墙踵交接处的力矩较大而需加设连接立墙与墙踵的扶壁,成为扶壁式挡土墙。这两种挡土墙自重较小,对地基强度的要求较低。

③垛式挡土墙。用混凝土或木材等梁杆件纵横交错拼装箱状框架结构,内填土或石块,依靠杆件的侧限作用使其形成一整体,以抵御墙后土体侧向推力。它是一种柔性拼装结构,具有透水性,能适应复杂地形、不均匀沉降和坡体移动等情况。

④笼式挡土墙。用铁丝或竹片编成笼子,内填块石,然后堆叠成墙。其结构和用途与垛式挡土墙相近。

⑤锚固式挡土墙。通过埋设在破裂面外侧稳定区土体内的锚杆或锚定板等所提供的抗拔力或被动土抗力,支持墙面抵抗下滑土体的侧向推力。它属轻型结构,适用于地基不良处。

⑥加筋土挡土墙。加筋土是由各种加筋材料(金属的和非金属的,形状有条带、网格板和纤维状等)和土组成的一种复合材料。它依靠加筋材料同土之间的摩阻和黏附等作用,使其整体具有承受拉应力的能力。利用加筋土和各种墙面材料修筑的挡土墙称为加筋土挡土墙。

⑦钉土。用强制送入的方式对现场土进行加筋而形成的筋土挡土墙,常用于支挡土质和风化较严重岩质挖方坡体,加筋材料常用钢筋等金属杆,用打入或灌入的方式送入预先钻好孔中,然后用膨胀水泥浆填满,表面用铁丝网加筋的薄层喷浆混凝土覆盖,在隧道工程中也常使用。

上述前五种挡土墙属外部支挡系统,后两种为内部稳定系统。

挡土墙后侧的土压力是挡土墙设计或稳定性分析的主要依据。目前,通用的计算方法为库仑(1776 年)和朗金(1857 年)提出的库仑土压力理论和朗金土压力理论。它们假设的共同点为:不考虑墙长的方向差异的平面问题;采用摩尔—库仑强度理论;填料为无黏性的粒料,表面是平面。两者的不同点为:库仑土压力理论考虑墙背倾斜角以及墙与填料之间的摩阻力,而朗金土压力理论不考虑。两者相比之下,朗金土压力理论计算较为简便,结果也偏保守。

对于外部支挡系统的挡土墙,需进行以下四个方面的稳定性校核:

①滑动稳定性——土水平推力是否超过允许的基底摩阻力。

②倾覆稳定性——在墙后土压力作用下，墙体是否会绕墙趾倾覆。

③偏心距验算——基底合力偏心距不宜过大，以免引起过大的不均匀沉陷。

④基底应力验算——基底的最大应力不得大于地基的容许承载力。

在地基强度较小或下有软弱夹层的场合，还需对坡体是否可能出现连同挡土墙一起失稳（坡体的剪切滑动区在挡土墙基础之下）进行验算。对于内部稳定系统挡土墙，除了进行如上外部稳定性验算之外，还必须进行内部稳定性分析。例如，对于加筋土挡墙而言，需要进行：

①加筋的抗拔力验算——加筋在填料内的抗拔力是否足以抵抗土的侧向推力，而不致使拉筋从抗力区被拔出。

②加筋强度验算——加筋具有足够的抗拉强度，以承受填料传力的拉应力而不发生断裂。

③加筋的耐久性分析——保证加筋土结构在设计使用年限内具有良好的整体性。

五、路基排水

路基的各种病害和过大变形均与水的浸湿和冲刷等作用有关。消除或减轻地表水和地下水的危害作用，使路基处于干燥状况，是路基排水设计目的，也是保证路基稳定性和给路面提供一个坚实基础所必需的且经济的途径和措施。路基排水设计的任务为：拦截并排除或拦蓄路基上方的地表水和地下水；汇集路基范围内的地表水，并引导和宣泄至路基下方；对路基上方和路基范围内宣泄下来的水流进行引导，以免冲刷路基坡脚。常见排水设施有截水沟、边沟、排水沟、阻水堤、蓄水池、明沟、渗沟、涵洞等。这些设施的具体设计包括两部分内容：汇水面积确定和设计流量估计；水力计算和结构设计。

路基排水应考虑农田排灌和水土保持的要求，其系统必须与河道整治工程相协调。大交通量公路的路表水最好不要直接排放至河道，尤其是靠近饮用水的原水取水口处，应考虑设置一级污水处理池对路表水进行处理，沉淀轮胎与路面的磨耗物，当载运危险品车辆出现泄漏等事故时，可及时关闭污水处理出口，避免污染河道和饮用水源。

第三节 路面设计

一、路面材料的力学性能

路面材料在车辆荷载和环境因素作用下所呈现的变形和强度性质，对路面的使用性能和寿命起着决定性的作用。路面材料主要有三大类：粒料、沥青混合料、水硬性混合料。

粒料是指未经结合料处治的颗粒状材料，如碎石、砾石、天然砂砾、炉渣等，常用于修筑底基层和垫层。粒料的回弹模量 E_r 随主应力增大、侧限应力减小而下降，随其密实度的增大与含水率的减小而增加，其变化范围为 $100\sim700\text{MPa}$。粒料的泊松比 μ 在 $0.30\sim0.35$。粒料层在应力重复作用下的塑性应变，在粒料级配良好且主应力较小时可渐趋于稳定。

沥青混合料的应力—应变关系与温度和荷载作用的时间有关。在低温时，沥青混合料呈现弹性；在常温和高温时，则变为弹—黏性或弹—黏—塑性体。沥青混合料在给定温度 T 和加荷时间 t 的应力—应变特征用劲度表示，即：

$$S_{t,T} = \left(\frac{\sigma}{\varepsilon}\right)_{t,T} \tag{9-7}$$

沥青混合料的劲度常用测定方法和表征值为：

①蠕变模量试验。静态常应力加载,圆柱体试样,得到蠕变模量 $E_c(\sigma/\varepsilon_t)$。

②动态模量试验。正弦波重复加荷,圆柱体试件(压缩或劈裂)或梁试件(弯曲),得到复数模量 $E^*(\sigma_0/\varepsilon_0)$。

③回弹模型试验。间歇式正弦或梯形波加荷,圆柱体试件(压缩、劈裂)或梁试件,得到回弹模量 $E_r(\sigma_0/\varepsilon_r)$。

蠕变模量用于分析沥青路面的车辙量,而复数模量和回弹模量用于以弹性理论为基础的路面结构分析。

沥青混合料的劲度除了主要受温度和加荷时间影响之外,还与沥青含量,沥青的劲度,集料数量以及集料的类型、形状、结构和级配,混合料的空隙率,侧限条件等因素有关。美国Shell 公司和美国沥青协会(AI)在大量试验的基础上,提出了预估沥青混合料劲度的诺谟图和公式。这两个成果,经常被用于估算沥青混合料的劲度。

沥青混合料的抗剪强度可由三轴压缩试验获得,并常用摩尔—库仑强度理论分析强度构成,用于检验在较大水平力作用下,沥青面层是否会因抗剪强度不足而出现推移等破坏。沥青混合料的抗拉强度通过直接拉伸或劈裂试验测定,用于分析沥青面层是否有足够的能力抵抗车辆紧急制动引起的径向应力和温度骤降引起收缩拉应力,而不致出现断裂破坏。在正常行驶车辆荷载的作用下,沥青面层受力特征是弯拉变形,由于车辆荷载的反复作用,必须研究沥青混合料的弯拉疲劳特性。沥青面层的疲劳寿命主要取决于材料所受到的最大拉应变值。一般来说,沥青含量多、针入度低和空隙少的密实型沥青混合料对疲劳开裂的抵抗能力强,使用寿命长。沥青混合料疲劳试验有控制应力和控制应变两种试验方法。常用的疲劳方程形式(Monismith 提出)为:

$$N_f = K\varepsilon_r^{-a} S_m^{-b} \tag{9-8}$$

式中: N_f——疲劳寿命;

K、a、b——由试验确定的系数。

水硬性混合料有石灰稳定类(石灰土、石灰—粉煤灰稳定粒料,后者俗称二灰碎石或三渣等),水泥稳定类(水泥土、水泥处治粒料等),工业废渣混合料和水泥混凝土等。它们的应力—应变特征基本相同,在加载前期(小于极限强度的 50%～60%),应力—应变关系可近似为线弹性,后期则呈现非线性。这些材料强度和模量用压缩(单轴和三轴)试验、小梁弯曲或劈裂试验测定。弯曲强度 σ_f 明显低于抗压强度 σ_c,σ_f 一般只有 σ_c 的 10%～15%,它们的弹性模量也不相同。一般情况下,石灰稳定类的弯曲模量比其压缩模量高些,而水泥稳定类的弯曲模量要比其压缩模量稍小些。泊松比在 0.15～0.35。它们的弯曲疲劳寿命主要决定于荷载应力与其强度之比值,可统一用以下形式表示:

$$\frac{\sigma}{\sigma_f} = A - B(1-R)\lg N_f \tag{9-9}$$

式中: σ——疲劳弯曲强度;

R——高低应力比;

A、B——回归系数,A 接近 1,B 为 0.6～0.8。

影响水硬性混合料强度和模量的因素有结合料的含量和活性、集料(或土)的组成、拌制均匀性和压实程度以及龄期。随着龄期的增长,水硬性混合料的强度和模量有明显增大的趋势,其中石灰稳定类的增长速率高于水泥稳定类和水泥混凝土的增长速率。

沥青路面的低温缩裂、高温推挤，水泥混凝土路面的翘曲变形、胀曲与路面材料的热力学性能有关。路面材料的辐射热吸收率α_s、导热系数λ和导温系数α的代表性见表 9-2。沥青混凝土的线膨胀系数为$(2～3)×10^{-5}/℃$。水泥混凝土线膨胀系数为$(0.7～1.2)×10^{-5}/℃$，当集料为石英砂、砂岩时较大，为石灰岩时较小。

路面材料的热特性参数　　　　　　表 9-2

材　　料	辐射热吸收率α_s (%)	导热系数λ [W/(K·m)]	导温系数α (m^2/h)
水泥混凝土	0.6	1.3	0.0028
沥青混凝土	0.9	1.0	0.0021
砂、碎石		1.2	0.0030
各类土		1.2	0.0030
石灰土、三渣		1.0	0.0026
炉渣		0.5	0.0020

二、路面设计理论

路面结构的设计方法有经验法和理论法两大类。经验法的代表为 CBR 法和 AASHTO 法，它们是基于试验路的观测得出的，应用至与试验路条件（路面结构、材料、环境和施工技术）不同处，其精度和可靠性难以保证。近年来，世界各国的路面结构设计方法都朝着理论法演变。理论法就是通过力学分析，求得路面结构层在车辆荷载和环境（温度）作用下所产生的应力、应变和位移量，再与路面材料的抵抗应力、应变和位移的能力相比较，以判断路面结构是否能满足使用要求。

路面结构的构造比较复杂，材料大多为非线性的弹—黏—塑体，加上车辆荷载的不确定性和复杂的环境条件，想建立一个"包罗万象"的力学分析模型是很难做到的。因此，需采用某些假设，以简化力学模型，对那些被忽略的或理想化的误差，通过各种试验对理论解进行修正来弥补。目前，常用的路面结构力学分析理论为层状弹性体系和弹性地基上薄板理论两种。

层状弹性体系采用的假设为：

①各层由均质、各向同性、无质量的线弹性材料组成，其力学参数为弹性模量E_i和泊松比μ_i；

②最下层为水平方向无限的半无限体，其上各层为水平向无限但竖向同厚（h_i）；

③各层间应力和位移完全连续，或竖向应力和位移连续，但水平力为零；

④最下层无限深处的应力和位移均为零。

力学图式如图 9-5 所示。尽管有上述四个近似假设，但层状弹性体系的求解仍十分复杂，需依赖计算机，荷载图式只仅限于圆形、碗形等几个特例。

弹性地基上薄板是世界各国刚性路面设计方法中力学计算的主要理论。它的假设为：

①路面板为等厚的弹性体，其力学参数有弹性模量E、泊松比μ和厚度h；

②竖向应变ε_z可以忽略；

③法平面在变形前后均保持平面并垂直中面，即$\gamma_{xz}=\gamma_{yz}=0$；

④板中面无水平位移，即 $\mu'=v'=0$；
⑤地基与板之间无摩阻力，竖向完全接触。

地基的假设有两种：Winkler 地基假设 $p(x,y)=kw(x,y)$；半空间地基假设 $p(x,y)=f[w(x,y)]$。力学图式如图 9-6 所示。在上述假设下，弹性地基上薄板的挠曲面微分方程为：

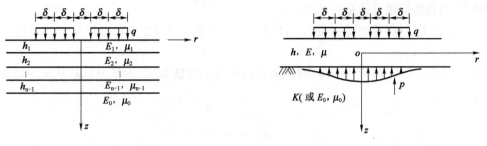

图 9-5　层状弹性体系　　　　　　图 9-6　弹性地基上薄板

$$D\nabla\nabla^2 w = q(x,y) - p(x,y) \tag{9-10}$$

式中：D——板的弯曲刚度，$D=Eh^3/12(1-\mu^2)$。

弹性地基薄板的解析法目前仅能分析荷载位于板中的情况，Westergaard 用级数解得出了 Winkler 地基上薄板在三种典型荷位（板中、板边、板角）的板内最大挠度和弯矩的近似公式。地基塑性脱空，接缝的传荷效应作用和半空间地基板的板边、板角受荷等情况，有些可采用近似法（如有限元）分析，有些尚需经验判断。

路面材料在温度变化时会发生胀缩变形，当胀缩变形受到约束时，结构内部就产生内应力。在完全被约束的场合，如无裂缝的柔性路面，温度引起胀缩应变 ε_t 全部转变为结构的内应力 $\sigma_t(E_t\varepsilon_t)$。这时，弹性模量 E_t 因变温时间相对较长而要比用于分析荷载应力的值小一些。当结构有接缝、裂缝，如刚性路面和已有裂缝的柔性路面，结构将出现一些有限制的伸缩和翘曲变形，内应力也将重分布。伸缩应力的计算通常近似为一维静力问题，外力为基层的摩阻力；柔性路面的翘曲变形一般视为完全约束，刚性路面板的翘曲应力对结构的影响较大，在板较薄和温度梯度较大时，其值可能会超过荷载应力。Winkler 地基薄板的翘曲应力有较为简单的解析解，但半空间体上薄板的温度翘曲应力尚无解析解，可用有限元法计算。

三、沥青路面结构设计

高速公路的沥青路面在行车荷载和环境的重复作用下结构的主要损坏有：

(1) 车辙。车辙多发于交通渠化程度较高和荷载较大的匝道和外侧慢车道，是路基和路面塑性变形（压密、剪切和沥青蠕变）逐步积累的结果。

(2) 疲劳开裂。疲劳开裂是由于荷载作用下路面底面产生的弯拉应变（或应力）超过材料的疲劳限度所引起的，一旦产生，路面结构整体性将破坏，裂缝渐张开而形成网裂和龟裂。

(3) 反射裂缝。水泥和石灰稳定类半刚性基层，由干缩、温缩而产生的横向收缩裂缝，反射至面层。

(4) 低温开裂。面层材料的抗拉强度不足以抵抗因温度骤降引起拉应力，从而引起横向断裂。

(5) 推移、拥包。在承受较大水平力（经常起动和制动）的路段，如收费口、匝道出入口，因沥青面层的抗剪强度不足而发生剪切或拉裂破坏，逐渐形成推移和拥包。

在上述结构损坏类型中，有些损坏是关联的，如反射裂缝与低温开裂，有些在形态上十分接近,如初期的车辙和推移。常见的影响沥青路面使用性能的损坏还有:因路基过于较弱或翻浆以及路基压实不足而引起路面沉陷变形;面层材料组合不当或施工质量差引起的面层松散、坑槽、泛油和剥落损坏。

在我国现行的《公路沥青路面设计规范》(JTG D50—2006)中,路面结构简化层间连续的层状体系,沥青路面设计指标有两类三项:

①路表弯沉指标:控制路基路面结构总变形,以防止出现沉陷、车辙等整体强度不足的损坏。

②层底拉应力指标:防止路面结构(沥青面层和半刚性基层)因疲劳抗拉强度不足而出现的疲劳开裂,即:

$$l_s \leqslant l_d$$
$$\sigma_{m1} \leqslant \sigma_{R1} \quad (9-11)$$
$$\sigma_{m2} \leqslant \sigma_{R2}$$

对路表弯沉的层状体系解的试验表明,由层状体系假设和材料模量测定和取值方法引起的偏差可乘上一个综合修正系数 F 加以修正。F 的回归方程为:

$$F = 1.63 \left(\frac{l_s}{2\,000\delta}\right)^{0.38} \left(\frac{E_0}{p}\right)^{0.36} \quad (9-12)$$

式中:l_s——路面实测弯沉(0.01mm),设计时可用 l_d 代替;

E_0——土基回弹模量(MPa)。

沥青面层层底拉应力 σ_{m1} 和半刚性基层的层底拉应力 σ_{m2} 尚无系统的试验验证,故取其理论值。

对于高速公路而言,l_d、σ_{R1} 和 σ_{R2} 的表示式为:

$$l_d = 600 N_e^{-0.2} A_b \quad (0.01\text{mm})$$
$$\sigma_{R1} = 11.1 N_e^{-0.22} \cdot \sigma_{sp1} \quad (\text{MPa})$$
$$\sigma_{R2} = A N_e^{-0.11} \cdot \sigma_{sp2} \quad (\text{MPa}) \quad (9-13)$$

式中:l_d——20℃时沥青路面设计弯沉值(0.01mm);

A_b——路面结构类型系数,半刚性基层沥青路面 $A_b=1.0$,柔性基层沥青路面 $A_b=1.6$;

σ_{sp1}——15℃的沥青混合料劈裂强度;

σ_{sp2}——6个月龄期(石灰稳定类)或3个月龄期(其他)的劈裂强度;

A——为稳定粒料时,$A=2.86$,为稳定土类时,$A=2.22$;

N_e——设计车道上标准轴载在使用年限的累计作用次数,不同轴载之间的当量换算式为:

$$N_e = C_1 C_2 \left(\frac{P_i}{P_s}\right)^a n_i \quad (9-14)$$

式中:P_s——标准轴载;

P_i、n_i——换算轴载和作用次数;

C_1——轴数系数;

C_2——轮组系数;

a——换算指数。

当为弯沉和沥青面层弯拉指标时,$C_1=1+1.2(m-1)$,单轮 $C_2=6.4$,双轮 $C_2=1$,四轮组 $C_2=0.38$,$a=4.35$;当为半刚性基层拉应力指标时,$C_1=1+2(m-1)$,单轮 $C_2=18.5$,双轮

$C_2=1$,四轮组 $C_2=0.09, a=8$。

上述规定也有其局限性,采用的层间连续假设在实际中是难以保证的。

《城市道路设计规范》(CJJ 37—90)中还增加了剪切指标,以控制高温时沥青混凝土面表面材料不因抗剪能力不足而造成推挤等破坏,即:

$$\tau_a \leqslant [\tau] \tag{9-15}$$

$$[\tau] = (c + \sigma_a \tan\varphi)/k_v \tag{9-16}$$

式中:c, φ——分别为沥青混凝土的黏结力和内摩阻角,在紧急制动时,c 取动载黏结力,约为静载黏结力的 2 倍;

k_v——安全系数,在停车站、交叉口等处,$k_v = 0.39 N_c^{0.15}$(N_c 为停车站或交叉口设计年限内的同一位置停车的标准轴载累计数),对于突然紧急制动,$k_v = 1.41$。

沥青路面的结构层次组合设计,应根据面层的使用要求,综合考虑当地的环境条件、材料来源和施工经验等因素。我国高速公路沥青路面的典型结构如图 9-7 所示。沥青面层宜采用双层结构,上层为抗滑耐磨的磨耗层,常用中粗式或细粒式沥青混凝土;下层为抗剪能力强的联结层,常用粗粒式或中粒沥青混凝土,双层的总厚度应大于 15cm。基层必须有足够的强度、刚度和水稳定性,常用石灰、水泥稳定类的半刚性混合料。在路基水文条件较差、承载力不足或防冻要求不能满足时,应设置垫层。

图 9-7 我国高速公路沥青路面的典型结构

四、水泥混凝土路面结构设计

水泥混凝土路面结构在行车荷载和环境因素作用下的主要损坏为:

(1)因应力超过混凝土强度而出现的板断裂。过大应力可能是板厚度不足、轮载过量、地基脱空、板平面尺过大或切缝过迟等原因引起的。

(2)唧泥和错台。嵌缝料失效,路肩不透水或排水不畅且基层抗冲刷能力差,雨水沿缝下渗,基层被冲刷而引起唧泥,严重时接缝两侧出现错台。

(3)因传力杆定位不准或不能正常滑动,杂屑落入嵌缝料脱落的缝隙,使混凝土胀缩时应力过大而碎裂。另外,较常见的病害为混凝土配合不当或施工质量差引起的起皮、麻面、露石、磨光等表面损坏。

水泥混凝土路面结构设计是以控制混凝土面层板在车辆荷载和环境因素重复作用下不出现疲劳开裂作为设计标准的。现行设计规范的设计标准表达式为:

$$\gamma_r(\sigma_{pr} + \sigma_{tr}) \leqslant f_r \tag{9-17}$$

式中:γ_r——结构可靠度系数,施工质量"低"变异时为 1.20～1.33,"中等"变异时 1.33～1.50;

f_r——混凝土设计抗弯拉强度;

σ_{pr}——荷载疲劳应力;

σ_{tr}——温度疲劳应力。

荷载疲劳应力 σ_{pr} 和温度疲劳应力 σ_{tr} 的计算式为：

$$\sigma_{pr} = k_j \cdot k_f \cdot k_c \cdot \sigma_s$$
$$\sigma_{tr} = k_t \cdot \sigma_{tm} \tag{9-18}$$

式中：k_j——接缝传荷系数，当设拉杆的平口纵缝或无传力杆的缩缝时，$k_j=0.87\sim0.92$，不设拉杆的平缝或自由边时，$k_j=1$；

k_f——疲劳系数，$k_f = N_e^{0.0516}$；

N_e——当量累计作用次数；

k_c——考虑超载、动荷等因素的综合系数，高等公路的 k_c 为 $1.45\sim1.35$，交通等级重则取上限；

σ_s——标准轴载在临界荷载处(纵缝为企口加拉杆和横缝为自由边时位于横缝中部边缘，其他为纵缝中部边缘)；

k_t——温度应力疲劳系数，它与所在地区以及 σ_{tm}/f_r 有关；

σ_{tm}——最大温度梯度时温度应力。

不同轴载的等效换算公式为：

$$N_s = \delta_i \left(\frac{P_i}{P_s}\right)^{16} N_i \tag{9-19}$$

式中：δ_i——轴型系数，单轴—双轮时，$\delta_i=1$，单轴—单轮、双轴—双轮、三轴—双轮时如下：

$$\delta_i = \begin{cases} 2.22 \times 10^3 P_i^{-0.43} & \text{单轴 — 单轮} \\ 1.07 \times 10^{-5} P_i^{-0.22} & \text{双轴 — 双轮} \\ 2.24 \times 10^{-8} P_i^{-0.22} & \text{三轴 — 双轮} \end{cases} \tag{9-20}$$

式中：P_i——轴载总重(kN)。

水泥混凝土路面对路基的主要要求是均匀性和水温稳定性，对强度和刚度的要求较低，对不均匀支承路基上，应加设垫层。对基层和垫层的要求为：抗冲刷能力强或透水；控制和减少路基可能出现的不均匀变形，如冻胀；提供一个稳定和坚实的施工工作面。

在高等级重交通的道路上，基层一般选用水泥或沥青稳定粒料或贫混凝土。面层的类型有：

①素混凝土面层，现浇或上层现浇、下层碾压混凝土；

②钢筋混凝土面层，常见用于板下埋有地下设施或结构物、板平面形状不规则等处；

③连续配筋混凝土面层，国外在高等级道路上应用较多；

④钢纤维混凝等。

对于因地基脱空(地基不均匀沉降或基层被冲刷引起)造成的断裂，可通过对路基、基层、垫层采用适当的结构措施加以避免和控制；因干缩和温缩的板断裂，可通过缩短板长，严控锯缝时间予以预防。唧泥和错台损坏，除了采用排水基层、耐冲刷基层和增强接缝传荷能力等结构措施之外，还可能通过增加板厚和基层刚度减小板边缘和角隅处的挠度，从而降低基层的塑性变形量和脱空量来加以控制，即可增补一个挠度控制标准(板边角隅处轴载产生的挠度量 w 不大于容许挠度量 w_r)。

除连续配筋混凝土面层之外的其他面层,均需设置接缝,以避免因干缩和温度变化引起的胀缩和翘曲变形所导致的板断裂,并应满足施工要求。接缝的类型有横向缩缝、胀缝、施工缝和纵缝四种。缩缝有假缝和设传力杆假缝两种形式:前者靠断裂面集料嵌锁传递荷载;后者靠传力杆传递。胀缝为内留空隙并加传力杆的横缝,现只在小半径平面曲线和结构物交接处设置。施工缝为贯穿不留空隙且加设传力杆的横缝。纵缝为设拉杆的平口或企口缝形式,拉杆必须提供足够抗拉力以克服板块收缩时板与地基间的摩阻力。接缝的槽口必须用不透水、耐老化和与混凝土表面黏附牢的嵌缝料填封,以免杂物掉入和水渗入。常见的嵌缝料为硅胶类、沥青橡胶类、聚氨酯类等。

五、路面排水设计

高等级公路的路面排水系统是非常重要的,它一般由中央分隔带排水、路表排水、结构层内排水和路肩排水等组成。中央分隔带排水设施由明或暗排水沟、渗沟、雨水井、集水井和横向排水管等组成。路表排水有路面横坡、拦水带(矩形边沟)、泄水口和急流槽等设施。当基层为透水结构且贯穿路堤时,路肩只需设置横坡;当基(垫)层为透水结构、不贯穿路基时,路肩下应加设纵向集水管;当基(垫)层不透时,路肩下层应为透水结构,收集渗入路面并沿不透水基(垫)层界面流向路肩的水以及设置纵向集水管,在透水结构的下方和侧面应设置过滤层以免细料流失。

六、路面使用性能评定和加铺层设计

路面平整度的测定方法有断面类(水准测量,梁式断面仪和惯性断面仪等)和反应类两种类型。常用的评价指标为国际平整度指数 IRI(m/km),它是具有特定特征的悬拉在行驶距离内由动态反应产生的竖向累计位移量。高速公路的 IRI 最低限在 5.0m/km 左右。

路面抗滑性能的评定方法和指标为:
①制动距离法和制动距离数 SDN;
②锁轮拖车法和滑移指数 SN;
③偏转轮拖车法和侧向力系数 SFC;
④摆式仪法和抗滑值 SRV。

我国常用指标为 SFC 和 SRV,高速公路的沥青面层的验收标准为:SFC≥54,SRV≥45。从路面结构而言,抗滑性能取决于路表面集料的粗糙度(细构造)和路面构造深度 TC(粗构造),因此对集料的磨光值 PSV(表征集料粗糙度的耐久性)和构造深度 TC 最低指标作出了规定,即沥青路面:PSV≥42,TC≥0.55mm;水泥路面:PSV≥45,TC≥0.8~1.0mm,在立交、变速车道等处上限。

路面损坏状况通常用损坏类型、严重程度和范围三个方面来表征。评价指标常用路面状况指数 PCI。它是根据对路面使用性能、结构整体性和养护成本的影响程度,给不同损坏类型、严重程度和范围赋以不同的权数,然后按路面损坏状况进行累计扣分,其剩余值即为 PCI。仅需日常养护的路面,其 PCI 应大于 80(百分制)

当路面平整度、抗滑性能或路面损坏状况不能满足使用要求,应进行路面改建,在旧面层上铺设加铺层。原沥青路面一般加罩沥青层,水泥混凝土路面可加铺沥青层或水泥混凝土层。

原沥青路面和水泥混凝土路面上加罩沥青层的结构设计方法基本相同,即将旧路面视为半空间体的地基,通过弯沉测定得到其回弹模量,然后按前述沥青路面设计方法确定加铺层的

厚度。在加铺之前,对原路面的严重结构损坏(如松散、坑槽、基层脱空、张开裂缝等),应先予处理。加罩沥青面层的关键技术是如何防止和延缓旧路面结构上接、裂缝反射至沥青面层。常见的技术措施有:

①增加沥青加铺层的厚度;
②在加铺层内设置橡胶沥青应力吸收层、玻璃纤维格栅或者土工织物夹层;
③沥青加铺层的下层采用由开级配沥青碎石组成的裂缝缓解层;
④在沥青加铺层上,对应旧混凝土面层的横缝位置锯切横缝。

水泥混凝土加铺层应视原路面的完整情况,选择分离式或结合式加铺结构。结合式加铺的接缝应与旧混凝土板的接缝对齐。加铺层厚度设计一般可采用等刚度原则,将新、旧混凝土板换算成等效单层路面板,再按式(9-17)进行。

第十章　高速公路交通安全

交通事故是一种世界性的公害,世界卫生组织和世界银行在2004年《世界预防道路交通伤害报告》中指出,估计全球每年大约有120万人死于道路交通伤害,每天的死亡人数达到3 242人,此外每年有2 000万～5 000万人因交通事故受伤。2009年,我国共发生一般以上道路交通事故238 351起,造成67 759人死亡、275 125人受伤,直接财产损失9.1亿元。虽然近年来我国道路交通事故各项指标有所下降,但伤亡人数仍然巨大。道路交通事故给家庭、集体和国家都会带来巨大的损失,成为世界性的严重社会问题。预计至2020年,交通事故将成为继心血管病和精神压力症之后造成人类非正常死亡的第三大直接原因。

第一节　高速公路交通安全的特点

一、高速公路事故状况和特点

由于工业化国家的道路运输发展与我国相比相对超前,一些国家的道路事故已度过了高峰期,目前呈下降或平稳的态势,如联邦德国、日本的交通事故死亡高峰均出现于1970年左右,此后基本呈逐年下降趋势。而在我国,道路交通事故数、伤亡人数和直接经济损失一直呈上升趋势。近年来,我国机动车数量大约以每年15%的速度增加,而交通事故数量也基本上同步上升。如果不能采取有效的措施遏制这种势头,随着我国社会汽车化程度越来越高,道路交通事故将会不断上升。

高速公路具有以下特点:线形指标高;路面质量好;全封闭,无行人和慢车干扰;交通安全设施齐全。因此,从理论上和国外的实际情况来讲,高速公路的交通事故情况要比普通公路好得多。国外高速公路发生的交通事故数量平均为一般公路的30%～51%,高速公路交通事故死亡人数平均为一般公路的43%～76%。在日本,高速公路的伤亡事故率只有一般公路的1/12,事故死亡率为一般公路的1/3。表10-1是根据国际路联(IRF)公布的1995年世界主要工业国的高速公路事故状况。

在我国,由于高速公路建设的历史才20余年,而且大规模的建设则始于20世纪90年代中后期,因此,无论是驾驶员和车辆的适应性,还是高速公路的规划、设计和管理水平都有一个逐步提升的过程。在此期间,我国高速公路上的事故表现得异常严重。京石高速公路通车9个月间共发生交通事故799起,事故率为120起/亿车公里,京津塘高速公路1993年事故率为90起/亿车公里。据2009年公安部统计:全国在公路上发生交通事故137 596起,死亡48 871人,伤164 165人,直接经济损失6.88亿元,高速公路发生交通事故9 147起,死亡6 028人,伤12 780人,直接经济损失2.93亿元。

2009年我国高速公路与一般公路交通事故情况比较见表10-2。

1995 年世界主要工业国的高速公路事故状况　　　　　　　　　　　　　　　　表 10-1

国家	美国	德国	法国	意大利	日本
高速道路[1]总里程(km)	88 500	11 200	9 140	8 860	6 879
高速公路总里程(km)	52 582	11 190	6 317	6 397	5 908
交通量(亿车公里)	3 594[3]	1 809	543	696	634
事故数(起)	53 081	25 500	2 161	10 880	6 761
事故死亡人数[2](人)	2 691	978	310	745	354
事故率(起/亿车公里)	15.3	14.1	4.2	16.0	10.7
死亡率(人/亿车公里)	0.75	0.54	0.57	1.07	0.56

注：1. 高速道路包括高速公路和城市快速路。
2. 国际上规定事故死亡人数以事故发生后 30d 以内的死亡人数计。各国对此规定各不相同，美国和德国为 30d，意大利为 7d，法国为 6d，日本为 1d。
3. 原文为 35 943。

2009 年我国高速公路与一般公路的事故比较　　　　　　　　　　　　　　　　表 10-2

指标	事故数(起)	死亡(人)	受伤(人)	直接经济损失(亿元)	公路里程(km)	事故率(起/km)	死亡率(人/km)	受伤率(人/km)
高速公路	9 147	6 028	12 780	2.93	65 056	0.14	0.09	0.19
一般公路	128 449	42 843	151 385	3.95	3 795 767	0.03	0.01	0.04
所有公路	137 596	48 871	164 165	6.88	3 860 823	0.04	0.01	0.04
高速公路所占比例	6.65%	12.33%	7.78%	42.59%	1.69%	—	—	—

表中可见，长度占 1.69% 的高速公路，事故数比例超过 6%，死亡人数要占比例超过 12%，事故直接经济损失更是高达 42.59%。

我国已制订了《国家高速公路网规划》，在今后 15～20 年的时间里将建成国家高速公路网，其总里程约 8.5 万 km，再加上地方高速公路，我国公路网中高速公路比例将有进一步提高。因此，解决高速公路事故率偏高的问题是今后道路交通安全工作者最重要的工作之一。

二、路线设计与安全

通常情况下交通事故是由多种原因引起的，其中有三种主要因素，即人的因素、车辆的因素以及道路条件的因素。在交通事故的统计中，以道路条件不良为直接原因而引起的交通事故基本不超过 10%，但是由于道路线形组合欠佳，在某种程度上给驾驶员造成一个行驶条件不可靠的感觉，从而产生心理上的紧张，成为交通事故间接原因之一，由此产生的交通事故不在少数。因而，有必要使设计者引起警觉，不能忽视道路平、纵、横线形组合不良给予的影响，杜绝一切可以导致不安全性的任何因素。研究者的统计资料指出，如果包括直接原因和间接原因在内，由于道路条件不良促使产生的交通事故率可能达到 30%。

从保证行车安全的角度考虑，好的道路条件意味着对线形整体强调连贯性、均匀性和渐变性。以下列举可能造成驾驶员产生心理紧张或行驶困难而影响行车安全的高速公路线形组合的各种情况。

1. 在顺畅的线形上道路条件突然变坏

顺直路段前遇到较窄桥梁或隧口,长下坡路段前遇上急转弯等都属于这种情况。此时驾驶员由于在长距离舒适状态下驾驶的麻痹思想,或是由于连续下坡的加速作用,以较高速度临近危险地点而不减速,道路条件变化时驾驶员没有及时改变行驶状态,事故往往由此产生。当前面遇到急转弯时,驾驶员需用较大的力气旋转车轮,并以较大的角速度转弯,这些都使驾驶员工作增加困难,并且汽车转向时拥有的时间有限,也往往会引起道路交通事故。

2. 路段前面的视距不足、视野不畅

弯道内侧的边坡阻挡、绿化过量以及凸形竖曲线与平曲线配合不当,都会造成视距不足或视野不畅。纵断面上引起的视距不足往往更容易忽视,它较平面线形上视距不足更容易引起交通事故。如果在前视方向不能看到纵断面线形上的凹处,只有在最后靠近该凹处时才能看见在凹处的汽车或其他特殊事物,常会造成措手不及。在凹形竖曲线上方如有跨线桥,则视距不可避免地会受到跨线结构物的限制,从而受到影响。

在长下坡道上因车速提高而需要更长的制动车距,在前面遇到线形欠佳等阻碍时需要更长的安全视距作保证。在气象条件较差的地区,要注意多雨、雾、雪等特殊情况可能造成视距和视野欠佳。在高速公路两侧有进、出口道时,需注意良好的视距和视野。

3. 在平、纵、横三个剖面中,各个不同剖面上或各个不同路段上所能保证的车速不相适应或过多变化

大半径平曲线路段的纵面上设置了小半径竖曲线,顺直路段上出现不规则的横断面或过窄的路肩都属于这种情况。为更好地检查线形的质量,最好能绘制沿线的营运车速图。这种车速图可以根据线形平、纵、横的各要素按专门测定的研究成果预估营运车速值绘成。道路事故集中的地点往往就是相应于营运车速变化比较大的地点,或是由于某一路段的某一剖面要素不当而造成的。因而,在设置线形时,应能消灭营运车速很低的路段,或是使路段之间的车速尽可能地均衡(按照德国经验营运车速差应保持在±20km/h以内)。从原则上讲,要求平面和纵面线形上的要素作这样的配合,即驾驶员只要通过加速踏板就能减低至合适的行车速度而不需要换挡或制动。

更好的一种方法是对某些路段选定多个方案,并对每个方案进行安全率评价,然后选定安全率最高者以优化线形。但这需要有专门的安全率评价研究,安全率的定量指标往往与营运车速关系最大。通过测定与研究,可以获得安全率的量化指标,否则只能作定性的分析。

4. 线形容易使驾驶员迷失方向,或被某些假象所迷惑

由于不适宜的交通岛或高出路面的路缘石、挡土墙等沿路设施,如沿线护栏不规则、中央分隔带的突然变化等,无法看到清晰导向的路面上的路缘带。这些情况可以在连续的透视图上仔细视察,对任何容易迷惑驾驶员的因素都应予以改进。

竖曲线和平曲线的组合不当往往也会造成某些假象而迷惑驾驶员。例如,在凸形竖曲线的顶部设反向平曲线的拐点,线形将失去诱导视线的作用,除了有挖方边坡情况外,驾驶员犹如行车闯入空中一样,感到不安,而且到达顶点附近才发现线形向相反方向转弯,此时急打转向盘往往会造成危险。

5. 在小半径弯道上合成坡度过大、路面滑移造成行车不安全

为了防止汽车的横向滑移,应将设置超高的曲线半径与纵向坡度控制在适当范围内,特别是在冰雪严重地区,必须加以复核,着重注意下坡道上的危险性,要尽可能排除陡坡与小半径平曲线的组合。

6. 回旋曲线和竖曲线重叠,促使在汽车上产生复杂的动力作用,导致较高的事故率

由回旋曲线产生的横向加速度随行驶时间变化而有所增减。同时,在纵断面竖曲线部分上行车,也同样产生加速度变化。如果缓和曲线和竖曲线重叠起来,则当高速行驶时,横向加速度和纵向加速度是在时刻变化中交错进行,动力作用较为复杂,容易引起事故,设计时应尽量避免这种组合。

如同对待疾病一样,交通事故需要将"治疗"和"预防"相结合。以往我国在交通安全方面主要针对现有道路中已发生事故且事故集中的位置进行鉴别和整治,这种对发生问题的道路进行"治疗"的方法在过去的几十年中一直被世界各国采用,并取得了明显的效果,但这毕竟是"亡羊补牢"的办法。20世纪80年代中期以后,一些国家的道路安全工程师开始将注意力集中到事故的"预防"上,即从道路的规划设计开始直到通车运营,全过程考虑道路安全,从而在规划设计时给道路用户提供一个安全的道路系统,达到"防患于未然"的效果。这就是道路安全审计。

第二节 道路安全审计的定义

一、道路安全审计的起源

20世纪80年代以前,世界各国为降低道路事故率采取的主要措施是对发生道路事故的路段、特别是事故多发的路段进行鉴别和处理,如竖起"事故多发路段"的警告标志、限速、甚至改线等,也取得了明显的效益。但这种长期采用的方法也不是十全十美的,事故多发位置的鉴别和整治虽然能消除已知的事故多发点,并在整体上降低事故率,但由于事故多发位置具有一定的"漂移"特性,即道路上某些位置的事故多发现象消除了,一些原来隐含的事故多发位置又会显现出来,产生新的事故多发点(其事故率或严重性可能会比原来小),只有经过连续多次整治,才能基本消除道路交通设施方面的缺陷,因此总体上时间较长、投入大,而且问题都是在事故已经发生、甚至严重了才被发现、处理,造成人身伤亡和财产损失。如果在道路建成之前或已建成的道路上发生事故之前就能发现道路交通设施方面的缺陷并加以处理,就可以大大减少改造费用和人员、财产损失,道路安全审计就是在这样的背景下逐步形成的一个系统方法。

大约从1985年起,道路管理者、道路与交通工程师开始注意到应在道路的整个建设与运营全过程中都采取一定的措施,尽可能地在早期消除道路的不安全因素:能在设计阶段解决的问题不应留到道路建成后解决;能在事故发生以前解决的问题不应留到事故发生后解决。因此,英国首先开始研究并逐步推广应用道路安全审计技术,以期在道路的规划、设计、施工、运营的每个阶段检查道路的不安全因素和事故隐患,从而降低事故率。至1990年,在英国已经普遍接受道路安全审计作为道路设计程序中的一个组成部分,英国运输部于是决定从1991年4月1日起,所有新建高速公路和汽车专用道路项目必须接受由独立机构负责的安全审计。1992年以后,澳大利亚、新西兰等国也相继开始应用这项技术,澳大利亚在1994年完成了《道路安全审计指南》。目前,已经应用道路安全审计技术的国家还有亚洲的马来西亚、欧洲的丹麦、荷兰等,其他一些国家(如联邦德国)也正在考虑应用这项技术。我国在2004年也发布了国家推荐性行业标准《公路项目安全性评价指南》(JTG/T B05—2004),全国一些省(市、自治区)已开始在部分重要工程实施道路安全审计。

二、道路安全审计的定义和目的

道路安全审计(Road Safety Audit)是对处于规划、设计、施工及运营中的道路工程项目、交通工程项目或任何与道路用户有关的工程项目正式地进行安全检查,以发现项目潜在的安全隐患。它由一个独立的、经专门训练的、具有相当经验的检查小组按照有关规范(或指南、方法)实施,并提出被检查项目的事故可能性和安全性能方面的审计报告。

"Audit"一词在英语中的原意即为"审计",它特指财务方面的正式的检查,也可指评估计算机软件所进行的一种独立的正式的检查,因此,在道路安全检查中使用"Audit"一词本身就具有独立的、正式的、带一定强制性的含义。为了体现这种含义,本文借用了"审计"一词,以区别于一般的安全"评价"、"检查"、"审核"等词。

根据以上定义,道路安全审计具有以下内涵。

1. 是正式的程序,而不是非正式的检查

在英国、澳大利亚等开展道路安全审计较早的国家,道路安全审计已作为一个法定的程序,成为道路项目建设程序中的一部分,其他一些则作为强力推荐或试行的程序。当然,从开始研究到正式实施有个过程;不同国家的建设程序、安全状况、法规规范也不尽相同,道路安全审计的具体实施方法也应不同;另外,实施范围也可不同(可以针对所有项目,也可仅针对一部分项目,如高等级公路或国道干线项目)。但无论哪种情况,一般都应作为一个正式的程序,才能起到应有的作用。

2. 是一个独立的程序

道路安全审计必须是一个独立的程序,它不能由设计中的"安全考虑"来代替,同时也不能替代有关的设计工作和日常的安全评价、事故多发位置整治和其他安全管理工作。从组织形式上来看,审计者是业主和设计者以外的独立部门。

3. 由受过专门训练、具有相当经验的人士来执行

审计小组的成员必须经过专门的安全方面的培训,并有相当的经验。在澳大利亚承担道路安全审计工作的单位和人员都应取得相应的资质,他们一般都具有道路与交通工程的知识,同时还具有事故与安全方面的专门知识。

4. 仅限于审计安全方面的问题

为了保证原有的设计程序的有效运作,不会因为实施了安全审计而打乱正常的设计程序,作为道路安全专项检查,道路安全审计不对与安全无关的问题进行检查,也不能代替原来的校对、复核、审核等工作。

道路安全审计的目的是:为道路用户和其他受道路项目影响的人发现潜在的安全问题,进而采取措施加以消除或减轻潜在的危险。具体目标为:

(1)将由于道路交通项目及其周边环境影响而产生的事故降低到最低限度;

(2)将已建成道路的后续事故整治费用降低到最低限度;

(3)减少项目包括设计、建设和养护的整个使用寿命期内的总费用;

(4)增加设计者、管理者和其他所有有关人员在规划、设计、建设和养护工作中的安全意识。

道路安全审计通过两种途径去实现上述目标:

(1)在规划和设计阶段发现并消除可能产生事故的因素(如不适当的交叉口布设);

(2)对现有道路通过采取适当的手段(如防滑路面、防撞护栏)减轻已有问题的影响。

三、实施道路安全审计的必要性

从某种意义上讲,道路和交通工程师在他们的工作中一直在进行"安全检查",道路设计规范的许多条文是根据安全要求或考虑安全因素制订的,那么为什么还要进行专门的道路安全审计呢?

确实,在对道路系统的基本要求——安全、快速、经济、舒适中,安全列于首位。对道路和交通工程师而言,安全是应时刻牢记的。但作为道路设计者,他所要考虑的因素十分繁杂,在设计中往往自然而然地会将注意力集中到规范的各单项指标上,因为这是设计最基本、也是最重要的要求。然而,所有单项指标均满足规范并不能保证所设计的道路没有安全缺陷,因为规范及标准的制订也考虑了其他许多问题,而不仅仅是安全问题。这样,即使严格执行规范,也未必能够形成最安全的道路环境。下面一些问题是没有经过安全审计的道路常常会出现的。

1. 不恰当的设计标准组合

道路设计标准是由道路性质、等级确定的,但实际道路的功能要远比设计规范中的分类分级复杂。例如,城市的出入口或市郊公路在功能上兼有公路和城市道路的要求,而我国的设计规范并无有关市郊公路的分级规定,于是实际操作中有的地方就将公路与城市道路标准混合使用,当标准组合不当时,就容易造成事故。上海市郊某一级公路在设计时,考虑到该路已位于市区以外,平面采用公路的标准;但市郊非机动车交通量仍很大,于是纵断面和横断面采用城市道路的标准,结果由于机动车车速很高,加之市郊相交道路、路侧建筑等横向干扰较多,该路通车后事故一直比较严重,经多次采取交通管理和局部改线等措施,事故状况才有所好转。

由于道路网是由不同等级、不同功能的道路组成的,同一条道路各段落的交通需求不同,等级也不一定完全一致,等级变化处的连接也十分重要。某公路由高速公路和二级汽车专用公路两个等级组成,在靠近高速公路结束处的二级公路上有一个平面交叉口,虽然前后路段设置了有关交通标志(高速公路结束标志、限速标志、交叉口标志等),但通车后该交叉口前后事故一直高居不下(图 10-1)。

图 10-1 高速公路和二级汽车专用公路连接处的平面交叉口

2. 符合标准的几个设计要素组合在一起产生不安全因素

道路是一个三维构造物,设计中习惯以平面、纵断面和横断面来分别描述,设计规范对平、纵、横线形标准分别作出了详尽的规定,设计中平、纵、横的单项指标都应该做到符合标准。但是这些分别符合单项标准的平、纵、横要素组合起来,有时却会产生安全问题。虽然规范也对平纵面组合提出了一些原则性建议,但在实际应用中平、纵、横可以有很多组合,加上交叉口、桥梁等结构物组合结果是无穷的,不符合规范规定的组合是不良设计,而符合规定的组合却未必是好的设计,见图10-2。

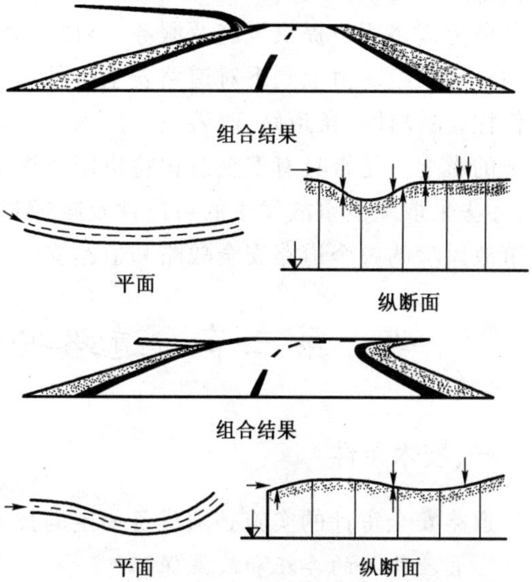

3. 使用要求和安全有矛盾

尽管安全也是使用要求之一,但毋庸讳言,设计中更多地会考虑通行能力、车速等要求,而它们与安全有时是有矛盾的,如在交叉口为提高通行能力的车道布置、交叉口拓宽等都会影响行人的安全。

4. 施工中修改设计

由于工程的复杂性,在施工过程中根据现场实际情况常常会对原有设计作适当的修改,以解决新出现的问题,这样的修改往往会带来一些安全问题。例如,有时交通标志施工时遇到地下管线的影响,只能对原设计位置作修改,但修改后的位置可能会在信息的提前量、可见性等方面受到影响,给安全带来隐患。

图 10-2 符合原则但仍有问题的平纵组合

5. 经济与安全有矛盾

从某种意义上说,道路设计是技术可行性和经济合理性相互妥协、相互平衡的结果,技术方案必须考虑经济,有时受资金的限制甚至只能选择次优的方案,有时则会无意识地牺牲了安全。例如,我国高速公路建设中普遍存在的一个现象,即资金受限制时,常会将交通监控设施取消或简化,因不能及时发现和处理高速公路上的突发事件(局部起雾、车辆故障、车上坠物等)而造成的事故在目前仍十分严重。

在紧张的设计、施工过程中,如果不是专门进行安全审计,上述问题有时很难被发现和改进。许多完全符合规范规定的设计,在道路通车后很快形成事故多发路段的现象也从反面证明了实施道路安全审计的必要性。

当然,道路安全审计不可能使新设计的道路没有任何安全缺陷,而应通过这项工作尽可能地降低事故隐患,同时提高设计者、管理者在决策时的安全意识。

四、道路安全审计的效益

道路安全审计的最大效益在于"只需用铅笔改变设计线,而不是到建成后再去搬动混凝土;即使是建成后的道路需要搬动混凝土,那么至少可以消除或减少因搬动而撞毁的汽车和伤亡的人员"。道路安全审计的费用和改变设计所花的费用,要远远低于在项目建成以后才采取治理措施所需的费用。如果一条道路设计中有明显的安全问题,那么事故耗费将可能成为该项目的整个经济寿命中最主要的费用;如果一条新建道路有安全问题,又因为采取改动措施耗资巨大,而采取了其他的补救措施,这将带来一些不良后果——要么是持续的事故损失,要么是由于通行量和车速受到限制而带来的持续的经济损失。对社会而言,在建造之前就避免问题的发生将是最经济的。对于公路建设项目,应可能减少治理措施,从而降低预算开支,并且使资金的使用更为有效。另外,对现有道路的安全评价将会大大降低事故的损失代价,从而明显地节省开支。工程规范及指南为一个好的设计提供了一个好的开端。

对事故风险的控制是一个长期的战略性任务,它需要各方的通力合作。显然,无论是对于道路,还是其他项目,控制事故风险的最有效途径是培养一种安全意识。英国工业联盟所描述的安全意识是:有关机构和所有人员应具有时刻关注事故及事故发生风险的意识。公路当局有义务为道路用户提供设施及服务。对培养安全意识,他们有很多实际的工作要去做。最重要的是整个组织由上到下对道路安全有种承诺,这种承诺促使每个成员都去考虑自身行为的责任性,在设计一条道路、改善一个出入口或培训职员等各种工作中时刻注意自身行为对道路安全的影响。是否具有安全意识将决定所提供的产品及服务的优劣,不能只是在事故发生之后,才去采取减少事故发生的可能性及减轻其后果的措施。道路安全审计,应当被视为用来减少事故风险的整个道路安全战略和道路安全工程的一部分。

第三节 道路安全审计技术的应用

一、技术条件

道路安全审计的实施必须具备一定的技术条件,这些条件主要包括以下方面。

1. 管理机构的委托和政策保证

管理机构的委托是一个法律和行政上的手续,由最高决策层从组织上建立一个道路安全体系;而政策的保证却不仅仅是"发一个文件"那么简单。根据国外的实践经验,能否做好道路安全审计在很大程度上取决于有关管理部门的支持,特别是各部门之间思想上的统一。首先,要达成这样一个共识:道路安全审计是整个道路安全战略和道路安全工程的重要组成部分,但不是全部。在实施道路安全审计的同时,不能偏废了道路安全工程的另一部分——事故多发位置的鉴别与整治,更不能偏废了道路安全战略的其他部分——相关因素控制、道路用户行为规范、伤亡控制和紧急救援等。否则,就会造成对设计部门和设计者专业能力和水平的怀疑,这对道路安全审计是极为不利的,不但不能达到道路安全审计的目的,反而会造成新的问题。同时,必须消除这样的观念——安全审计人员是来挑设计者"毛病"的,并逐步建立起另一种观念——安全审计是让那些具有专门安全知识的同行给设计者提出建议。

目前,我国道路安全工程刚刚起步,行政管理条块分割还未消除,对道路安全审计的宣传和统一认识尤为重要。

2. 批准的道路安全审计程序、规范或指南

由于道路安全审计是一个正式的程序,因此国家或地方(省)必须制订统一的审计程序,经道路行政管理部门批准,作为安全审计工作的依据。安全审计程序应对工作范围、组织形式、审计内容、工作程序等作出明确的规定。规范或指南一般由国家道路交通主管部门制订,它对道路安全审计的实施方法、步骤、具体标准、审计清单和审计报告的编制要求等给出具体方案。

由于各国的管理体制、道路和交通条件、道路安全状况有很大区别,各国在道路安全审计程序、规范或指南制订上的做法也不同。

英国在道路安全审计方面的法律性文件有两本:《道路安全审计指南》(Guidelines for The Safety Audit of Highways)和《道路安全实施规程》(Road Safety Code of Good Practice)。前

者概要性地介绍和规定了道路安全审计的基本概念、原则、程序、实施规程概要、安全原理、信息管理和后评估,并给出了审计清单。该指南十分简要,全文仅50页,是一份指导性的文件。而《道路安全实施规程》则具体的介绍了实施安全审计的方法。

澳大利亚的国家道路运输与交通行业协会(Austroads)与国家标准部门(Standards Australia)于1993年底联合签署了备忘录,将《道路安全审计》(Road Safety Audit)作为国家标准出版。该标准实际上将审计程序和规范等内容融合在一起,除了包含像英国的《道路安全审计指南》中的内容以外,还详尽地给出了具体的安全设计原则和每个阶段的审计方法和内容,审计清单也比英国的《道路安全审计指南》详细许多,具有很强的可操作性。另外,各州(如新南威尔士、维多利亚、昆士兰等)还制订了各自的道路安全审计指南,以适应各州的具体不同的要求。

新西兰和马来西亚制订的道路安全审计指南在很大程度上受到澳大利亚的影响,《马来西亚道路安全审计指南》(Road Safety Audit—— Guideline For The Safety Audit Of Roads In Malaysia)在澳大利亚相关标准的基础上很好地结合了马来西亚自身的特点,内容更为详尽,还结合照片给出了许多典型的例子,十分实用。

丹麦则又有自己的特点,1993年丹麦完成了《道路安全审计手册》(Road Safety Audit Manual)。经过几年的实践,1997年建立了新的"丹麦道路安全审计系统",它包括了五个主要部分:道路安全审计总框架、道路安全审计手册、道路安全审计教育、安全审计师资格证书和安全数据信息系统开发。

美国目前还没有正式实施道路安全审计,但是联邦公路局于1991年在它的有关报告中已经提到"在道路的建设中应优先考虑安全的需要和目标"。美国交通工程师学会(ITE)也在1995年建议联邦公路局在安全管理系统中引入道路安全审计。目前,美国在设计中采用是的AASHTO标准《道路安全设计和操作指南》(Highway Safety Design and Operations Guide)。该指南的目的在很大程度上与安全审计相同,只是该指南直接供设计者使用,以最大限度地保证所设计道路的安全性能。

3. 独立的安全审计机构和审计技术人员

安全审计必须由独立的机构和人员来实施,以保证安全审计的公正性。这里的公正性是指:审计者仅从道路用户的安全角度考虑问题,而不像设计者那样还要受使用要求、经济、业主意见等方方面面要求的影响。当然,为了全面、准确地评价项目,审计者与设计者的沟通仍然是重要的。

二、道路安全审计应用的范围与时间

1. 应用范围

从道路安全审计的定义可知,对于任何处于设计阶段的道路和交通工程项目、正在运营的道路和交通工程项目以及有可能改变道路用户间的相互关系或改变用户与道路环境的关系的其他项目,根据需要都可以对其进行道路安全审计。这里的其他项目指的是对道路交通有直接影响的非道路交通工程项目,如路边加油站。由于上述范围太大,对全部项目都进行安全审计是不现实的,一般各国都选择一些重要的项目入手,如英国主要在高速公路和汽车专用公路实施安全审计。我国正在进行的有关规范的研究和编制规定:道路安全审计主要针对高速公路和一级公路。同时,安全审计可以是对路网、某条公路、一条公路中的一段,也可以是对交叉口、大桥等点工程进行。

根据项目的性质不同,审计的范围通常有以下几种。

(1)新建道路

新建道路是指可行性研究阶段至通车前的道路项目,因其建设将改变现有路网的交通分配,所以不仅要审计其本身的道路安全性,而且要审计新建公路对现有路网安全性能的影响,如大型立交对其相交公路的影响。

(2)旧路改造

这里的旧路改造指的是局部改造,如整条道路的改建可视为新建道路。旧路改建可能有多种情况,可以是路线改造(截弯取直、过境公路改线)、路面加铺、交叉口改造、改变交通方式(改变标线、新的渠化交通)、桥梁改造等。

路线的改建应十分注意改造的部分与原有道路的衔接,审计的范围除改造部分外,还应深入到两头的原路一定范围,以考查改造部分对原路的影响。

交叉口改造包括交叉口范围扩大、平交改建成立交、改变信号控制系统、实施新的渠化交通等。因其中一条公路改造带来的变化等都会影响交叉口及近交叉口路段的道路安全。平交改建成立交时,也可能影响周围路网的道路安全性。

(3)交通控制系统或交通设施变更

高速公路和交叉口变更交通控制系统或变更交通设施设置时,应对其实施道路安全审计。

(4)公路附近的产业开发

公路附近的产业开发可能有两种情况:一种是在路侧,如路边加油站、汽车旅馆、饭店等,这些商业设施的出入口直接连接不封闭的公路,会对交通安全产生很大影响;另一种是不直接在路边,但会产生或吸引很大的交通,如新建农场、工业区、旅游区、牧场等将产生新的交通源或吸引大量交通,改变公路用户的构成。

另外,有些特殊的产业开发会对交通安全产生特殊的影响,如我们在湖南省某国道进行道路安全研究时就了解到:路侧的一个矾矿产生的空气污染使该路段经常出现局部的大雾,从而形成了事故多发路段。

2.审计时间

根据道路安全审计的定义,从时间上讲,道路安全审计工作应贯穿道路的整个寿命周期,通常我们可以把它分为五个阶段,它们是:

①第一阶段:可行性研究;

②第二阶段:初步设计;

③第三阶段:详细设计(施工图设计);

④第四阶段:施工期间和开放交通前;

⑤第五阶段:运营中的道路。

从运营情况分,第一阶段至第四阶段是未通车的道路,它未曾发生过事故;第五阶段是通车后的道路,它可能已发生了事故。从审计对象来分,第一阶段至第三阶段是设计图上的道路;而第四阶段至第五阶段是已经形成的道路。

安全审计时间对审计方法和审计后的改善措施有直接影响。

(1)设计阶段的道路

设计阶段道路安全审计不存在时间问题,任何时候业主都可对设计进行审计。例如,初步设计阶段道路安全审计若提出了重要的或较大的修改,且设计采纳了道路安全审计报告的建议,则可马上对修改的内容补充进行安全审计。但应考虑设计项目的类型、工作的阶段性和采用的安全审计办法,时间上做到安全审计不影响设计工作。具体实施道路安全审计的时间按安全审计管理办法确定。

(2)已有道路

对于已有道路,当其服务的交通量或其他道路用户有变更时,或道路周围环境变化时,或路网改造后,可对已有道路做道路安全审计和黑点鉴别。对于区域路网,业主应制订滚动性道路安全审计和黑点鉴别计划,以逐步改善路网安全状况。

现有国省道干线公路网应定期作道路安全审计,一般可间隔 5 年进行一次全面审计,路网增加干线时,除应对该干线按照主管部门的指令进行安全审计外,应审计该干线对路网安全的影响。路网安全审计不仅要审计出整个路网的安全性,且依据对路网的安全审计制订网内干线公路的审计计划。对路网实施一定规模的改造后,应进行一次全面安全审计。

根据制订的计划,逐步对干线公路实施安全审计。安全审计时,如果要审计的公路比较长(如超过 100km),可采用两次勘察法,可节省时间和有效利用资源。第一次(总体勘察)查看整个路线,找出存在的主要问题及位置。第二次(详细勘察)对第一次找出的问题及位置作详细专门调查,发现具体问题提出具体建议。对于较短的公路(<30km),通常只做一次详细勘察即可;长 30～100km 的公路视其具体情况可分别采用一次或两次勘察法。大型立交、大桥也可作为一个独立的项目进行道路安全审计。

①第一阶段:可行性研究阶段。可行性研究阶段的道路安全审计主要是对公路在选择路线走向和总体方案、建设标准和采用规范、考虑对现有路网的影响、出入口控制、交叉口数量与类型等问题进行检查。重点要考虑的是方案的比选、技术标准的确定、横断面宽度与形式选择、立交的设置等。

由于可行性研究阶段的工程方案须进行多方案的比选,在比选中安全因素的考虑也是十分重要的。

②第二阶段:初步设计阶段。初步设计之后,道路方案基本定型,有些业主在初步设计之后就着手征用土地,设计进一步的改变将受到限制。因此,这一阶段的道路安全审计是很重要的。

在这一阶段重点应考虑:路段及立交匝道的技术标准采用、平、纵面线形及其组合、视距、交叉口设置、车道和路肩宽度、路面横坡和超高、超车车道采用、紧急停车带或港湾式停车位的设置、自行车和行人交通的安排、出入口设置、立交及出入口的变速车道等方面的安全审计。由于交通组织设计、交通标志标线方案、出入口车道平衡等引起的安全隐患要特别注意。另外,对可能出现的非标准设计也应重点审计。

③第三阶段:施工图设计阶段。这一阶段的安全审计工作往往在施工图设计之后、施工合同文本准备之前进行。

施工图设计将最后确定所有的设施的位置、尺寸和结构,以交付施工,因此这一阶段的安全审计重点应放在设施具体定位后的安全上,除对公路几何线形、交叉口、路基路面、标志标线等一般内容进行安全审计外,要特别注意路线弯道内侧的视距、平面交叉口设计细节(包括交叉口视距、交通组织、车道布设、交通岛设计、交通控制方式、非机动车和行人的安排等)、立体交叉设计细节(如立交净空、匝道与进出口的加减速车道长度及布设、立交前后的交通标志标线)、设施杆(如灯柱、标志牌的竖杆、监控设施杆等)的位置、防撞护栏以及桥梁隧道及其引道的宽度、纵坡、路面、照明等细节处的安全。另外,还应考虑施工期间的临时交通组织和管理的安全。交通弱者(行人、骑车人、学生、残疾人)的安全也应引起特别注意。

④第四阶段:施工期间和开放交通之前。从某种意义上讲,施工期间的安全审计是第三阶

段审计工作的延续。在图纸上未能发现的问题可能在施工到一定的阶段时暴露出来。施工期间的安全审计工作一般采用现场巡察的方式,时间一般选在工程节点完成时,如土方完成时可检查平纵线形、视距等。

施工完毕至开放交通前是道路"事先"整改的最后一次机会,设计成果已经用实物的形式展示出来,对竣工的道路及各类附属设施进行全面的安全检查,发现那些在图纸上难以发现的安全问题和危险路况,提出必要的整修措施,仍然具有很大的经济效益和社会效益。

这一阶段的安全审计工作方式,应分别采用在竣工的道路上驾驶、骑车或步行的方式进行,以便全面地检查各种道路用户的安全性。审计的时间应该分别选择在白天和晚上,有条件的还应分别在晴天和雨天进行。审计的内容应该包括第二阶段和第三阶段中的内容,但着重于施工的实际结果。此外,还应特别注意的是施工中对原设计的修改部分。

⑤第五阶段:运营中的道路。运营中的道路包括开放交通之后的新建道路和已有道路,这部分工作可以由两种方式进行:跟踪检测开放交通后的新路和对已有道路进行系统分析。事实上,这一阶段的工作常与事故多发位置的鉴别工作结合起来进行。

对已有道路的道路安全审计,通过事故数据分析和现状路况(包括周围环境)的现场勘察,审计其他潜在的事故风险,鉴别事故多发位置,为降低以后的事故可能性提供一个有效的预估系统方法。事故多发位置鉴别必须采用主管部门认可的鉴别方法。

对已有道路项目的安全审计,事故记录是最重要的资料组成部分,交通量及其构成、道路用户状况是重要的事故关联因素基础数据。事故分析中不仅要分析已有事故类型和产生的原因,而且必须对是否存在与事故记录的不同类型事故的潜在可能性作出分析。因此,更确切地理解,已有道路的安全审计是事故调查与预防。其目的是找出公路功能与所服务的交通要求之间的矛盾,找出事故多发地点、公路组成元素布设和道路安全设施等存在的安全缺陷,寻找可能影响公路安全性能的自然环境、人为环境。审计中应有一个适当的标准,如区域条件下道路用户对安全行为的认识。

并不是所有的项目都需进行上述五个阶段的完整审计。事实上,在国外的实践中,第一阶段和第五阶段最少进行,第二阶段和第三阶段进行得最为普遍。英国运输部认为:标准采用、路线走向、交叉口形式等方面的安全因素在可行性研究阶段已在宏观层面上考虑,道路安全审计也只能进行到这种深度,因此可不进行。而对运营中的道路,如果事故统计并未发现安全问题,那么先处理已发现问题的路段会更有效益。对于小的工程项目,可将第二阶段和第三阶段合并。对交通管理和养护工作进行道路安全审计时,也没必要从可行性研究阶段开始。

三、道路安全评价的方法步骤

一个项目的安全审计可按以下八个步骤进行。

1. 第一步:选择审计者

业主选择并委托合格的道路安全审计小组,并报请主管部门批准或备案。

道路安全审计小组的人数应根据项目的大小和复杂程度来定。而相对关键的是考虑审计小组的独立性和知识结构,道路项目安全审计小组应由具有道路安全、道路设计、交通工程、交通管理、道路交通事故调查与预防等方面的知识的专业人员组成,审计小组最好有一位具有丰富的道路安全审计经验的安全审计师任组长。对于较小的项目,审计小组人员较少,不可能完全具有以上各方面的知识,在必要时应临时聘请有关方面的专家。对更小的项目,可能只需要1~2位审计人员,如交叉口渠化交通方式的变更也许只需一位对交通工程和安全工程熟悉的工程师。但对于一定里程的高速公路和复杂的立交,一般均需要一个知识结构合理的审计小组。

选择审计队伍时,应对其公正性和独立性予以考察。在很多情况下,公正性和独立性可能比知识结构和经验更重要。所谓公正性和独立性是指道路安全审计者仅从道路安全的角度考虑各类道路用户的需要,指出设计中存在的安全问题,而不应受业主和设计单位的影响。这是由道路安全审计工作的特殊性决定的。从短期来讲,道路安全审计既不代表业主的利益,也不代表设计的利益,完全是从道路用户的角度出发,审查设计中存在的安全问题。

因此,总的来讲在选择审计小组时应考虑:
(1)审计小组是否具有独立性和公正性;
(2)审计小组是否具有安全审计工作经验;
(3)审计小组知识结构是否全面、合理;
(4)审计小组是否具有能力从各类道路用户的角度出发考虑安全问题。

2. 第二步:业主与设计单位准备有关资料

审计小组根据一般的审计经验,向业主和设计单位递交业主和设计单位应准备的与项目有关的背景资料、设计文件、图纸等材料的清单;业主和设计单位准备好后,将资料提供给审计小组。

这些资料一般包括两个方面:
(1)工程背景方面的资料,如项目建设的目的和目标、有关要求、设计应遵守的规范、道路两侧的经济发展情况等。
(2)项目勘测设计资料包括设计图纸、设计说明文件、地质资料、周围环境等。必要时还应提供一些附加材料,如交通量、开发区的交通源等。

3. 第三步:召开第一次审计工作协调会

审计小组初步熟悉有关资料,制订出审计计划之后,召开由业主、设计单位等参加的审计工作协调会。会议上,业主进一步介绍、阐述项目的建设目的、对审计的要求等。设计单位向审计工程师介绍其设计思路、引用的有关规范标准、安全方面的考虑及自认为可能存在的问题等。

审计小组向业主和设计者介绍道路安全审计流程和方法、工作计划、预期的审计报告内容等,对审计过程中需要业主和设计单位予以配合的方面提出要求,并就初步阅读设计图纸和文件中遇到的疑问请设计单位给予解释。

会议应对审计小组提出的道路安全审计流程和方法、工作计划、预期的审计报告内容等达成一致,并以会议纪要形式予以确认。

4. 第四步:室内审计

阅读与审查有关文件,进一步收集有关审计需要的材料,进行室内安全审计。

会议后审计小组即可按照确定的工作计划开始审计工作。首先,应全面熟悉项目的建设目的和目标,设计图纸和文件,制订详细的审计方法,并按照项目的类别将设计内容按与道路安全的关系分类。

审查设计图纸和文件,可使用审计清单。但审计清单只是就一般工程项目的设计内容等分类与列举,具体的项目可能会有一些特殊问题,也可能有的项目没有在清单中列出。

阅读与审查设计图纸和文件应与现场勘察并行进行,有利于发现问题,特别是与周边环境有关的安全问题。

审查图纸时可以检查设计是否符合规定采用的有关规范标准,但应清楚:设计符合规范的标准并不意味着不存在安全问题。安全审计工程师应依据道路安全、道路与交通工程、道路交通事故预防与调查等各方面的技术和工程师的经验,综合考虑影响道路安全的各方面因素,检查设计在道路安全方面考虑的不足之处,发现问题,并尽可能提出处理措施。

室内审计应初步提出问题或疑问,以便在下一步现场勘察时重点证实存在的问题或解决疑问。

5. 第五步:现场勘察

现场勘察项目本身、项目环境等与公路安全性有关的野外情况,并作适当的调研。

无论是哪一阶段的道路安全审计,现场勘察都是十分必要的。现场勘察不仅要核实设计的道路几何线形和交通标志信号等是否与实际环境相协调,是否周全地考虑了所有道路服务对象,而且要调查道路两侧区域道路交通状况、经济开发情况等,了解新建道路与现有道路系统的衔接是否会产生道路安全问题,是否会影响现有路网的道路安全等。

现场勘察过程中不仅要切实核实设计是否与周围环境相协调,更重要的是要考虑道路各类用户的安全,审查设计中是否考虑了各类用户的道路交通安全问题,特别是交通弱者的安全,包括行人、骑车的老年人、儿童、残疾人等,对港口、码头、机场、铁路站和大型工业企业附近特殊车辆(集装箱车、起重车和其他施工车辆)的安全也应特别注意。

对于已有道路的安全审计,应分别在白天和夜间等不同的环境条件下勘察道路,并从不同道路用户的角度去看问题,特别是对于一级公路或更低级的道路切记不能只从机动车驾驶员的角度去看待安全问题。

在整个审计过程中,特别是在阅读与审查设计文件和图纸、现场勘察两个阶段,审计者应与设计者保持密切联系,如存在图纸、文件或现场情况不明或认为不清楚时,应及时请设计者予以解释。

6. 第六步:撰写审计报告

根据室内外安全审计结果,撰写并提交审计报告。

道路安全审计的结果以审计报告的形式提交。审计报告应根据对项目背景资料、设计文件和图纸的审查,指出设计当中或现有道路存在的安全问题,并尽可能提出改进建议。

审计报告只需对存在的安全问题提出改进措施,并不必对解决安全问题的详细方案做设计。业主和设计单位仍然是解决问题的决策者,业主和设计单位应针对审计报告指出的问题和提出的建议作出书面的答复,决定是否采纳审计的意见。

报告中可以提及一些在安全方面设计中处理得很好的设计内容,但无需列举每一项好的设计。

报告的主要内容是列举所发现的安全问题和提出相应的改进措施建议。可以按照审计清单的顺序列出发现的安全问题与建议,也可以按照设计的内容顺序列出。

设计中的道路和已有道路中的安全问题具有不同的严重程度,对于设计中的道路,有些安全问题很有可能在开放交通后就产生交通事故,必须予以改正;有些安全问题虽不太严重,但予以立即改正也不会增加多少投资的,也应予以改正;对于已有道路,有些道路状况必须立即予以整修,否则就有可能继续产生严重和大量的交通事故的,则应尽快采取交通管理或道路工程的措施;有些道路存在安全隐患但不太严重或采取工程措施费用太高的,应采取交通控制措施,对交通进行一定的限制。审计报告中应对各类问题予以注释,表明问题的严重性。

7. 第七步：召开审计结果讨论会

审计小组完成项目的道路安全审计后，应召开一次会议，审计小组应向业主和设计单位详细介绍审计过程和通过审计发现的安全性问题，阐明问题的存在、产生问题的原因、解决问题的建议，并听取业主和设计单位对审计结果的意见和对某些问题的解释。

业主和设计单位可根据掌握的资料和了解的情况，对审计报告提出自己的不同看法，或对某些问题做一些解释，或指出审计的疏漏之处。

由于对道路安全审计的独立性和公正性的要求以及安全审计应考虑道路用户的安全，审计小组可以根据业主和设计的意见对某些问题做进一步的调查和考虑，但审计结论不能受业主和设计单位意见的影响，更不能为符合业主和设计的要求而失去公正性去修改审计报告。

8. 第八步：提交报告并等待业主的书面答复

审计可考虑业主和设计单位的一些解释和合理的看法，重新考虑自己的审计结论。所谓考虑业主和设计单位的看法是指：对于审计因对某些资料和图纸的误解或不全面理解导致的审计结论不合理或不清楚处，业主和设计单位所做的解释。审计必须保证审计的公正性，结论不得按照设计和业主的要求去写。报告修改完毕，审计小组将正式的审计报告交于业主或业主规定的人（依据所选定的审计方法）。业主或其他接受审计报告的人可以用自己所选择的方式审查审计报告，并以书面形式对审计报告中所指出的问题及所提的改进建议予以答复。图10-3为审计步骤的流程图。

四、道路安全审计的组织管理

对道路与交通项目实施安全审计，其组织形式是极其重要的，影响到通过安全审计能否真正提高道路与交通项目规划、设计、建设各阶段的安全意识和项目的安全性能，尽可能在建设的前期消除安全隐患，取得技术、经济和社会效益。

1. 有关机构

安全审计的组织形式涉及以下三个方面及其相互关系。

（1）业主

对于新建项目，业主是投资者和项目的所有者，组织项目的设计。对于已有道路，业主为道路的所有者或政府委托的道路养护管理者。业主通常为项目的实施提供基础条件。当业主与安全审计者有争议时，业主是决策者。业主有责任保证道路安全审计的实施。

（2）设计者

设计者是设计承包商，即负责实施项目的规划与设计的单位。设计者有责任依据业主对道路安全审计者的建议作出决策，保证必要的措施，对原设计进行修改。

（3）安全审计者

道路安全审计者是独立的机构、小组和个人。审计者应严格地审阅设计者所做的设计，认真勘察已有道路。审计者应考虑到各种道路用户的安全问题。审计者必须阐明所有可能导致安全问题的因素和设计，并详细论述这些因素和设计可能导致安全问题的原因。道路安全审计者应在道路安全审计和道路设计方面有一定的经验和合格的资质。

根据我国目前的公路项目建设和养护管理程序和机构组成，可以将道路安全审计分以下三类：

①第一类——具有住房和城乡建设部或交通运输部认可的道路安全审计资质的道路安全审计咨询公司；

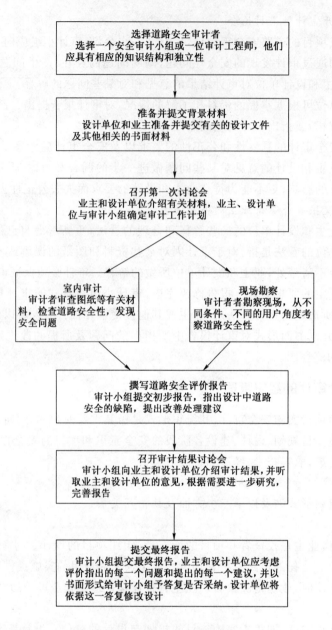

图 10-3　道路安全审计流程图

②第二类——具有住房和城乡建设部或交通运输部认可的甲级资质的公路设计院（所）和设计监理咨询公司；

③第三类——具有住房和城乡建设部或交通运输部认可的乙级资质的公路设计院（所）和设计监理咨询公司。

2.道路安全审计的组织管理形式

采用何种形式实施道路安全审计与国家政策、公路管理权及产权归属、投资方式、道路等级等有关。考虑到干线公路和高速公路在路网中的特殊地位，国家干线一级公路和高速公路设计阶段应由国家实施强制性道路安全审计，运营与养护阶段由国家组织专家实施定期审计。

国际上进行道路安全审计的组织方法在我国是可以借鉴的,可采用 OECD 和世界银行推荐的组织形式。根据我国建设、设计、管理等各方面的情况,建议按以下四种方法之一进行道路安全审计。

(1)方法一:业主的上级单位组织实施

由业主的上级单位组织道路安全审计,委托安全审计咨询公司。由于一家咨询公司或研究所可能会存在知识结构等方面的问题,对于大的或技术复杂的项目可建议由一家咨询公司或研究所为主组织审计队伍,同时从其他公司或研究所临时聘请有关专家或工程师,组成联合审计小组进行审计。审计报告交于业主的上级单位或其指定的第三方。由业主的上级单位决定是否采纳安全审计的建议,并以书面形式给予答复。

(2)方法二:业主组织实施

业主委托咨询公司或研究所进行,审计方法同上。但道路安全审计报告提交给业主,由业主决定是否采纳道路安全审计报告中对发现的问题所提出的建议,并以书面形式给予答复。

(3)方法三:业主与另一设计单位

业主委托另一设计单位进行道路安全审计,同样受委托的设计单位也应组织一个知识结构合理的审计队伍,必要时应聘请某些方面的专家或工程师。审计报告提交给业主,由业主决定是否采纳道路安全审计报告中对发现的问题所提出的建议,并以书面形式给予答复。

(4)方法四:设计单位自行进行

业主要求项目设计单位自行进行道路安全审计,审计工程师不得是项目的设计人员。审计报告提交给业主,由业主决定是否采纳道路安全审计报告中对发现的问题所提出的建议,并以书面形式给予答复。

方法一适应于重大的工程项目,特别是由国家和地方政府重点投资建设的国道和省道干线公路;方法二比较适合于由国家和地方政府投资建设的国道和省道一般性项目;方法三、四比较适合于一般性或较小的项目、个人或财团投资的项目。对于世界银行贷款项目,世界银行一般会指定采用国际上通用的做法。

随着我国道路安全审计技术的发展,将会形成专门的道路安全审计队伍或一些咨询公司、研究所、设计单位等拥有道路安全审计队伍。建设单位也可建立道路安全审计队伍,协助组织或从事道路安全审计。

3. 业主、设计者、审计者和主管部门之间的关系

除非主管部门另有规定,业主有权按本程序决定是否进行道路安全审计,有权选择审计队伍,负责实施安全审计,但审计人员在实施道路安全审计过程中并不代表业主的利益(虽然因实施了道路安全审计,开放交通后,道路交通事故率降低,业主可从中得益)。审计人员的出发点是所有道路用户的安全。对于存在安全问题的设计,审计人员提出修改建议时不需要一定考虑业主的投资限制。除非主管部门另有指令,业主或业主委托的设计者仍是最后的决策者。业主有权决定是否采纳道路安全审计的建议,但必须给予道路安全审计人员书面答复,说明采纳与否的理由。关于业主是否因实施或不实施道路安全审计及采纳与不采纳道路安全审计的修改建议而对开放交通后的道路交通事故负有法律责任,仍是国际上正在探讨的法律问题。比较一致的观点是鼓励使用道路安全审计技术。因此,认为业主对项目实施道路安全审计和采纳道路安全审计的建议,至少不会加大业主的法律责任。

审计者独立于设计者和业主,但应与设计者协调,对设计有疑问,可请设计者予以解释。

应与设计者保持良好的协调关系,以助于安全审计。审计者不对审计后的道路发生的事故负法律责任。

新建道路(或其他项目)的设计者对道路设计负有责任,设计人员在设计过程中应作经常性的、非正式的设计结果的安全性检查。道路安全审计并不取代设计者在设计过程中安全第一的原则。道路安全审计是在实际设计过程中附加的一个过程,而又与设计过程分开。道路安全审计是由在事故预防与道路安全方面熟练的某些人对项目做经常性的正式的独立的审计,设计者应在整个审计过程中做好配合和某些设计问题的解释工作。设计者应充分考虑审计者的意见和建议,但并不因此减轻对设计的责任。审计建议由业主的上级单位、业主或设计者考虑是否采纳,业主或设计者仍是最终的设计决策者。业主也可委托其他资质不低于项目审计者的审计单位或设计单位对是否采纳安全审计建议做决策。

第十一章　高速公路交通工程及沿线设施

交通工程及沿线设施分为交通安全设施、服务设施和管理设施三类。交通安全设施包括标志标线、视线诱导标、护栏、防眩板、隔离栅、防护网等,还包括紧急避险车道、试制动车道、防风栅、防雪(沙)栅、防落网、积雪标杆等特殊情况下使用的安全设施;服务设施包括服务区、停车区和公交停靠站等;管理设施包括监控、通信、收费、配电、照明、隧道通风消防、养护管理等设施。交通工程及沿线设施是公路的重要组成部分,是发挥公路经济效益保障行驶安全必不可少的配套设施,也是公路现代化、智能化的标志之一。交通工程及沿线设施的建设规模与标准应根据公路网规划、公路的功能、等级、交通量等确定;交通工程及沿线设施总体设计应符合公路总体设计的要求,准确体现设计意图,相互匹配,协调统一,充分发挥公路的整体效益;交通工程及沿线设施应按照"保障安全、提供服务、利于管理"的原则进行设计,并与公路主体设施同步建设。

第一节　交通安全设施

高速公路交通安全设施主要包括护栏、防眩设施、隔离封闭设施、视线诱导设施、桥梁护网以及交通标志与标线等。交通安全设施对避免交通事故的发生、减轻事故的严重程度、排除各种纵向和横向干扰、促使车辆平滑运行等起着非常重要的作用,有助于提高道路的服务水平。此外,交通安全设施也是道路景观的重要构成要素。当前,交通事故成为我国第一大非正常死亡原因,设置合理的交通安全设施,在设施上对交通事故进行充分防控,具有重要的社会意义与经济价值。我国对交通安全设施的系统研究始于 20 世纪 80 年代,总结我国高速公路早期建设成果,交通部在 1988 年至 1992 年期间,制订了《高速公路交通安全设施设计及施工技术规范》(JTJ 074—94),并于 1994 年 6 月实施。2006 年,对 JTJ 074—94 版规范进行更新,于同年 9 月开始实施《高速公路交通工程及沿线设施设计通用规范》(JTG D80—2006)、《公路交通安全设施设计规范》(JTG D81—2006)和《公路交通安全设施施工技术规范》(JTG F71—2006)。另外,关于某项具体安全设施的规范还有《道路交通标志和标线 GB 5768—2009》、《公路交通标志和标线设置规范》(JTG D82—2009)和《高速公路护栏安全性能评价标准》(JTG/T F83-01—2004)等。

本节介绍护栏、隔离封闭设施、防眩设施、视线诱导设施等四类安全设施。交通标志与标线作为最主要的交通安全设施,因为其内容种类较多,在本章第二节中作专门介绍。

一、护栏

护栏是一种纵向吸能结构,通过自体变形或车辆爬高来吸收碰撞能量,从而改变行驶方向,阻止车辆越出路外或进入对向车道,将对乘客的伤害及对车辆的损坏减少到最小限度,使车辆恢复到正常行驶方向并诱导驾驶员的视线。

护栏的设计要求为：

①阻止车辆越出路外，对于中央分隔带护栏而言，它阻止车辆穿越中央分隔带而闯入对向车道；同时，还防止车辆从护栏板下钻出，或将护栏板冲断。

②护栏应能使车辆回复到正常的行驶方向。

③发生碰撞时，对乘客的损伤为最小程度。

④诱导驾驶员的视线。

1. 类型与结构

(1)护栏的分类

按护栏纵向设置位置分类，可分为路基护栏和桥梁护栏两类。

①路基护栏。设置于路基上的护栏，称为路基护栏。

②桥梁护栏。设置于桥梁上的护栏，称为桥梁护栏。

按横向设置位置分类可分为路侧护栏和中央分隔带护栏两类。

①路侧护栏。路侧护栏是指设置于路侧建筑限界以外的护栏，用来防止失控车辆越出路外或碰撞路侧构造物和其他设施。

②中央分隔带护栏。中央分隔带护栏是指设置在中央分隔带内的护栏，用来防止失控车辆穿越分隔带闯入对向车道，并保护分隔带内的构造物和其他设施。

按碰撞后护栏的变形程度分类，可分为刚性护栏、半刚性护栏和柔性护栏三类。

①刚性护栏。刚性护栏是一种基本上不变形的护栏结构，它利用失控车辆碰撞后爬高并转向来吸收碰撞能量。混凝土护栏是刚性护栏的主要形式，是一种以一定形状的混凝土块相互连接而组成的墙式结构，如图11-1所示。

②柔性护栏。柔性护栏是一种具有较大缓冲能力的韧

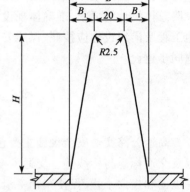

图11-1 混凝土护栏（尺寸单位：cm）

性护栏结构。缆索护栏是柔性护栏的代表形式，是一种以数根施加初张力的缆索固定于立柱上而组成的连续结构，主要依靠缆索的拉应力来抵抗车辆的碰撞及吸收碰撞能量，如图11-2所示。

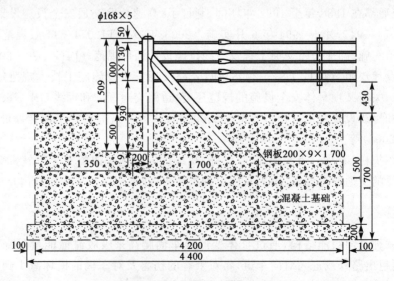

图11-2 缆索护栏（尺寸单位：mm）

③半刚性护栏。半刚性护栏是一种连续的梁柱式护栏结构，具有一定的强度和刚度。它利用土基、立柱、横梁的变形来吸收碰撞能量，并迫使失控车辆改变方向。波形梁护栏是半刚性护栏的主要形式，是一种以波纹状钢护栏板相互拼接并由立柱支撑而组成的连续结构，如图11-3所示。

2. 防撞等级

护栏最基本的功能是阻止车辆越出路外或闯入对向车道，因此它应具有相当大的力学强度来抵抗车辆的冲撞。衡量护栏防撞性能的重要指标是防撞等级，一般根据护栏所能承受的碰撞能量的大小来划分。

公路路侧护栏可分为 B、A、SB、SA、SS 五个级别，其中 B 级护栏在高速公路上不使用。公路中央分隔带护栏可分为 Am、SBm、SAm 三个级别。A（Am）、SB（SBm）、SA（SAm）、SS 级护栏能承受的碰撞能量依次增大，防撞等级高则适用于危险性较大需加强防护的路段。高速公路所采用的护栏防撞等级为 A、SB、SA、SS 四个级别，各等级护栏防撞性能如表 11-1 所示。

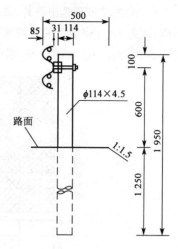

图 11-3　波形护栏（尺寸单位：mm）

护 栏 防 撞 性 能　　　　　　　　　　表 11-1

防撞等级	碰撞条件			碰撞加速度 (m/s^2)	碰撞能量 (kJ)
	碰撞速度 (km/h)	车辆质量 (t)	碰撞角度 (°)		
A(Am)	100	1.5	20	≤200	
	60	10	20		160
SB(SBm)	100	1.5	20	≤200	
	80	10	20		280
SA(SAm)	100	1.5	20	≤200	
	80	14	20		400
SS	100	1.5	20	≤200	
	80	18	20		520

注：碰撞加速度指碰撞过程中，车辆重心处所受冲击加速度，取 10ms 间隔平均值的最大值，为车体纵向加速度、横向加速度和铅直加速度的合成值。

3. 路基护栏设计

1）路侧护栏

公路危险路段的两侧可通过设置护栏来获得保护。路侧护栏可分为路堤护栏和障碍物护栏两大类。

(1) 路堤护栏

决定是否设置路堤护栏的关键因素是路堤高度和边坡坡度。我国规范根据越出路堤事故的严重度指数，画出了路堤高度和坡度与设置护栏的关系图，如图 11-4 所示。

边坡坡度是是否设置路堤护栏的依据。当边坡坡度较缓或者填土高度较低时，即使重心较高的车辆越出路外，翻车的可能性也很小，因为车辆能顺着坡面下滑，一般认为没有必要设置护栏。至于填土高度和边坡坡度与设置护栏的具体规定各国不完全一致，有些国家把 1∶4

或1∶3的边坡、路堤高3～5m作为设置护栏的起点。这样做的必要性不是很大,因为1∶3或1∶4的边坡车辆越出路外,如果速度不是很高,不会有太大危险。美国2002年版《路侧设计指南》认为1∶4或更缓的边坡车辆可以穿越,对行车不构成威胁。大多数国家将1∶2的边坡、填土高度4m,1∶1.5的边坡、填土高度3m,1∶1的边坡、填土高度2m,作为设置护栏的起点。

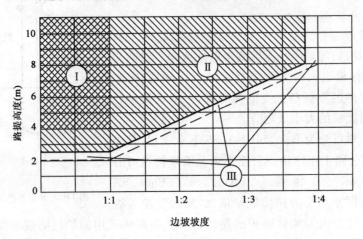

图11-4　路堤高度和坡度与设置护栏的关系图

(2)障碍物护栏

开阔、平坦、无障碍物的路侧条件是设计者所希望的,当公路路侧安全净区范围内不能提供安全行车的条件时,则需要设置护栏来保护障碍物。路侧障碍物可分为不能穿越的危险物和不能移走的障碍物,这些路侧危险障碍物是造成每年交通事故死亡人数30%的直接原因。如按照宽容设计理念不能对这些危险障碍物进行安全处理时,则要设置护栏加以隔离或保护。

为路侧障碍物设置护栏的主要依据是障碍物的特征和路侧安全净区能否得到满足。当障碍物距车行道边缘的距离小于路侧安全净区的宽度值时,经论证需要设置相应防撞等级的护栏。

以路堤、障碍物及其他危险条件为基础,根据车辆驶出路外可能造成的事故严重程度,本条将设置护栏的条件分为以下三类:

①除车辆本身外,有可能造成第二方人员伤亡、财产损失的特大事故的严重危险路段。铁道部、交通部联合下发的《关于在公路与铁路并行路段设置防护栏的通知》(铁运函[2005]978号)中要求"凡公路与铁路等高或公路高于铁路的并行路段,均应设置防止汽车冲入或坠入铁路的防护设施"可作为参考,与此类似的情形还包括"与高速公路并行,路侧有房屋、输电线塔、危险品储藏仓库等"。应结合间距、公路线形、交通量等因素综合确定。发生交通事故极其严重的,归为本类,次之的归为下一类。

②有可能造成车辆本身人员伤亡、财产损失的特大事故和二次重大事故的严重危险路段。

③有可能造成一般、重大事故的较严重危险路段。同时,还应结合路堤边坡和障碍物的分布来确定,如互通式立体交叉的三角地带处,如已填平或进行了边坡处理,路侧安全净区的宽度又满足要求,则没有必要设置护栏。

这里,对车辆驶出路外可能造成的后果的严重程度借鉴了我国公安部目前的分类方法,并据此规定了路基护栏防撞等级的适用条件。公安部对道路交通事故的等级分为四类:轻微事故是指一次造成轻伤1～2人,或者财产损失机动车事故不足1 000元,非机动车事故不足200

元的事故；一般事故是指一次造成重伤1~2人，或者轻伤3人以上，或者财产损失不足3万元的事故；重大事故是指一次造成死亡1~2人，或者重伤3人以上、10人以下，或者财产损失3万元以上、不足6万元的事故；特大事故是指一次造成死亡3人以上，或者重伤11人以上，或者死亡1人，同时重伤8人以上，或者死亡2人，同时重伤5人以上，或者财产损失6万元以上的事故。

通过此方法对路侧的危险程度进行分类，以更准确地从公路条件本身确定需要设置护栏的防撞能力，与交通事故实际发生的伤亡人数和财产损失并无必然联系。在具体使用时，应注意具体问题具体分析。

在确定路基护栏防撞等级适用条件时，考虑了公路等级、设计速度和路侧危险程度。设计速度和路侧危险程度相同时，等级高的公路选用的护栏防撞等级有可能高一些，主要是考虑到等级高的公路承担的交通量更大，导致的交通事故有可能更多。

路侧护栏的最小设置长度，主要考虑护栏的整体作用，只有当护栏作为连续梁能很好地发挥整体效果时，护栏才是有效的。如果护栏设置长度较短，不但影响美观，而且不能发挥护栏的导向功能，增加碰撞的危险性。碰撞试验、仿真分析以及实地调查结果表明：高速公路上设置的波形梁护栏最小设置长度不宜小于70m。缆索护栏设置短了不经济，缆索护栏需要张拉、靠端部结构和中间端部结构来支撑。高速公路最小设置长度不宜小于300m。护栏最小设置长度是指护栏的标准段、渐变段和端头所构成的总长度。如果相邻两段路侧护栏的间距小于规定的最小长度，宜将两段护栏连接起来。

路边障碍物护栏的设置依据是障碍物的特征和路侧安全净区能否得到满足。

2）中央分隔带护栏

日本高速公路交通事故统计数据表明，车辆与中央分隔带护栏接触、冲撞、爬上护栏、个别冲断护栏的事故，占事故总数的22%~25%。也就是说，在高速公路上发生的交通事故中，有1/4与中央分隔带有关，因此在中央分隔带设置护栏是非常必要的。中央分隔带护栏就是为了防止车辆越过中央分隔带闯入对向车道而设置的，因为这种事故一旦发生，其后果是非常严重的。各国在规定中央分隔带护栏设置标准时，往往以中央分隔带的宽度、交通量为依据，见表11-2。交通量较低时，车辆横越中央分隔带的概率就低，但是交通量较低时，车辆的速度就会相对提高，因此一旦发生横越中央分隔带的情况，就可能产生严重的后果。对于交通量的规定，各国有较大差别，但都把中央分隔带的宽度看成是否设置中央分隔带护栏的重要依据。比较宽的中央分隔带，车辆横越的概率也相对低。美国的传统做法是中央分隔带宽度超过10m时可以不设置护栏。考虑到一些公路交通量较大、车速高、横越事故多，美国一些州已提高了这一标准，如佛罗里达州规定宽度19.5m以下、加利福尼亚州规定宽度23m、每日交通量60 000辆以上的中央分隔带应考虑设置护栏。《高速公路交通安全设施设计及施工技术规范》（JTJ 074—94）规定"中央分隔带宽度大于10m时，可不设中央分隔带护栏"。参考《公路工程技术标准》（JTG B01—2003）的条文说明，并结合国内已通车高速公路的运营状况，我国现规定如下：当整体式断面中间带宽度小于或等于12m时，必须设置中央分隔带护栏；当整体式断面中间带宽度大于12m时，应综合考虑公路线形、运行速度、中央分隔带的宽度、交通量及车型构成等因素，分路段确定是否设置中央分隔带护栏。

3）形式选择

根据碰撞后护栏的变形程度分类，可分为刚性护栏、半刚性护栏和柔性护栏三类。在我国使用比较多的主要有：波形梁护栏、缆索护栏、混凝土护栏。

波形梁护栏刚柔相兼,具有较强的吸收碰撞能量的能力及较好的视线诱导功能,能与道路线形相协调,外形美观,可在小半径弯道上使用,损坏处容易更换。组合型波形梁护栏可在窄中央分隔带上使用。对于车辆越出路(桥)外,有可能造成严重后果的区段,可选择加强波形梁护栏。

部分国家设置中央分隔带护栏的标准 表 11-2

国别	中央分隔带的宽度(m)	交通量(辆/d)	道路等级	国别	中央分隔带的宽度(m)	交通量(辆/d)	道路等级
比利时	0	5 000		英国	2		
	4	10 000				10 500	
	6	15 000					
	8	20 000		捷克、芬兰			
丹麦	3	5 000		奥地利、德国、匈牙利、荷兰、日本			快速通道、汽车专用公路一律设置中央分隔带护栏
	6	10 000					
	8	20 000					
波兰	4			阿尔及利亚	4.5		
	6	20 000			4.5~6	4 000	
葡萄牙	4	10 000		罗马尼亚	中央带有障碍物时需设置护栏		
	5	20 000					
	6	30 000		法国	4.5m 或中央分隔带有障碍物时,需设置护栏		
瑞典		15 000					

缆索护栏属柔性结构,车辆碰撞时缆索在弹性范围内工作,可以重复使用且容易修复。立柱间距比较灵活,受不均匀沉陷的影响较小。风景区公路采用缆索护栏较为美观。积雪地区,缆索护栏对扫雪的障碍稍少。但缆索护栏施工复杂,端部立柱损坏修理困难,不适合在小半径曲线路段使用。同时,它的视线诱导性较差,架设长度短时不经济。

混凝土护栏防止车辆越出路(桥)外的效果好,适用于窄的中央分隔带。由于混凝土护栏几乎不变形,因而维修费用很低。但当车辆与护栏的碰撞角度较大时,对车辆和乘员的伤害也大。因此,这种护栏使得乘客的安全感和瞭望的舒适性较差,并会给乘客以较强的行驶压迫感。

护栏形式的选择,应针对每条高速公路的具体情况,充分比较各种护栏的性能,分析行驶安全感、压迫感、视线诱导、瞭望的舒适性,并考虑与公路周围环境的协调,结合经济性、施工条件及养护维修等因素,在综合分析的基础上确定。具体需要综合考虑的因素见表 11-3。

4. 桥梁护栏设计

一般情况下,车辆越出桥外的事故严重度比越出路基外的事故严重度高,桥梁应选择比路基段高的防撞等级的护栏,有些国家建立了路基护栏和桥梁护栏两套防撞等级体系。但从护栏体系而言,路基护栏和桥梁护栏对某些种类的护栏而言是通用的。混凝土墙式桥梁护栏作为永久性构造物,一方面受气候变化的影响,另一方面由于车辆碰撞的摩擦,使表面剥落,护栏表面的摩擦系数值增大,从而降低其改变失控车辆方向的能力,并且影响美观。在近几年的工程实践中,特别是有冻融的地区,混凝土护栏表面发生啃边和脱皮的现象较为严重,因此高速公路桥梁护栏的混凝土强度等级不应低于 C30。

护栏考虑因素 表 11-3

序号	考虑因素		说 明
1	防撞等级的选择		护栏在结构上必须能阻挡并使设计车辆转向。 选择防撞等级时,应综合考虑道路条件(平纵线形、中央分隔带宽度、边坡坡度、路侧障碍物等)和交通条件(车型构成、交通量、运行车速等)
2	变形量		护栏的变形量不应超过容许的变形距离;柔性护栏变形最大,刚性护栏变形最小,半刚性护栏变形居中。 如果护栏与被保护物体间距较大,则可选择对车辆和乘员产生冲击力最小的方案。如障碍物正好临近护栏,则只能选择半刚性或刚性护栏。大多数护栏可通过增加立柱或增加板的强度来提高整体强度。 4.5m 以下宽度的中央分隔带不宜设置柔性护栏
3	现场条件		边坡的坡度、与行车道的距离可能会限制某些护栏的使用: 在边坡上设置护栏时,如边坡坡度陡于 1:10,应采用柔性或半刚性护栏;如边坡坡度陡于 1:6,则任何护栏均不应在边坡上设置。 如土路肩较窄,则立柱所受土压力减少,需要增加埋深、缩短柱距或土中增加钢板
4	通用性		护栏的形式及其端头处理、与其他形式护栏的过渡处理应尽量标准化,中央分隔带护栏形式还应考虑与其他设施(如灯柱、标志立柱和桥墩等)的协调性。 当采用标准护栏不能满足现场要求时,才需要考虑非标准或特殊护栏的设计
5	全寿命周期成本		在最终确定设计方案时,考虑最多的可能是各种方案的初期建设成本和将来的养护成本。一般情况下,护栏的初期建设成本会随着防撞等级的增加而增加,但养护成本会减少。相反,初期建设成本低,则随后的养护成本会大大增加。发生事故后,柔性或半刚性护栏比刚性或高强度护栏需要更多的养护。交通量大、事故频发的路段,事故养护成本将成为必须考虑的因素,刚性护栏是较好的选择方案
6	养护	(1)常规养护	各种护栏均不需要大量的常规养护
		(2)事故养护	一般情况下,事故后柔性或半刚性护栏比刚性或高强度护栏需要更多的养护。 在交通量相当大、事故频率较高处,事故养护成本可能会变为最需要考虑的因素,这种情况通常发生在城市高速公路沿线。在这种位置处,刚性护栏(如混凝土护栏)通常作为选择方案
		(3)材料储备	种类越少,所需要的库存类别和存储需求越少
		(4)方便性	设计越简单,成本越低且越便于现场人员准确修复
7	美观、环境因素		美观通常不是选择护栏形式的决定性因素,但旅游公路或对景观要求高的公路除外。这种情况下,可选择外观自然、能与周边环境融为一体而又具有相应防撞等级的护栏形式。 护栏的选择还要考虑沿线的环境腐蚀程度、气象条件及其对视距的影响等,如积雪还应考虑除雪的方便性
8	实践经验		应对现有护栏的性能和养护需求进行监测,以确定是否需要通过改变护栏形式来减少或消除已发现的问题

(1)设置原则

一般情况下,桥梁路侧危险程度明显比路基段高,车辆越出桥外往往会造成车毁人亡的重大恶性交通事故。考虑到公路的运行速度、交通量、投资费用等因素,根据公路等级及现行《公路工程技术标准》(JTG B01—2003)的要求,作出了上述规定。

对设置有人行道的公路,一般可不必考虑车辆掉下桥梁的可能性。但是,为预防从桥上掉下的车辆造成二次事故并考虑到在公路桥梁上设置人行道,车辆和行人处于同一平面上,对交通量大、车速高的桥梁段,车辆碰撞行人和非机动车事故的严重度增大,为保护行人和非机动车,同时把机动车和非机动车在平面上分隔开,提高车辆与行人的安全性,按实际需要在人行道与车行道分界处设置汽车、行人分隔护栏是适当的。

(2)形式选择

选择桥梁护栏形式时,应考虑下列因素:桥梁护栏的防撞性能、受碰撞后的护栏变形程度、环境和景观要求、护栏的全寿命周期成本。

桥梁护栏的防撞性能主要从公路等级、桥梁护栏外侧的危险物特征等方面加以考虑。

①公路等级。设置桥梁护栏时,原则上应根据公路等级并结合交通量、运行速度和投资费用等因素选择相应防撞等级的桥梁护栏。但是,对于大型车辆混入率高、桥下净空高等危险性较高的特殊路段,就要求设置防撞等级更高的桥梁护栏。

②路侧危险物特征。桥梁邻近(平行)或跨越公路、铁路,车辆越出有可能发生二次事故时,桥梁邻近或跨越江、河、湖、海、沼泽路段,车辆越出会发生沉没的重大事故时,要求在这些路段设置更高等级的桥梁护栏。如果单排桥梁护栏不能达到设计要求的防撞等级,可采用增加桥面宽度、设置双排桥梁护栏的方法。双排桥梁护栏的防撞等级的选择可参照设置有人行道桥梁护栏的设置原则。

③由于小桥、通道、明涵跨径较短,如根据相关设计细则的要求设置桥梁护栏,一般不能满足桥梁护栏结构上所需的最短长度,并且要在很短的桥梁护栏上进行两次过渡段处理,造成短距离内桥梁护栏强度的不连续,整个护栏也不美观。所以,在不降低桥梁路段安全性的前提下,对小桥、通道、明涵的护栏可按路基段护栏的要求设置。

桥梁护栏的防撞等级确定后,可主要从容许变形程度、美观、经济性和养护维修等方面确定适当的护栏形式。虽然桥梁护栏的建造成本只占桥梁总建造费用的很小一部分,但是形式的选择对其在安全、美观、耐用性、养护等方面仍具有很大影响,桥梁护栏应与桥梁形式、桥梁周围的自然景观相协调,起到美化桥梁建筑的作用。条件成熟时,可采用新型结构和轻型材料,以提高桥梁护栏的防撞性能,减少桥梁的自重。

(3)路基与桥梁护栏过渡段

根据美国公路交通事故统计资料,车辆碰撞路侧护栏的事故中有50%发生在路基护栏与桥梁护栏的过渡段上,车辆碰撞桥梁护栏的事故中有50%发生在桥梁护栏端部。碰撞桥梁端部的事故中,死伤事故占29.8%,而车辆碰撞路侧护栏、中央分隔带护栏死伤事故仅占9.5%。因此,欧美等国特别重视桥梁护栏的过渡段设计。相关设计细则按照国、内外的研究和实践成果,规定路基护栏与桥梁护栏防撞等级或刚度不同时,均应进行过渡设计,以避免护栏端部构成行车障碍物。对刚性护栏和半刚性护栏的过渡,细则中推荐了两种处理方法。

二、隔离设施

隔离设施,又称隔离栅,是阻止行人、牲畜进入高速公路、防止非法占用公路用地的基础设施。它可有效地排除横向干扰,避免由此产生的交通延误或交通事故,保障公路效益的发挥。由于我国高速公路是全封闭道路,所以一般情况下全线必须设置隔离设施。

1. 形式选择

我国常用的隔离栅有钢板网、电焊片网、电焊卷网、编织网、刺钢丝网。选择隔离栅形式时,应根据隔离封闭的功能要求,对其性能、造价、美观、与公路周围景观的协调、施工条件及养护维修等因素进行综合比较。

(1)造价比较。按单位造价由高到低依次排列顺序为:钢板网、电焊片网、电焊卷网、编织片网、编织卷网、刺钢丝网。

(2)后期养护维修的比较。钢板网、电焊网、刺钢丝网在网面及局部破坏后,易修补,维修费用低;编织网在局部破坏后,将影响整张网,不易修补,维修费用高。

(3)适应地形的性能比较。钢板网、片网(电焊网、编织网)的爬坡性能差,一般用于平坦路段。在起伏较大的路段,如用钢板网、片网(电焊网、编织网),需将其设计成阶梯状,或将网片设计成平行四边形顺坡设置,施工较困难。卷网(电焊网、编织网)的爬坡性能较好。编织网网面的柔性、电焊卷网的波纹构造均可适应起伏地形,但其施工需要专门的机械设备。刺钢丝网适应地形能力强,爬坡性能优,在地势起伏较大的地形条件下,无需特殊的施工机具,施工方便。

(4)外观比较。钢板网、电焊网、编织网结构合理、美观大方,是城镇沿线、互通区、服务区、风景旅游区等处首选的隔离栅形式。刺钢丝隔离栅单独使用,其美观性能较差,但在南方地区,气候温暖、湿润,树木四季常青,用刺钢丝配绿篱,可增加其美观性,在广东若干高速公路的应用效果甚佳。

(5)隔离墙的隔离效果最好,坚固耐用,但造价高,影响路容、路貌,经论证可在横向干扰大、事故多的路段采用。

2. 设置原则

(1)高速公路两侧必须实行封闭,以防止行人、非机动车、牲畜等闯入公路及非法侵占公路用地。这是确保行车安全、排除横向干扰、充分发挥公路功能的重要措施。

(2)对于公路两侧的一些天然屏障、不必担心有人进入公路和非法侵占公路用地的路段,可以不设置隔离栅。

(3)高速公里的横向上跨桥梁、通道等处为薄弱环节,行人、牲畜等往往会从桥头锥坡处钻入。因此,在这些地点,需采取措施进行围封。在小桥桥头,隔离栅可以沿锥坡爬上,在桥头处围封,也可沿端墙围封。通道的进出口,由于过往行人、牲畜较多,需特别注意人为破坏的可能性,应选择强度高,行人、牲畜无法进入的结构进行围封。

(4)对一些尺寸较小、流量不大的涵洞,隔离设施可直接跨过。但在跨越处,需作一定的围封处理,以防行人、牲畜进入公路路界内。跨越涵洞时,立柱可适当加强、加深。

(5)隔离栅的中心线一般沿公路用地范围界线以内 0.2~0.5m 处设置。这主要考虑立柱的基础能落在公路界以内,避免因侵占界外用地发生纠纷。

(6)隔离栅的高度是结构设计的重要指标,该指标的取值高低直接影响工程的材料费用和性能价格比。所以,隔离设施高度的确定必须结合实际的地域地形、沿线村镇人口的稠密程度以及人们生产、生活流动路线等诸多因素而定。综合上述诸多方面的影响因素可以看出,沿封闭公路两侧影响隔离设施高度的因素是变量,是随地形和人口分布密度变化的函数。为了保证隔离栅的整体美观效果和设计施工的便利性,高度的变化只是根据特殊的地形和其他特殊因素而产生间断式的变化。一般情况下,隔离设施的高度应尽可能统一,高度变化不宜太频繁。隔离栅的高度主要以成人高度为参考标准，一般在 1.5～1.8m。在城市及郊区人口密度较大的路段，特别是青少年较为集中的地方，如学校、运动场、体育馆、影（剧）院等处，隔离设施的设计高度宜取上限，并且可根据实际需要在此基础上进一步加高到人无法攀越的程度。而在人迹稀少的山村或郊外，由于人流较小，攀登隔离设施穿越公路的可能性远远低于城市地区，其设计高度可取下限值。其实，任何设施并不能真正阻挡人们强行攀越、进入公路界的行为。要使人们自觉地遵守交通规则，爱护公路设施，主要取决于社会文明程度和法制观念的提高以及宣传教育。桥梁护网的设置高度宜为 1.8～2.1m，在交通量大、行人密度高、临近城镇厂矿等地点可取上限，反之则取下限。桥梁护网宜与桥梁横断面比例协调，避免给人压抑感。如桥梁两侧设置混凝土护栏时，网面可从护栏顶部开始设置；如设置桥梁栏杆，则桥梁护网网面应从桥面开始设置。

（7）隔离栅和桥梁护网的结构直接关系到使用效果和寿命，在设计中应以考虑风载的影响为主，对行人、牲畜造成的破坏作用可通过结构手段如防盗措施等加以解决。具体计算方法可参考交通标志结构设计的有关规定。需要指出的是，交通标志结构迎风面基本以实体结构受力为主；而隔离栅和桥梁护网的迎风面为网孔结构，网孔结构的折减系数需要考虑网面孔隙率的大小。对隔离栅而言，一般有野外攀藤植物依附，维护清除又有困难，使网片的透风性降低，计算风载时，应根据所在地区攀援植物不同而取不同的孔隙率值。

3. 构造要求

高速公路隔离栅有以下构造要求：

（1）在实际应用中，综合考虑不利于人为攀越、结构整体的配合要求、网面的强度（绷紧程度）三个因素，金属网格的网孔尺寸一般不宜大于 150mm×150mm；刺钢丝上下两道刺钢丝的间距不宜大于 250mm，一般以 150～200mm 为宜。在保证封闭功能的要求下，在保证隔离网自身强度和刚度的条件下，网孔应尽量选大值，以减少工程费用，提高隔离栅的性能价格比。电焊网可选用无边框的结构，在网面设置折弯结构可增加刚度，减小钢丝直径。这种网面可降低电焊网的造价。

（2）公路两侧的地形变化很大，有些地点（如陡坎、湖泊、河流、深沟等）隔离设施的设置前后不能连续，需要做好隔离栅的端部处理。

（3）编织网（卷网）、电焊网（卷网）、刺钢丝网对起伏地形的适应性较强（图 11-5）。而钢板网、电焊网（片网）、编织网（卷网）的适应性则较差，在起伏地形使用，需设置成阶梯状或将网片特制成平行四边形顺坡设置；如地形起伏过大，可考虑对地形进行一定的整修，尽可能使隔离栅起伏自然，避免局部地段的突然变化，如图 11-6 所示。

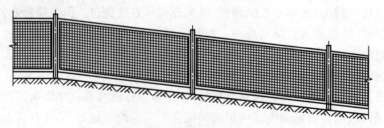

图 11-5　顺斜坡设置的隔离栅

在地势起伏较大的地区，应尽量避免采用钢板网、电焊网（片网）、编织网（片网）。这三种形式的隔离栅爬坡性能较差且施工困难。

（4）为保证隔离栅的有效性，在每段隔离设施的起点和终点以及因地形条件需要断开的地段,都应针对不同的情况作专门的端头围封设计,使公路外的行人、牲畜不能在隔离栅断开处进入公路。

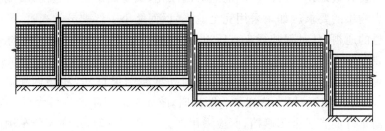

图 11-6　阶梯状设置的隔离栅

在隔离栅需要改变方向的地点,应作专门的拐角设计。设计时应力求结构稳定、施工方便,保持立柱和隔离网规格的统一性。

(5)为便于公路的维修和养护,方便公路管理人员和养护人员以及机修设备的进出,需要在适当的位置设置隔离栅开口。开口处均需设立活动门,以利于养护工作完成后,隔离设施的继续封闭。

隔离栅活动门的规格大小可根据进出大门的设备、人员情况进行设计,形式应力求简易、实用。大门的形式一般可分为单开门和双开门两种。单开门主要为人员的出入而设置;双开门主要为机修设备及车辆的进出而设置。单开门门宽设计尺寸不应大于1.5m,双开门总宽不应超过3.2m。因为门框的设计强度是根据门的尺寸大小决定的,跨度大的门对门架稳定性要求也高,从而增加不必要的工程费用。

三、防眩设施

防眩设施是设置在高速公路的中央分隔带上,夜间行车防止对面车辆前照灯眩目的构造物。在众多交通安全设施中,防眩设施是其中一个很重要的部分。防眩设施的作用主要是为了降低会车时眩光对驾驶员的影响,因而设置位置在中央分隔带上。防眩设施的遮光有两种:一种是使车辆的前照灯的灯光完全照射不到对向行车或照射到的光线很少,此种属于全部遮光;另一种防眩设施是部分阻挡车辆的前照灯的灯光,此类属于部分遮光。研究表明,防眩设施既要有效地遮挡眩光,也应满足横向通视好和对驾驶员心理影响小的要求。完全遮光缩小了驾驶员的视野,对驾驶员有压迫感。国外试验结果表明,防眩设施不需要很大的遮光角就可以获得良好的遮光效果,可采用部分遮光原理,允许部分车辆前照灯灯光穿过防眩设施。因此,我国高速公路防眩设施多采用不完全遮光的两种形式,即防眩板和植树。

1.防眩原理及设计要素

防眩板的设计要素有:遮光角、防眩高度、板宽、板的间距。根据交通部公路科学研究所所作的《防眩设施结构形式的研究工作总结报告》(以下简称《报告》)("七五"国家重点科技项目)制订了防眩板设计要素表,并纳入相关规范,见表11-4。

防眩板设计要素　　　　　　　　　　　　　　　表11-4

结构设计要素	一 般 路 段	平、竖曲线路段
遮光角(°)	8	8~15
防眩高度(cm)	160~170	120~180
板宽(cm)	8~10	8~25
板的间距(cm)	50	50

1)防眩板的遮光角

防眩设施既要有效地遮挡对向车辆前照灯的眩光,又要满足横向通视好、能看到斜前方并对驾驶员心理影响小的要求。如果采用完全遮光,反而缩小了驾驶员的视野,影响了巡逻管理车辆对对向车道的通视,且对驾驶行车有压迫感。同时,无论白天或黑夜,对向车道的交通情况是行车的重要参照系,其中很重要的一点是驾驶员在夜间能通过对向车前照灯的光线判断两车的纵线距离,使其注意调整行车状态。从国外试验结果可知,相会两车非常接近(小于50m)时,光线不会影响视距;但当达到某一距离时,眩光会对视距产生较大的影响。防眩设施不一定要将对向车灯的光线全部遮挡,而应采用部分遮光的原理,允许部分车辆前照灯灯光穿过防眩设施。当然,透光量不应使驾驶员感到不舒适。

由上可知,要获得良好的防眩效果,只需某一合适的遮光角和高度即可。但最佳的遮光角是多大,却是难以确定的。因为其受到人的视觉特性、驾驶员的个体因素、对眩光的允许程度和道路线形等多方面不确定因素的影响。

为此,交通部公路科研所在国家"七五"攻关中,对防眩设施的合适遮光角进行了专门研究。据试验分析,在夜间汽车安全驾驶所需要的最小照度约为1.5lx。在用汽车前照灯照明时,光线应当越强越好,照明距离也要越远越好,并应在照明区域以内提供尽可能均匀的照度。理想的远光灯应当在光束的中心部分具有最大的发光强度,并投出矩形的光束。通过对汽车前照灯配光性能的调查发现:目前,车辆前照灯几乎全都采用抛物面或准抛物面的反光镜,并在反光镜上或在罩住反光镜用的灯玻璃上制出花纹,利用这些花纹使光线在大灯内部偏转,以使大灯灯光中心部位具有最大的发光强度,并投射出近似矩形的光束。此光束以 8°~10°的角度射出。虽然在此锥外还存在光线的散射,但光强比较弱,基本不会引起眩目。结合经济和横向通视等方面的要求,通过大量的实际调查,并考虑到国内外的使用经验,确定平直路段上防眩设施的遮光角以 8°为宜。由于植树树枝稀疏漏光,其遮光角则以 10°为宜。这一结果已在国内几条高等级公路上得到验证。

(1)直线路段防眩板的遮光角

防眩板是通过其宽度部分来阻挡对向车前照灯光束的。在道路中央分隔带上连续设置间距为 L、宽度为 b 的板条,设与前照灯主光轴的水平夹角呈 β_0 的光线照射在防眩板上时,光线刚好被两条板块所阻挡。在直线路段,防眩设施遮光角的计算如图 11-7 所示。

从图 11-7 可看出,当防眩板与设置中线垂直时:

$$\beta_0 = \arctan(b/L) \quad (11\text{-}1)$$

当防眩板与设置中线偏转 α 角时:

$$\beta_0 = \arctan b \cdot \sin\alpha/(L - b\cos\alpha) \quad (11\text{-}2)$$

式中:β_0——防眩板的遮光角(°)

α——直线路段防眩设施遮光角(°);

b——防眩设施板宽(m);

L——防眩设施间距(m)。

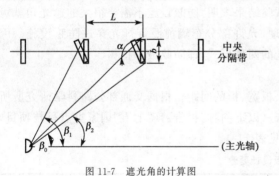

图 11-7 遮光角的计算图

遮光角是非常重要的技术参数,是防眩设施设计的重要依据。当与前照灯的水平夹角 $\beta_2 < \beta_0$ 时,光线将被全部遮挡;而当水平夹角 $\beta_2 > \beta_0 > \beta_1$ 时,部分光线将穿过防眩板。

(2)平曲线上遮光角的调整

在平曲线路段,车辆前照灯的光线沿曲线方向射出,外侧车道上的车辆前照灯光线射向路外,不会使对向车道的驾驶员产生眩目;而内侧车道车辆的前照灯光线射向外侧车道,使外侧车道的驾驶员暴露在设计眩光区内。为了在平曲线路段获得和直线路段一样的遮光角,防眩设施的遮光角应按式(11-3)进行调整:

$$\alpha = \arccos[(R-B) \cdot \cos\theta / R] \tag{11-3}$$

式中:α——曲线段防眩板的遮光角(°);

θ——直线段防眩板的遮光角(m);

R——平曲线中心的曲率半径(m);

B——从驾驶员眼睛到防眩板的横向距离(m)。

另据研究,当车速达到70km/h时,对向车辆前照灯的光线只有与驾驶员的视线夹角约呈20°(视角锥的一半,15°~20°)时,射入眼睛才是有害的眩光。美国等一些国家高速公路防眩设施的遮光角就是根据视觉的遮光要求而确定为15°~20°的。《汽车及挂车外部照明和光信号装置的安装规定》(GB 4785—2007)规定:近光灯的最小几何可见角为10°~45°,远光灯最小几何可见角为5°。防眩设施是为防止对向车远光灯对驾驶员的炫目而设置,故据此可确定防眩设施的理论遮光角为5°。根据英国在直线远光灯会车条件下,两车的横向位置和纵向距离对视距影响研究的结论:当两车相距接近50m时,驾驶员几乎什么也看不见;若两车再接近距离到仅十几米时,则驾驶员的视距又恢复到60m。这说明两车相距50m时,驾驶员受眩光的影响最大。在我国高速公路上,眩光影响最大的情况是双向车辆均在超车道上行驶,即两车横向距离8.25m时,由上述公式求得:

$$\theta = \arctan 8.25/50 = 9.4°$$

交通部公路科学研究所在北京沙河机场所做的试验结果表明:当防眩板角度为10°时,所有驾驶员均无眩光感觉;当防眩板角度为7°时,大多数驾驶员感觉防眩效果略差,感到有光线穿过防眩设施,但刚好能接受。另据沈阳—抚顺南线公路、广佛高速公路和首都机场高速公路等路段的防眩设施使用效果来看,这几条公路的防眩遮光角分别为7.5°和8.0°,驾驶员反映效果良好,有效地防止了对向车前照灯的眩光。综上所述,防眩设施宜采用部分遮光原理进行设计,根据遮挡光线的效果、经济性和横向通视的要求,直线段上的防眩设施遮光角宜采用8°,而平竖曲线路段宜采用8°~15°。

2)防眩板的高度

防眩设施的高度同样与车辆的前照灯高度、驾驶员视线高度、前照灯的最小几何可见角、前照灯配光性能、安装瞄准状况、道路状况和车型组合等不确定因素有关,而且现阶段载货汽车驾驶员的视线高度还在不断增加,小型车驾驶员的视线高度有逐渐降低的趋势。所以,防眩设施的高度一般只要使组合频率较高的小型车与小型车、小型车与大型车相遇时有良好的效果即可。

(1)直线段的防眩板高度

交通部公路科研所经过研究、分析、试验、调查和验证等工作,提出了平直路段适宜的防眩设施高度为1.60~1.70m,并给出了供计算用的驾驶员视线高度和前照灯高度值。

直线段防眩设施的高度H按式(11-4)计算:

$$H = h_1 + (h_2 - h_1)B_1/B_2 \tag{11-4}$$

式中:h_1——汽车前照灯高度,大型车为1.0m,小型车为0.8m;

h_2——驾驶员视线高度,大型车为2.0m,小型车为1.3m;

B_1、B_2——分别为行车道上车辆距防眩设施中心线的距离,$B=B_1+B_2$,如图11-8所示。

表 11-5 列出了车灯高度以及视线高度建议值,表 11-6 列出了不同车辆组合时平直路段防眩设施最小高度的理论值,供实际工作时参考。

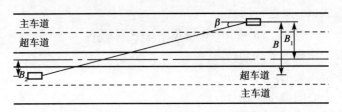

图 11-8　防眩设施最小高度计算图式

车灯高度、视线高度建议值　　　　　　　　　　　　　　　　表 11-5

车　型	前照灯高度(m)		驾驶员视线高度(m)	
	调查值	建议值	调查值	建议值
大货车	0.95～1.15	1.05	2.10～2.40	2.25
中货车	0.90～1.10	1.00	2.00～2.40	2.10
小货车	0.65～0.75	0.70	1.50～1.65	1.60
大、中客车	0.85～1.05	1.00	1.70～2.20	2.00

不同车辆组合时的防眩设施最小高度　　　　　　　　　　　　表 11-6

超车道	主车道	防眩设施高度(m)	超车道	主车道	防眩设施高度(m)
小型车、小型车		1.09	大型车、大型车		1.50
小型车	大型车	1.27	大型车	小型车	1.62
大型车、大型车		1.50	小型车	小型车	1.16
小型车、大型车		1.40	大型车	大型车	1.68

从表 11-6 的数据可知,直线路段上车辆同在行车道上行驶时所需的最大防眩高度为 1.65m,与此高度相对应的车型组合为大型车与大型车或者大型车与中型车会车;而车辆在不同车道会车,所需防眩最大高度为 1.84m,与此高度相对应的车型组合为大型车与大型车或者大型车与中型车会车,且大型车位于超车道,而这种情况出现的机会很小。因为相对中小型车来说,大型车车速较慢,超车机会很少。综合以上两种情况可以将直线路段防眩设施的高度确定为 1.6m。在这种高度下,可以保证 90% 以上的车辆会车时不会发生眩光,尤其是小客车和小货车与任何车辆会车时都不会发生眩光;中型车在与大型车会车时,只要注意此时不在超车道上会车,也不会产生眩光;只有大型车与大型车会车时,才会产生不舒服眩光,但不会产生失能眩光。

防眩高度是与在公路上行驶的车辆类型有关的,如果大型车辆行驶较多,则防眩高度要适当加高;如果小型车辆较多,则可适当减少防眩高度,如日本要求的防眩高度只有 1.2m。我国目前采用 1.6m 的防眩高度是符合我国国情的。

(2)曲线路段防眩板高度

在弯道路段,车辆前照灯的光线沿切线方向射出,曲线外侧车道上车辆的前照灯灯光射向路外,不会影响内侧车道的交通。而弯道内侧车辆的前照灯射向外侧车道,外侧车道上的车辆驾驶员的眼睛暴露在眩光区内,弯道上驾驶员眼睛受到瞬间眩光的照射,需经过一段暗适应的过程,轻的会使驾驶员心理上感觉不舒适,严重的会导致驾驶员短期失能,看不清前方路况,使车辆沿切线方向越出路外造成交通事故。因而,弯道上相对来说更需要设置防眩设施。

在曲线半径较小且中央分隔带较窄的弯道上,设置防眩设施可能会影响曲线外侧车道的视距。因此,在设置防眩设施之前应进行停车视距分析,保证设置防眩设施后不会减小停车视距。由于设置防眩设施对停车视距的影响随中央分隔带宽度和曲线半径的减小而趋于严重,故对在弯道上设置防眩设施可能引起的视距问题应予以足够的重视。

弯道上设置的防眩设施如果经检验影响了视距,则可考虑降低防眩设施的高度。降低高度后的防眩设施可阻挡对向车前照灯的大部分眩光,且驾驶员能看见本车道前方车流中最后一辆车的顶部,这个高度值一般为1.2m。另外,也可以考虑将防眩设施的设置位置偏向曲线内侧,但此方法对半径较小的弯道来说,效果并不明显,景观效果也不好,因而主要在较大半径的曲线路段采用。

如采用上述方法仍不能得到较好的防眩效果和景观效果,则不宜在中央分隔带上设置防眩设施。如确需设置,则可采取加宽中央分隔带的方法,使车道边缘至防眩设施之间有足够的余宽,以保证停车视距。日本东名高速公路就采取了加宽中央分隔带的方法,取得了明显的成效,使东名高速公路成为绿茵连续的优美舒适公路。这是日本东名与名神高速公路的区别之一。

在凸形曲线路段,驾驶员可在一定范围从较低的角度看到对向车前照灯的眩光,随着两车驶近,视线上移,眩光才被防眩设施遮挡。因此,在凸形竖曲线路段,防眩设施的下缘应接近或接触路面,以消除这种眩光的影响。其设置的范围至少为凸形竖曲线顶部两侧各120m。因平直路段感觉不到眩光的两车最小纵距为120m左右,汽车远射灯光的照距一般也在120m左右。

在凹形竖曲线路段,驾驶员显然可从较高的角度看到对向车前照灯的眩光。因而,宜根据凹形竖曲线的半径和前后纵坡度的大小,适当增加凹形竖曲线路段防眩设施的高度。

2. 设计原则

(1)要设置防眩设施的路段

高速公路符合下列情况之一者,宜设置防眩措施:

①夜间交通量较大、大型车混入率较高的路段;

②平曲线半径小于一般最小半径的路段;

③设置的竖曲线对驾驶员有严重眩目影响的路段;

④从互通式立交、服务区、停车场的匝道或连接道进入主线时对向驾驶员有严重眩目影响的路段;

⑤无照明的大桥、高架桥上;

⑥长直线路段;

⑦地形起伏变化较大的路段。

(2)不需设置防眩设施的情况

①在道路上两车相会时,驾驶员受眩光影响的程度与两车的横向距离有很大的关系。

交通部公路研究所进行的防眩试验表明,当两车横向距离达 14m 以上时,相会两车灯光不会使驾驶员眩目。这一结果与英国的试验结果一致。

我国的交通规则规定,在正常行驶条件下,所有车辆都应在主车道上行驶,只有超车或其他特殊情况才能在超车道上行驶。当中央分隔带宽度为 7m 时,加上两条左侧路缘带宽 1.5($2 \times 0.75 = 1.5$)m,中间带宽度为 8.5m。如相会两车都在主车道上正常行驶,则其横向距离 S 为 16(8.5+2×3.75×3/2+3.75×1/2)m;在最不利的情况下,如相会两车都在超车道上行驶,S 值也为 12.25(8.5+2×3.75/2)m。当中央分隔带宽度大于 7m 时,一般都能有效地降低眩光对驾驶员的行车影响,或认为眩光对驾驶行为的影响可以不考虑。因为规范规定,在中央分隔带大于 7m 时,就不必设置防眩设施了。

国内外的研究者普遍认为:提供足够的横向距离以消除对向车前照灯眩目是理想的防眩设计。国外六车道的高速公路,除满足日间的交通量需求外,夜间左侧车道(靠近中央分隔带的车道)上几乎没有或很少有车辆行驶,甚至中间车道上的车辆也不多。这样,两车相会时有足够的横向距离,消除了对向车前照灯的眩目。英国高速公路车辆行驶规则规定:不是为了超车或边车道无空时,不得使用右侧车道。这样,对向车流间有足够的横向距离,因而无眩目影响,或眩目影响甚微,可不设防眩设施。

②当公路路基的横断面为分离式断面,上下行车道不在同一水平面时,理论计算和实际应用的经验都表明:若上下行车道的高差大于 2m,会车眩光对驾驶员的影响就很小了。此外,在这种情况下,一般都会在较高的行车道旁设置路侧护栏(除缆式护栏外),而护栏也起到了遮光的作用。因而,也就不必设置专门的防眩设施了。

③在有连续照明设施的路段,车辆夜间一般都以近光灯行驶,会车时眩光影响甚微。显然,在这种情况下可以不考虑设置防眩设施。

(3)防眩设施的一般要求

①防眩设施的位置应考虑设施的连续性,避免在两段防眩设施中间留有短距离间隙;

②长距离设置防眩设施时,防眩设施的形式或颜色宜有一定变化;

③防眩设施的设置应注意与公路周围景观协调;

④防眩设施与各种护栏配合设置时,应针对不同地区,结合防风、防雪、防眩的综合要求,考虑组合结构的合理性。

3. 形式选择

防眩设施一般安装在中央分隔带,设置方式可有:与波形梁护栏相连接,埋置在土中;埋置在混凝土中;设置在混凝土护栏上。防眩板材料可采用钢材、塑料或其他不易变形、不易老化、不易褪色的材料。防眩设施的高度一般为 1.70m,遮光角度一般为 8°。

良好的防眩设计可以给驾驶员提供多样的"车行景异"的动态景观,克服行驶的单调感,给驾驶员以安全、舒适的享受,提高行车质量。

四、视线诱导设施

视线诱导设施是沿车行道两侧设置,用于明示道路线形、方向、车行道边界及危险路段位置,诱导驾驶员视线的设施。车辆在道路上行驶需有一定的通视距离,以便掌握道路前方的情况,尤其是在夜间行驶时,仅依靠汽车前照灯照明来弄清道路前方的线形、明确行驶的方向是有一定困难的。因为汽车前照灯的照明范围有限,要想达到白天的通视距离,就要依赖于视线诱导设施。

视线诱导设施按功能可分为轮廓标,分、合流诱导标和线形诱导标。轮廓标以指示道路线形轮廓为主要目标;分、合流诱导标以指示交通流分合为主要目标;线形诱导标以指示或警告改变行驶方向为主要目标。它们以不同的侧重点来诱导驾驶员的视线,使行车更趋于安全、舒适。

1. 轮廓标

高速公路上车辆的运行速度很高,为提高行车的安全性和舒适性,指示公路前方线形非常重要。连续设置轮廓标就是诱导驾驶员视线、标明公路几何线形的有效办法。驾驶员能明确前方公路线形,从而快速、舒适地行驶,增加行车安全水平,有效地避免交通事故。在高速公路、一级公路互通式立体交叉枢纽范围内及服务设施、停车场等进出口匝道连接线上,特别是在小半径曲线上,应在公路两侧连续设置轮廓标。

高速公路上车辆的运行速度很高,如只在右侧设置轮廓标,在多车道情况下,对行驶于快车道的车辆驾驶员的视线诱导效果就很差。因此,左侧也设置连续的轮廓标是必要的。

高速公路的主线以及互通立交、服务区、停车场等进出匝道或连接道,均全线连续设置轮廓标。轮廓标在公路左、右侧对称设置,直线段设置间隔不超过50m,曲线路段和匝道处设置间距不应大于表1-7的规定。在路基宽度、车道数有变化的路段及竖曲线路段,可适当加密轮廓标的间隔。

曲线路段、匝道处轮廓标的设置间距(单位:m)　　　　　　　表11-7

曲线半径	≤89	90~179	180~274	275~374	375~999	1 000~1 999	≥2 000
设置间距	8	12	16	24	32	40	48

轮廓标按设置条件可分柱式轮廓标和附着式轮廓标两类。根据路侧设置的不同护栏形式和结构物的分布,轮廓标可分别附着于波形梁护栏、混凝土护栏、隧道墙侧和缆索护栏上,其他没有设置护栏的路段设置柱式轮廓标。各类轮廓标如图11-9~图11-14所示。

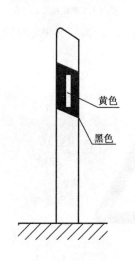

图11-9 行车道左侧

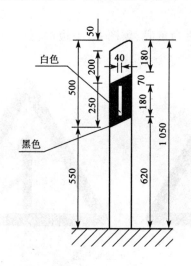

图11-10 行车道右侧(单位尺寸:mm)

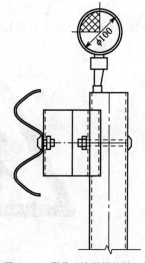

图11-11 附着于波形梁护栏上的轮廓标(单位尺寸:mm)

2. 分、合流标志

分、合流标志用于提醒驾驶员前方有分、合流,注意车辆运行状态,设置于分、合流点前主线上的适当位置。如果主线设置了必需的指路标志,则分流标志可不设置。

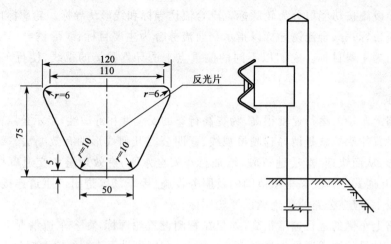

图 11-12　附着于波形梁护栏上的轮廓标(单位尺寸:mm)

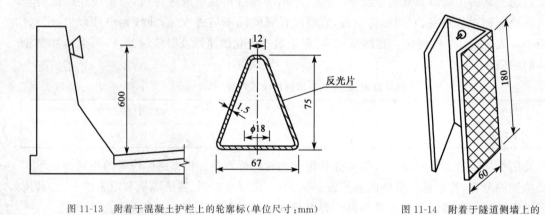

图 11-13　附着于混凝土护栏上的轮廓标(单位尺寸:mm)　　　图 11-14　附着于隧道侧墙上的轮廓标(单位尺寸:mm)

分、合流标志属于警告标志颜色为黄底、黑图案、黑边框、黄色衬底,形状为三角形,如图 11-15 所示。

图 11-15　分、合流标志

3. 线形诱导标

线形诱导标是指设置于急弯或视距不良的路段,用来指示道路改变方向,或设置于施工、维修作业路段,用来警告驾驶员改变行驶方向的设施。线形诱导标可分为指示性线形诱导标和警告性线形诱导标两类。

指示性线形诱导标应设置在半径小于一般最小半径或通视较差、对行车安全不利的曲线外侧;警告性线形诱导标应设置在道路局部施工或维修作业等需临时改变行车方向的路段。

图 11-16、图 11-17 所示线形诱导标设于一般道路上易发生事故的路段、小半径匝道曲线外侧等,为绿底白图形。图 11-16 是线形诱导标的基本单元,可以单独使用,也可以把几个基本单元组合使用。线形诱导标的基本单元尺寸应根据设计速度按规范确定。设计速度大于或等于 80km/h 时,可选用 600mm×800mm;设计速度小于 80km/h 时,可选用 400mm×600mm。

图 11-16 线形诱导标的基本单元

线形诱导标版的下缘至地面的高度应为 120～200cm,标志板应尽可能垂直于驾驶员的视线。

图 11-17 线形诱导标的组合使用

线形诱导标的位置应根据曲线半径、曲线长度、偏角大小确定。对于偏角小于或等于 70°的曲线路段,可在曲线中点位置设一块线形诱导标;对于偏角大于 70°、曲线较长的弯道,可根据需要设置若干块线形诱导标,并应保证驾驶员在曲线范围内连续看到不少于三块诱导标。

第二节 高速公路交通标志与标线

道路交通标志是用图形、符号、颜色和文字向交通参与者传递特定信息,用于管理交通的设施;道路交通标线是由标划于路面上的各种线条、箭头、文字、立面标记、突起路标和轮廓标等所构成的交通安全设施,可以与交通标志配合使用或单独使用,以管制和引导交通。道路交通标志与标线是交通组织与交通管理的"硬件",是交通执法的依据。合理设置的道路交通标志与标线,可以平滑交通、提高道路通行能力、减少交通事故、防止交通阻塞、节省能源、降低公害及美化路容。

1. 交通标志分类

交通标志按其作用分类,分为主标志和辅助标志两大类。

(1)主标志

①**警告标志**:警告车辆、行人注意道路交通的标志;

②**禁令标志**:禁止或限制车辆、行人交通行为的标志;

③**指示标志**:指示车辆、行人应遵循的标志;

④**指路标志**:传递道路方向、地点、距离信息的标志;

⑤**旅游区标志**:提供旅游景点方向、距离的标志;

⑥**作业区标志**:告知道路作业区通行的标志;

⑦告示标志：告知路外设施、安全行驶信息以及其他信息的标志。

(2)辅助标志

辅助标志附设在主标志下，对其进行辅助说明的标志。

2.标线分类

(1)按功能划分

①指示标线：指示车行道、行车方向、路面边缘、人行道、停车位、停靠站及减速丘等的标线；

②禁止标线：告示道路交通的遵行、禁止、限制等特殊规定的标线；

③警告标线：促使道路使用者了解道路上的特殊情况、提高警觉准备应变防范措施的标线。

(2)按设置方式可划分

①纵向标线：沿道路行车方向设置的标线；

②横向标线：遇道路行车方向交叉设置的标线；

③其他标线：字符标记或其他形式标线。

(3)按形态划分

①线条：施画于路面、缘石或立面上的实线或虚线；

②字符：施画于路面上的文字、数字及各种图形、符号；

③突起路标：安装于路面上用于标示车道分界、边缘、分合流、弯道、危险路段、路宽变化、路面障碍物位置等的反光体或不反光体；

④轮廓标：安装于道路两侧，用以指示道路边界轮廓、道路的前进方向的反光柱或反光片。

一、指路标志

指路标志用来向道路使用者提供沿线道路经由的地名、方向和距离，或与之相交道路的编号、名胜古迹、游乐休息或服务区等信息。高速公路指路系统是高速公里交通标志中最重要的部分，其设计与广大驾驶者的运营效率和交通安全有着最为密切的关系。

1.指路系统

(1)指路系统的概念

高速公路、城市快速路及城市高架路的指路系统是指用以指示行进道路前方节点所连接的道路和可到达地域的标志、标线的总和。该系统由近节点预告和远节点预告组成。出口标志、出口预告标志、地名标志一般仅预告近节点；而地点方向标志和地点距离标志则以预告远节点为主，预告近节点为辅。

(2)高速公路的路径指引

根据高速公路用户在行驶过程中对指路信息的需求，高速公路指志系统可分解为：

①入口指引系列标志：含入口预告标志、入口地点方向标志、高速公路入口标志(命名编号标志)；

②行车确认系列标志：含地点距离标志、国家高速公路命名编号标志；

③出口预告系列标志：含出口预告标志、出口标志、地点方向标志。

从互通式立体交叉被交道路驶入高速公路，至下一互通式立体交叉出口，一般情况下宜按照下列顺序设置：入口预告标志→入口处地点方向标志→高速公路入口标志(命名编号标志)→地点距离标志→高速公路命名编号标志→出口预告标志→出口标志→出口处地点方向标志。指路标志各版面信息之间应保持一致和连续。

(3)信息分类

高速公路及其周围环境中,可作为指路标志信息的种类非常多。在选取指路标志信息之前,应对其进行合理分类和分级。高速公路指路标志信息分级见表11-8。

高速公路指路标志信息分级表　　　　　　　　　　表11-8

信息类型		一级信息	二级信息	三级信息
公路编号(或名称)		高速公路、国道、城市快速路编号(或名称)	省道、城市主干路编号(或名称)	县道、乡道、城市次干路和支路编号(或名称)
地区名称信息	主线、并行线、联络线、地区环线	重要地区,如直辖市、省会、自治区首府、副省级城市、地级市	主要地区,如县及县级市	一般地区,如乡、镇、村
	城市绕城环线	卫星城镇、城区重要地、人口密集的居民住宅区	城区较重要地名、人口较密集的居民住宅区	
地点名称信息	交通枢纽信息	飞机场、省级火车站、港口、重要交通集散点	地级火车站、长途汽车站、大型交叉路口、大型立交桥	县级火车站、长途汽车站、较大型交叉路口
	文体、旅游信息	国家级旅游景区、自然保护区、博物馆、文体场馆	省级旅游景点、自然保护区、博物馆、文体场馆	地、县级旅游景点、博物馆、纪念馆、文体中心

(4)节点

节点是指路系统中重要的地名或路名的预告内容,通常应选择一级信息或二级信息。高速公路指路系统的节点可分为方向节点和地点距离节点。方向节点是进入某条高速公路前,预告该道路主要通向的信息。地点距离节点是预告当前高速公里可以到达的主要路名或地名信息,可分为近节点和远节点。指路标志应根据节点的不同按本规定设置,形成一套具有完整性、连续性和层次性的指路系统。

由于指路标志信息的选取应以不熟悉周围路网体系的公路用户为设计对象,指路标志应做到在为某个用户提供尽可能详细信息的同时,还要为所有用户提供简明扼要的信息。选择节点时,应在两者之间加以折中,并尽量选取一级信息与二级信息相结合的方法,如表11-8所示。其中,方向节点应选择"地名"信息。如无法按照表11-8的规定选取必要的信息时,可降级选取信息;必要时,也可升级选取信息。

以上海市高速公路指路系统为例,上海市高速公路路网如图11-18所示,指路系统中方向节点和地点距离远节点如表11-9所示。

2.设置方法

(1)入口引导标志的设置

高速公路入口引导标志应根据地面道路路网密度和入口流量综合设置,但引导信息必须连续,即当入口标志第一次出现时,在引导方向每个转弯的路口必须连续设置入口引导标志。当通向高速公路两个方向的入口在同一位置时(如喇叭形立交),入口引导标志应设置地点方向信息,如图11-19所示;当通向高速公路两个方向的入口不在同一位置时(如菱形立交),入口引导标志上应设置地点方向信息,如图11-20所示。

上海市高速公路指路系统方向节点　　　　　　表 11-9

路线性质		新编号	新命名简称	地点距离远节点	方向节点
国家高速公路	首都放射线	G2	京沪高速	上海市区(S20)、苏州	上海市区、苏州
	纵线	G15	沈海高速	南通、宁波	南通、宁波
	横线	G40	沪陕高速	上海市区(S20)、南通(近期为崇明)	上海市区、南通(近期为崇明)
		G42	沪蓉高速	上海市区(S20)、苏州	上海市区、苏州
		G50	沪渝高速	上海市区(S20)、湖州	上海市区、湖州
		G60	沪昆高速	上海市区(S20)、杭州	上海市区、杭州
	地区环线	G92	杭州湾环线高速	上海市区(S20)、杭州	上海市区、杭州
	城市绕城环线	G1501	上海绕城高速	安亭、宝山城区①、浦东机场、东海大桥、嘉兴、金山卫	安亭、宝山城区①、浦东机场、东海大桥、嘉兴、金山卫
省级高速公路	射线	S1	迎宾高速	上海市区(S20)、浦东机场	上海市区、浦东机场
		S2	沪芦高速	上海市区(S20)、东海大桥	上海市区、东海大桥
		S3	沪奉高速	上海市区(S20)、奉城	上海市区、奉城
		S4	沪金高速	上海市区(S20)、宁波	上海市区、宁波
		S5	沪嘉高速	上海市区(S20)、嘉定城区	上海市区、嘉定城区
		S6	沪翔高速	上海市区(S20)、马陆	上海市区、马陆
		S7	沪崇高速	上海市区(S20)、崇明	上海市区、崇明
	环线	S20	外环高速	浦东机场、东海大桥②、莘庄立交、虹桥枢纽、外环隧道	浦东机场、东海大桥②、莘庄立交、虹桥枢纽、外环隧道
	纵线	S19	新卫高速	安亭、金山卫	安亭、金山卫
		S12	崇海高速	安亭、崇明	安亭、崇明
		S16	沪宜高速	上海市区(S20)、宜兴	上海市区、宜兴
		S22	嘉安高速	待定	待定
		S26	沪常高速	上海市区(S20)、常州	上海市区、常州
		S32	申嘉湖高速	浦东机场、嘉兴	浦东机场、嘉兴
		S36	亭枫高速	东海大桥、嘉兴	东海大桥、嘉兴

注：1. 若本路不直接通向方向节点或本路没有方向节点的出口名，则必须在通向该方向节点的出口位置设置辅助引导标志。
　　2. 浦东机场作为方向节点指示时应采用文字形式。
　　3. 特殊位置的方向节点可根据路网条件作适当调整：
　　　①G1501方向节点"宝山城区"仅在浦东国际机场及外环隧道间使用；
　　　②S20东南方位的方向节点以浦东机场为主，特殊情况下可采用东海大桥为方向节点。

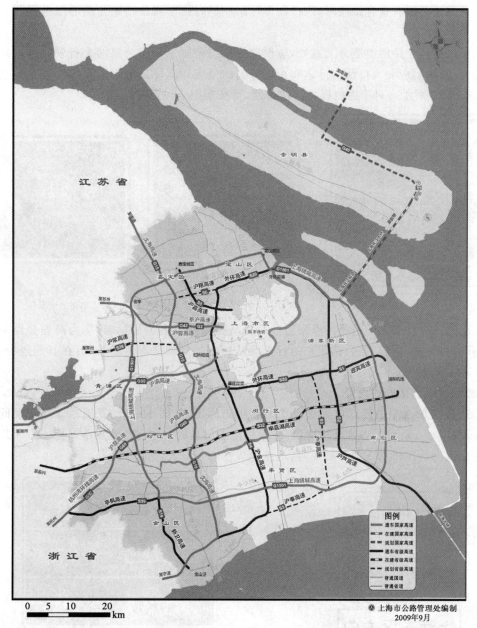

图 11-18 上海市高速公路路网

图 11-19 一个方向的入口预告标志

图 11-20 两个方向的入口预告标志

两条高速公路有重合路段时,入口预告标志应同时指出两条高速公路的编号,如图11-21所示。

在驶入高速公路的匝道分叉点处,应设置分别指向国家高速公路两个行驶方向的地点方向标志,版面内容应与入口预告标志和相应方向的地点距离标志的第三个或第二个地名相对应,如图11-22所示。对于更换标志高速公路,可按照图11-22执行。

图11-21 重合段入口预告标志　　　　　图11-22 更换标志道路分叉处方向指示标志

在互通式立体交叉的后基准点附近应设置高速公路命名编号标志,作为高速公路的入口标志,同时也作为其他高速公路用户的行车确认标志。如加速车道较长,可在其起点处增设,如图11-23所示。

(2)地点距离标志的设置

高速公路加速车道终点位置应设置地点距离标志,见图11-24。互通式立体交叉间距大于10km时,地点距离标志可重复设置,并保持地点信息的一致性。地点距离标志宜采用三行按由近到远的顺序排列。如有必要时,地点距离标志可设置四排信息。

图11-23 高速公路命名编号标志设置示例　　　图11-24 地点距离标志

地点距离标志第一行为当前出口名称;第二行为地点距离近节点信息,可选择当前出口的后面一个出口的出口名称,也可选择当前高速通向的一、二级信息;第三行为地点距离远节点信息,在到达该节点出口前两个出口范围内,应保持该节点信息不变。地点距离远节点信息应尽可能与方向节点信息保持一致。若方向节点附近有高速公路,可同时设置。

(3)出口预告系列标志及出口标志的设置

出口预告系列标志及出口标志的设置方法如下:

①距互通式立体交叉的前基准点 3km、2km、1km、500m 和 0km 处,应分别设置 3km、2km、1km、500m 出口预告标志和出口预告(行动点)标志,如图 11-25a)～e)所示。出口预告系列标志版面可出现两行信息,根据相连接道路的等级,可按相关规定进行选择。一般情况下,第一行应为出口可连接的公路编号(或名称)信息;第二行应为所连接道路的方向节点。

②距出口 500m 或 1km 位置应设置图形标志。图形标志左右分别标明所连接高速公路的两个方向节点,上部标明当前出口后一个出口的出口名和距离,如图 11-25d)所示。

③出口匝道鼻端应设置出口标志,如图 11-25f)所示。

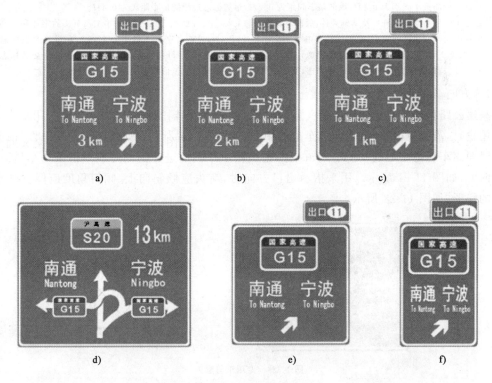

图 11-25 出口预告系列标志和出口标志

3.版面设计

(1)标志字体使用规定

高速公路的指路标志应采用汉字,根据需要可与英文等其他文字并用。当交通标志采用中、英两种文字时,地名应用汉语拼音,专用名词应用英文。为提高交通标志英文信息的视认效果,更加符合阅读习惯,除特殊规定外,英文(含汉语拼音)首字母应为大写,其余字母为小写。除特殊规定外,交通标志中的文字高度、宽度应符合下列规定。

①汉字高度应根据设计速度来确定,见表 11-10。

汉字高度与设计速度的关系 表 11-10

设计速度(km/h)	100～120	71～99	40～70	<40
汉字高度(cm)	60～70	50～60	40～50	25～30

②汉字的宽度应与高度相等,因板面限制等原因,可适当压缩字宽,高宽比不应大于 1:0.75。
③其他文字与汉字高度的关系见表 11-11。

其他文字与汉字高度的关系 表 11-11

其他文字		与汉字高度 H 的关系
英文或少数民族文字		$1/2H$
阿拉伯数字	字高	H
	字宽	$3/5H$
	笔画粗	$H/6$

注:1.汉字横向最小间距为 $0.1H$,纵向最小间距为 $0.2H$,距离标志边缘的最小距离为 $0.4H$。
2.鉴于已建高速公路杆件及基础条件,版面不宜超原有标志尺寸面积,困难位置的中文及英文的字体和字高可根据版面限制作适当缩小,但主线标志中文字高不得小于 40cm,英文字高不得小于 20cm。在设计交通标志版面时,英文小写字母的字高按 $1/2H$ 考虑,实际制作时,应根据每个字母的实际高度来确定;在设计交通标志版面时,阿拉伯数字的字宽按 $3/5H$ 来考虑,实际制作时,可根据每个阿拉伯数字的宽度适当调整。

(2)方向箭头使用规定

高速公路指路标志上使用的箭头应以一定角度反映车辆的行驶方向。当箭头用来指示车道的用途时,箭头应向下,并指向该车道的中心,如图 11-26 所示。如因结构的局限性,箭头位置可以偏离车行道中心线 0～0.75m。当箭头指示车辆前进方向而并非专指某一车道时,箭头应向上,如图 11-27 所示。用来指示出口方向时,箭头应倾斜向上,倾斜角度应能反映出口车道的线形,如图 11-28 所示。

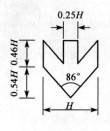

图 11-26 专用车道箭头
注:H 为汉字高度

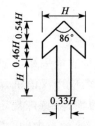

图 11-27 前进方向箭头
注:H 为汉字高度

路侧安装的指路标志,表示直行方向的箭头应指向上方,表示转向方向的箭头应与转向车道的线形保持一致。同时,出现向上和向左、向右的三个箭头时,指向上、向左的箭头应放置在最左侧,指向右侧的箭头应放置在最右侧。

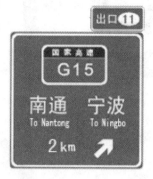
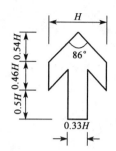

图 11-28　出口箭头

注:H 为汉字高度

高速公路上用于指示互通式立体交叉轮廓的图形标志以及普通公路上用于指引国家高速公路入口的平面交叉图形标志宜采用曲线箭头,如图 11-29 所示。

图 11-29　曲线箭头

二、禁令标志、指示标志和警告标志

禁令标志、指示标志和警告标志是最主要的体现道路交通管理措施的交通标志,同时也是作为交通执法和交通事故处理依据的标志。由于高速公路有明确的特殊管理办法,所以与普通道路相比,高速公路上设置的禁令标志、指示标志和警告标志相对较少。

1. 禁令标志

禁令标志是禁止车辆或限制车辆、行人交通的不安全行为,维护交通安全、畅通,保护公里结构和公路结构和公路设施,防止交通危险出现的一种交通标志。禁令标志的颜色为白底、红圈、红杠、黑图案,图案压杠。

高速公路入口处常用的禁令标志主要有:限速标志、限制质量标志、限制高度标志、禁止摩托车驶入标志、禁止非机动车进入标志、禁止行人进入标志,如图 11-30～图 11-35 所示。

路段上常用禁令标志有按车道限速标志,如图 11-36 所示。

高速公路入口处常用禁令标志有匝道限速标志或限制某种吨位货车的标志,如图 11-37 所示。

图 11-30　限速标志　　　　　图 11-31　限制高度标志　　　　图 11-32　限制质量标志

图 11-33　禁止摩托车驶入标志　　图11-34　禁止非机动车进入标志　　图 11-35　禁止行人进入标志

图 11-36　按车道限速标志

图 11-37　高速公路入口处常用禁令标志

禁令标志的尺寸与计算行车速度的关系如表 11-12 所示。

禁令标志的尺寸与计算行车速度的关系　　　　　　　　　　表 11-12

速度(km/h)		100～120	71～99	40～70	<40
圆形标志(cm)	标志外径(D)	120	100	80	60
	红边宽度(a)	12	10	8	6
	红杠宽度(b)	9	7.5	6	4.5
	衬边宽度(c)	1	0.8	0.6	0.4
三角形标志 (减速让行标志)(cm)	三角形边长(a)	—	—	90	70
	红边宽度(b)	—	—	9	7
	衬边宽度(c)	—	—	0.6	0.4
八角形标志 (停车让行标志)(cm)	标志外径(D)	—	—	80	60
	白边宽度(b)	—	—	3	2
矩形标志 (区域限制和解除标志)(cm)	长(a)	—	—	120	90
	宽(b)	—	—	170	130
	黑边框宽度(c)	—	—	3	2
	衬边宽度(d)	—	—	0.6	0.4

2. 指示标志

指示标志表示指示车辆、行人行进的含义,道路使用者应遵循。除个别标志外,指示标志的颜色为蓝底、白图形。

除有特殊的交通组织情况外,高速公路上的指示标志仅有最低限速标志,如图 11-38 所示。

指示标志的尺寸与计算行车速度的关系如表 11-13 所示。

图 11-38　最低限速标志

指示标志的尺寸与计算行车速度关系　　　　　　　　　　表 11-13

速度(km/h)	100～120	71～99	40～70	<40
圆形(直径 D)(cm)	120	100	80	60
正方形(边长 A)(cm)	120	100	80	60
长方形(长 A×宽 B)(cm)	190×140	160×120	140×100	
单行线标志(长方形 A×B)(cm)	120×60	100×50	80×40	60×30
会车先行标志(正方形,边长 A)(cm)	—	—	80	60
衬边宽度 C(cm)	1	0.8	0.6	0.4

3. 警告标志

警告标志是警告车辆驾驶员、行人前方有危险的标志,道路使用者需谨慎行动。驾驶员在道路上行驶常常会遇到各种危险情况,所以必须提前设置警告标志提醒驾驶员。

高速公路常用的警告标志有急弯路标志、陡坡标志、连续下坡标志、窄路标志、注意落石标志、注意横风标志、隧道标志、避险车道标志等,如图 11-39～图 11-48 所示。这些标志在山区高速公路中的使用比较多。

图 11-39　急弯路标志　　　　　图 11-40　陡坡标志

图 11-41　连续下坡标志　　图 11-42　两侧变窄　　图 11-43　右侧变窄　　图 11-44　左侧变窄

图 11-45　落石标志　　　　　　　　　　　　图 11-46　横风标志

图 11-47　隧道标志　　　　图 11-48　避险车道标志

警告标志的尺寸与计算行车速度的关系如表 11-14 所示。

警告标志的尺寸与计算行车速度的关系　　　　　　表 11-14

速度(km/h)	100～120	71～99	40～70	<40
三角形边长(A)(cm)	130	110	90	70
黑边宽度(B)(cm)	9	8	6.5	5
黑边圆角半径(R)(cm)	6	5	4	3
衬边宽度(cm)	1	0.8	0.6	0.4

三、交通标线

道路交通标线是交通安全设施的重组成部分,由标划于路面上的各种线条、箭头、文字、立面标记、突起路标和轮廓标等构成是引导驾驶员视线、管制驾驶员驾驶行为的重要设施。因此,对标线的可见性、耐久性、施工性等有严格的要求。

1. 交通标线的分类

(1)按功能分类

交通标线按功能可分为指示标线、禁止标线和警告标线三类。

①指示标线是用于指示车行道、行车方向、路面边缘、人行道位置等的标线。高速公路指示标线的种类及形式见表11-15。

指示标线的种类及形式　　　　表11-15

序号	标线名称	标线形式	所属类别	序号	标线名称	标线形式	所属类别
1	双向两车道道路面中心线	黄色虚线	纵向	6	高速公路出入口标线	直接式、平行式	其他
2	车行道分界线	白色虚线	纵向	7	停车位标线	白色实线	其他
3	车行道边缘线	白色实线或虚线	纵向	8	收费岛标线	黄黑相间斜线	其他
4	人行横道线	白色平行实线	横向	9	导向箭头	白色箭头	其他
5	距离确认线	白色平行实线	横向	10	路面文字标记	黄色、白色文字	其他

②禁止标线是用于告示道路交通的遵行、禁止、限制等特殊规定,车辆驾驶员及行人需严格遵守的标线。高速公路禁止标线的种类主要包括禁止超车线标线和禁止变换车道标线。

③警告标线是用于促使车辆驾驶员及行人了解道路上的特殊情况、提高警觉、准备防范应变措施的标线。禁止标线的种类及形式见表11-16。

禁止标线的种类及形式　　　　表11-16

序号	标线名称	标线形式	所属类别	序号	标线名称	标线形式	所属类别
1	车行道宽度渐变段标线	白色实线或黄色斑马线	纵向	3	减速标线	白色虚线	横向
2	路面障碍物标线	颜色同中心线,V形线,斜纹线	纵向	4	立面标线	黄黑相间倾斜线条	其他

(2)按设置方式分类

交通标线按设置方式可分为以下三类:

①纵向标线是指沿道路行车方向设置的标线;

②横向标线是指与道路行车方向成角度设置的标线;

③其他标线是指字符标记或其他形式的标线。

(3)按标线形态分类

交通标线按形态可分为以下四类：

①线条。线条是指施画于路面、缘石或立面上的实线或虚线。

②字符标记。字符标记是指施画于路面上的文字、数字及各种图形符号。

③突起路标。突起路标是指安装于路面上用于标示车道分界、边缘、分合流、弯道、危险路段、路宽变化、路面障碍物位置的反光或不反光体。

④路边轮廓标。路边轮廓标是指安装于道路两侧，用以指示道路的方向、车行道边界轮廓的反光柱或反光片。

2.交通标线设计方法

高速公路标线设计主要为入口、路段、出口和收费广场的交通标线设计。其布置方式如图11-49~图11-52所示。

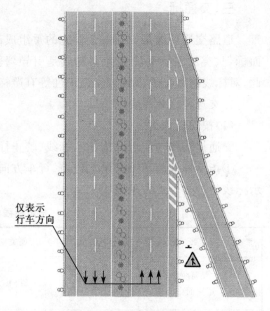

图 11-49 入口标线设置实例

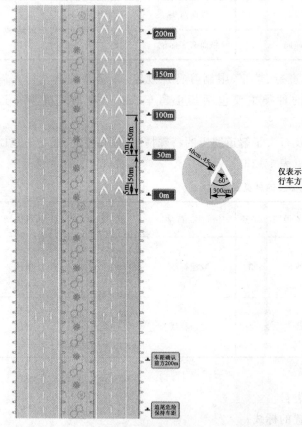

图 11-50 路段标线设置实例

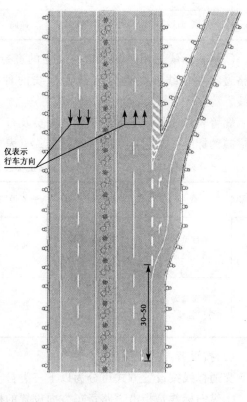

图 11-51 出口标线设置实例

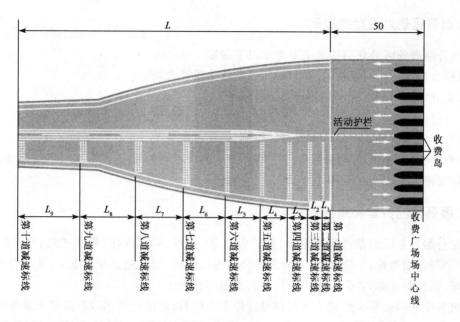

图 11-52 收费广场标线设置实例

3. 标线材料要求

车辆行驶时，无论是白天或黑夜，都能由于光泽和色彩的反衬而清晰地识别和辨认路面标线。无论是沥青路面或水泥混凝土路面标线涂料必须保持与路面之间的紧密结合，在一定时期内，不会因为车辆和行人来往通行而剥落。标线涂料应具有优良的耐久性，能经受车轮长久的磨耗，不会产生明显的裂缝。标线涂料应具有很好的防滑性能，车辆驶过标线时产生较小的噪声和振动。标线涂料的原料容易获得，价格便宜，涂敷作业要安全、无毒、无污染。反光标线的回归反射性能在相当长的使用期内不应显著下降。标线应颜色均匀，不会因气候、路面材料等作用而变色。标线涂料应具有快干性，涂敷作业应尽量减少对交通的干扰。标线涂料应具有良好的施工性能，画出的标线边缘整齐，表面平整，不会产生涂料流淌，表面产生沟槽、气泡等缺陷。

第三节　高速公路沿线服务设施

为了确保车辆在高速公路上安全行驶，必须及时满足驾驶员的生理和心理需求，缓解连续高速行驶带来的疲劳和紧张，并及时给车辆加油、加水，或进行维修检查等，使车辆处于良好的技术状态，因此必须建设高速公路服务区。服务区是高速公路重要的组成部分，高速公路服务区是为使用高速公路的驾驶员和旅客、车辆、职工等提供服务的公用设施，主要包括：为驾驶员和旅客服务的休息室和旅馆、商店与餐厅、公共厕所、医务室和急救站、信息服务和通信设施等；为车辆服务的设施，如停车场、加油站和修理所；为职工服务的设施，如职工宿舍和职工食堂、园林和绿化带、广场、通道及贯穿车道，天桥和地下通道等以及管理用房。

根据《公路工程技术标准》（JTG B01—2003）的要求，在高速公路建设的同时，应设置服务区和停车区。服务区建设规模应根据高速公路设计交通量和交通组成及其功能定位等计算确定，并根据区域路网、地形、景观、环保等因素进行规划和布设。

一、服务区规划设置的原则

高速公路服务区的规划选址主要考虑以下原则：
(1)符合高速公路网规划的总体布局,服从道路设计大局；
(2)充分考虑用户需求,加强人性化设计；
(3)尽可能结合收费设施和管理设施建设,避免土地资源和投资的浪费；
(4)与邻近城镇开发区的发展规划相协调,避免占用城镇开发区的规划用地；
(5)根据《公路建设项目用地指标》(建标 1999 年 278 号),服务区平均间距应为 50km,停车区平均间距为 15~25km(图 11-53)。

二、服务区的类型和规模

高速公路服务区的总体规模是由广场、停车场、道路、园林绿化、服务建筑(包括餐厅、商场、旅店、厕所、加油站、车辆修理所、管理办公室等)、附属设施(包括变配电站、供水设施、污水净化处理、信息服务等)各个服务单元设施的规模综合确定的。

各服务单元的规模和组成主要根据设计停车车位数,并综合考虑服务需求和服务等级、地形地貌和环境条件、土地资源和投资状况等因素进行匹配计算。而每一侧的设计停车车位数可以以通车 10 年后的预测交通量作为设计交通量计算得到。

$$停车车位数 = 设计日交通量 \times 停留率 \times 高峰率 \times 周转率 \quad (11-5)$$

式中：设计日交通量——通车 10 年后的一年中,日交通量按从大至小排序的第 35 位交通量。
　　　停留率——日停留车辆数与日主线交通量之比。
　　　高峰率——高峰小时停留车辆数与日停放车辆数之比。
　　　周转率——日小时数与平均停车时间之比。

各类车辆的停留率、高峰率和平均停车时间参考值见表 11-17。

各类车辆的停留率、高峰率和平均停车时间参考值　　　表 11-17

车辆类型	停留率	高峰率	平均停车时间(min)
小型车	0.175	0.10	25
大型客车	0.25	0.25	20
大型货车	0.125	0.075	30

高速公路服务区以路网上车辆出行特征和服务需求作为布设依据,并综合考虑高速公路与周边城镇的关系来规划服务区的位置和规模。通常,高速公路服务区可以分为以下三类。

1. 大型服务区

大型服务区在国省干线公路和大交通量公路上按需设置,主要为长途运输车辆和过境车辆提供全面的服务,如停车住宿、餐饮、购物、加油和车辆维修等,应具备各类服务功能。大型服务区按一侧停车 100~300 辆、占地面积 8 000~20 000m² 考虑。

2. 中型服务区

所有高速公路均应设置中型服务区,其平均间距为 50km,为各类运输车辆和过境车辆提供较为全面的服务,如停车休息、餐饮、购物、加油等,可以根据实际需求,提供车辆维修服务和适量住宿客房。可结合高速公路路段监控分中心或收费站建设,按一侧停车 50~150 辆、占地面积 6 000~10 000m² 考虑。

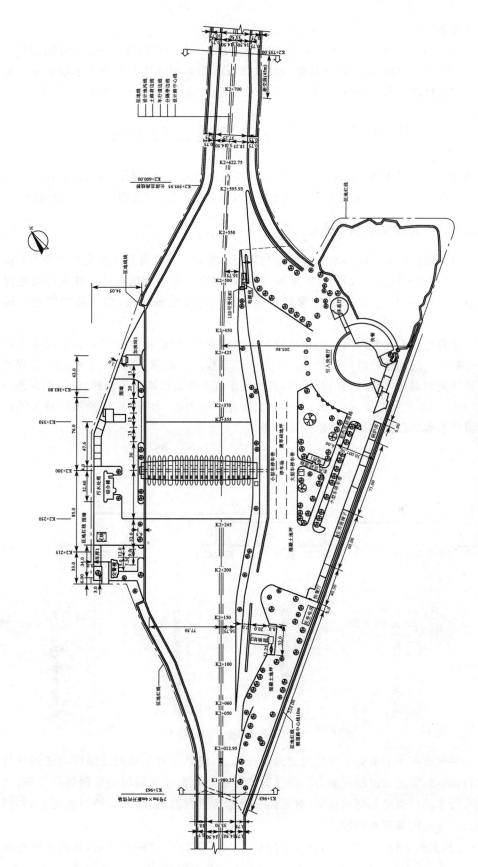

图11-53 某高速公路服务区平面设计示意图(左侧变窄)(尺寸单位:m)

3.小型服务区(停车区)

可以根据道路实际情况和服务需求,在两个大、中型服务区之间按 15～30km 的间距增设小型服务区(停车区),提供短时停车休息、购物、厕所等简单服务功能设施。小型服务区可结合养护工区和管理用房建设,按每一侧停车 15～60 辆、占地面积 3 000～5 000m² 考虑。

第四节　高速公路交通监控系统

根据《公路工程技术标准》(JTG B01—2003)和《高速公路交通工程及沿线设施设计通用规范》(JTG D80—2006)的规定,高速公路应同步建设交通监控系统,并覆盖整个高速公路网。

一、高速公路交通监控系统概述

高速公路交通监控系统的作用和目标是利用交通参数采集设备和事件监测设备等对高速公路网的交通运行状态进行全面实时的监视,对于影响交通安全和畅通的事件或趋势通过信息发布设备进行诱导、预警和干预,以保障高速公路网的安全和畅通,提高路网的整体运行效率。

由于交通监控是高速公路网运行管理的一个组成部分,因此高速公路交通监控系统体系结构的设计必须适应高速公路的运行管理体制和管理模式。通常,高速公路网运行管理范围与省级行政区划相对应,即每个省、直辖市、自治区形成一个省级高速公路网,设一个高速公路网交通监控中心,再按照路段或区域设若干个交通监控分中心,如图 11-54 所示。特长隧道和特大桥梁可以根据管理需求设交通监控分中心。

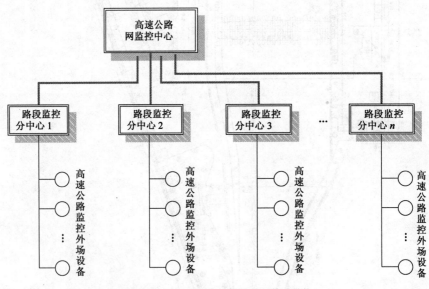

图 11-54　高速公路交通监控管理体系结构

高速公路网监控中心负责全路网的交通运行管理,应具备对全路网及路网内任何路段进行实时监视、调度、管理和控制的能力。路段监控分中心负责所辖路段的交通运行管理,应具备对及时掌握本路段道路和交通状况,对道路交通运行进行监视、管理和控制的能力,并接受上级路网监控中心的管理和调控。

《高速公路交通工程及沿线设施设计通用规范》(JTG D80—2006)规定,高速公路监控系统可根据监控类别、公路路网、交通量、联网管理需求等因素,分别采用主线控制、匝道控制和通道控制等方式和控制策略。

高速公路交通监控系统以全面实时掌握全路网交通运行状态、及时发现和快速处置突发事件、通过交通诱导和信息服务来保障道路交通安全、提高路网运行效率为基本要求,应具备信息采集功能、信息分析处理与决策功能和信息发布与控制功能等基本功能,并且与道路路网、路政管理、交通管理、养护、救援等部门建立紧密联系,以实时掌握交通流运行状态,应对可能发生的特殊交通安全或紧急事件,增进交通安全,提高服务质量和运行效率。

交通信息采集包括交通参数采集(交通流量、占有率、平均车速等)、交通状态信息采集、交通事件信息采集以及车型分类和行程时间等其他交通信息的采集。交通信息分析处理包括交通状态和交通事件的检测判断、交通管理的决策辅助和发布控制指令、实施救助的应急处置预案自动生成、数据管理和统计查询。交通信息发布包括面向社会公众的实时交通信息服务以及面向各运行管理部门和管理人员的交通信息支持。

因此,高速公路交通监控系统可以划分为信息采集子系统、中心计算机子系统、信息发布和服务子系统以及视频图像监视子系统等组成。

《高速公路交通工程及沿线设施设计通用规范》明确指出高速公路管理设施的设计等级应为 A 级。A 级管理设施的监控系统分类见表 11-18。

监 控 系 统 分 类　　　　　　　　　　表 11-18

分类	A2		A1	
	A22 系统配置	A21 系统配置	A12 系统配置	A11 系统配置
适用范围	四车道、六车道高速公路服务水平一、二级的路段	四车道、六车道高速公路服务水平达到二级下限的路段	八车道高速公路服务水平一、二级的路段; 四车道、六车道高速公路特大桥、特长隧道等特殊区段	八车道高速公路服务水平达到二级下限的路段; 六车道高速公路服务水平低于二级的路段

二、信息采集子系统

交通监控系统的重要基础是交通信息采集,包括交通参数及气象和环境参数的采集和处理、道路交通状况监视、交通事件的快速检测等。

1. 交通参数检测

采用车辆检测器检测高速公路主线和出入匝道的交通参数,主要有车速、车流量、占有率以及车型分类。各车辆检测器的功能和技术性能要求取决于交通监控系统的整体功能要求和技术性能指标以及车辆检测器的布设位置。各种类型的检测器所适用的路面条件、环境条件、检测精度、维修条件、检测方式以及价格各不相同,因此需要根据项目具体情况比较分析,选用最适用的类型。

高速公路主线检测断面的布设间距由交通监控系统的功能要求,特别是交通事件自动检测功能以及系统技术性能指标确定,通常在 500～1 000m。同时,在高速互通立交出口匝道布置车辆检测器,以统计互通立交各出口方向的转向车流量。

除上述布设要求以外,根据交通运输部《国家高速公路网交通量调查观测站点布局规划》,将采集基本交通数据的交通量调查站分为一类调查站与二类调查站两类。其中,一类调查站的调查数据以反映路网宏观交通量特征为主,主要为宏观决策提供支撑,在功能上兼容二类调查站;二类调查站的调查数据以反映道路运行状态和运行质量为主,主要为交通指挥调度、应急处置、公众出行信息服务提供支撑,在功能上是一类调查站的简化。

高速公路应布设按照下列原则布设交通量调查观测站:
(1)枢纽互通立交间必须布设至少一处一类调查站。
(2)省级行政区划边界处必须布设一处一类调查站。
(3)全国范围内重要的、具有明显经济和交通分隔效应的过江过河通道必须布设一处一类调查站。
(4)在满足相邻基本单元路段交通量相对偏差不大于15%且合并路段内的基本单元路段交通量相关性大于0.85的前提下,下列互通立交间的国家高速公路路段应布设一类调查站:
①枢纽互通立交;
②发挥干线公路作用的公路与国家高速公路间的互通立交;
③连接重要港口、车站、码头的公路与国家高速公路间的互通立交;
④连接重要旅游景区的公路与国家高速公路间的互通立交;
⑤国家高速公路大中城市连接线与国家高速公路主线间的互通立交;
⑥城市快速路、主干路与国家高速公路过境环线间的互通立交。
(5)一类调查站的布设位置应距离互通立交交织区300~500m以上,距离主线收费站2 000m以上。

2. 监控电视图像信息采集

为了对高速公路的路况有直观的观察和在发生交通事件时能对该交通事件的性质和严重程度进行确认,并对事件的处理效果进行评估,在高速公路沿线设置监控电视摄像机以采集视频图像信息。由于高速公路事件发生的不确定性,监控电视摄像机的布设宜按监视视场的全程覆盖考虑。在正常情况下,一台安装高度在6~12m、带云台的可控摄像机的有效观察半径为500m左右,因此监控电视摄像机可按平均每公里一套左右布设。适当提高摄像机的安装高度,可以扩大有效观察半径,减少摄像机数量,并有利于观察复杂路段交通事件的全局景象,但需要兼顾日常运行的养护维修条件以及对图像清晰度的要求等因素。

监控电视摄像机布设位置的选择应重点考虑下列因素:
(1)合流、分流及交织路段;
(2)交通繁忙易发生拥堵等交通事件的路段;
(3)转弯、上下坡、车道变化等行车条件较差的路段;
(4)避免视野受周围环境及构筑物的遮挡;
(5)在满足交通监控需求的前提下兼顾运营管理的其他需求,以及与其他检测设备的相互补充等。

如果需要利用摄像机的图像信号进行事件自动检测或交通参数检测,则应选择固定式摄像机,以保证检测功能和性能指标的实现。

3. 气象和环境参数检测

快速发展的高等级公路为人们的出行和经济建设的发展提供了较大的方便,但相应的交通事故也逐年增加,其中很大一部分的交通事故与恶劣天气有关。据统计,由灾害性天气引起的道路交通事故占道路交通事故总数的30%以上,造成巨大的损失。

我国各级政府非常重视应急处置和抢险救灾的体系建设,普遍认识到解决灾害性天气下高速公路交通事故防范和应急指挥问题是防灾体系中的重要环节。目前,交通运输部和国家气象局已经签订了有关合作协议,气象部门将为高速公路提供专业气象应用业务。

要实现有效的精细化道路交通气象信息服务,必须加强公路运行管理部门与气象部门的合作,充分利用气象部门的专业技术资源。同时,在道路沿线按照气象信息采集的需求布设小型自动气象站等气象和环境参数检测设备,以弥补公共气象服务在精细化方面的不足。

由于道路周边小气候条件(团雾、冰冻、阵风、暴雨等)对交通安全和通行能力的影响极大,因此设计时应综合考虑工程项目规模、监控系统技术规划和地理环境条件等,确定设置气象检测器等设备来采集气象信息,同时需要注意气象检测器能检测到的气象信息往往只能代表检测器所在位置附近的小范围气象情况,因此设计时应进行充分的调研以确定设置位置。

自动气象站的布设应符合下列要求:

(1)在地势平坦的平原,自动气象站平均布设间距为10km左右。在易发生大雾和横切风等灾害性天气多发区以及其他重点地区,自动气象站平均布设间距为5km。

(2)自动气象站布点宜结合路网结构,选择高速公路互通等枢纽位置,以兼顾更多的路段区域。

(3)自动气象站架设位置应具有环境代表性,周围环境具有一定的稳定性,如服务区、收费站、管理处等。在符合气象传感器安装要求的前提下,可以安装在高速公路中央隔离带内。在站址选择上,要避开对数据采集造成直接影响的干扰信号源并具有数据传输和供电条件。

(4)自动气象站地面观测场建设,应符合《地面气象观测规范》中地面气象观测场的要求,其四周应当开阔无遮挡。设备的安装应参照《地面气象观测规范》的要求布设,需避开设备相互之间的影响,温度、湿度传感器应安装在百叶箱内,雨量传感器不能用横臂架设在风杆上。

(5)现场避雷应按《自动气象站场室防雷技术规范》(QX/T 30—2004)第7条执行,安装避雷装置,所有传感器应在避雷装置的有效保护范围内。

(6)整个自动气象站设备的机壳和连接传感器电缆的转接盒应有良好搭铁,搭铁电阻应小于4Ω;设备搭铁端与避雷搭铁网应通过地线等电位连接器连接。

(7)高速公路自动气象站必须配备气压、气温、湿度、风向、风速、雨量、能见度和路面温度等八个气象要素传感器。

(8)高速公路使用的自动气象站仪器应具有国务院主管部门颁发的使用许可证,或经国务院气象主管机构审批同意用于观测业务的仪器,能够实现组网上传实时资料。数据采集器的数据采样速率及算法符合《地面气象观测规范》的规定。

4.事件及路况信息采集

受到交通监控系统建设成本、维护成本和技术等多种因素的限制,建设一个完全自动采集信息的监控系统是不现实的。因此,应特别强调多途径获取信息、多部门协调工作的重要性。所以,除以上与监控系统联机工作的信息采集设施外,还应根据实际情况依靠交通、路政巡逻、养护和社会途径等,多渠道采集道路交通事故、车辆事故、道路养护维修等事件信息。

5.其他信息采集

除了交通监控系统本身以外,其他信息系统特别是收费系统也能提供可以用于交通管理的信息。

(1)收费车道交通信息。收费系统能向交通监控系统提供高速公路网范围内完整的OD信息、本路段的实时OD(包含入口至出口的旅行时间)信息和实时出入高速公路网(断面)流量信息,要求每个收费站将所属收费车道的相关信息实时传送到监控分中心,采集周期宜为1min。

(2)收费广场监控电视图像信息。收费系统广场摄像机采集的图像能向交通监控系统提供各收费广场直观的实时运行状况,特别是出口车道排队情况。

三、信息发布和信息服务子系统

目前,高速公路的信息发布和信息服务,主要是指在高速公路沿线通过可变信息标志以及在服务区通过显示屏和查询终端等设施,向出行者提供交通状态、交通管制、道路施工、交通事故以及灾害性气象等交通信息和其他信息。广义的信息发布还包括其他广播、电视、网站、手机等向社会公众发布信息的设施。

1. 可变信息标志

高速公路可变信息标志包括有全文字标志、图形标志、文字加图形标志、可变限速标志等多种形式。高速公路可变信息标志布设应在保证行车安全的前提下,根据交通诱导策略和信息发布内容合理选择可变信息标志的形式。

在各高速公路入口处前,具备路径选择条件的位置,宜设置主要发布高速公路交通管制、交通阻断等信息的可变信息标志,标志形式宜采用文字式。

在进入高速公路互通立交前方,具备路径选择条件的位置,宜设置主要发布行驶前方高速公路相关道路的交通管制信息、交通阻断信息以及其他突发事件信息的可变信息标志,标志形式宜采用文字式或图形加文字式为主。

在高速公路入口匝道汇入渐变段的终点处,应布设可变限速标志,可变限速标志宜设置在固定限速标志的下游约100m处。

在高速公路与其他主干道路或重要交通枢纽、活动场馆连接的出口匝道前方,具备路径选择条件的位置,可根据需要设置可变信息标志。主要发布相关道路的交通管制信息、交通阻断信息以及其他相关信息。

除了在上述位置布设相关可变信息标志外,路段中其他位置可以根据信息发布的层次性、连续性需求,布设一些小型文字式可变信息标志,主要发布本路段行驶前方的交通信息。

可变信息标志的布设原则如下:

(1)可变信息标志的布设应以不影响交通安全、符合交通诱导和控制策略、满足信息发布需求为基本原则。

(2)可变信息标志主要布设在高速公路互通枢纽立交、高速公路出入口、区域境界线等附近。可变信息标志布设位置的选择应有利于驾驶员及时掌握前方道路信息,并提前采取相应措施(如路径选择)。

(3)可变信息标志的布设应根据各路段所处的位置、路网形态和交通流特征进行设计。

可变信息标志的图形、文字大小设置应满足交通工程学的要求和国家标准,其他技术参数可参照交通运输部的相关标准。

可变信息标志的点阵显示部分可显示《信息交换用汉字编码字符集 基本集》(GB 2312—80)指定的汉字、西文、数字和特殊符号、图形,可变信息标志采用光带图形用于显示交通状态,光带的颜色为红、黄、绿三色,分别表示交通堵塞、拥挤和畅通,要求黄色为橙黄色。光带的三种颜色直接采用相应颜色的LED管显示,不采用合成色。

可变信息标志应具有控制单元自检功能,检测各单元的工作状态和监测显示单元的所显示的内容是否为所要显示的信息。

2.服务区信息服务设施

在高速公路交通信息服务设施体系中,服务区具有独特的作用。特别是对于跨省市长途出行者,可以利用停车休息的机会,获得比较丰富和详细的交通信息服务,了解路网情况,选择行驶路径,查询相关信息。因此,推进服务区的公众出行信息服务是高速公路加快信息化建设、全面提高高速公路网的管理和服务水平的重要举措之一。可以根据服务区的规模和流量情况,结合停车、休息、购物等设施合理布置室内显示屏和交互式触摸屏查询终端等设备,提供高速公路网的公众出行信息服务。

四、交通监控中心计算机子系统

交通监控中心计算机子系统由服务器、工作站、以太网交换机、通信机、数据存储设备、打印机等设备构成,主要实现以下功能:

(1)交通信息和其他数据的采集和处理;
(2)网络化的实时交通运行监控和管理;
(3)突发事件的应急处置和调度指挥;
(4)信息发布和信息服务管理;
(5)与相关信息系统的数据交换和共享应用;
(6)历史数据的统计分析处理、查询和输出;
(7)系统运行状态诊断、历史操作和报警记录分析查询;
(8)系统操作权限等级限制等。

五、视频图像监视子系统

视频图像监视子系统主要实现高速公路沿线视频图像信息的汇集和交通运行状况的监视,通过大屏幕投影、监视器、工作站等终端设备进行显示和操作控制,能够对各路视频图像进行切换、调阅、存储和回放。视频图像监视子系统帮助监控人员实时掌握道路现场交通运行状况,当有交通事故、交通阻塞等异常事件发生时,可通过控制外场的摄像机动作进行现场监视和事件确认。

视频图像监视子系统还应具备与其他视频系统进行互联和图像信息共享的功能,以满足各有关部门对高速公路的视频监视需求。

第五节　高速公路收费运营管理系统

一、高速公路收费运营管理系统概述

我国高速公路普遍实行收费经营和企业化管理,通过征收通行费筹措高速公路建设资金,这对于支持高速公路网的超常规发展和健康运营发挥了重要作用。因此,高速公路收费运营管理系统建设受到了普遍重视。

高速公路收费运营管理系统的规划设计包括收费政策制订、收费经济评价分析、收费运营管理体制建设和收费技术比选等环节,涉及运输经济、交通工程、运营管理、信息技术和控制理论等多个学科领域。

高速公路收费运营管理系统需要解决的问题主要包括准确判别车辆的类型(或质量)及其

在高速公路网中的行驶里程和路径、根据核定的费率快速计算确定应征收的通行费额、汇总收费数据完成通行费的清算和拆分以及加强监管堵塞财务漏洞等。

高速公路收费系统根据收费站的布置可以分为封闭式、开放式和均一式三种基本的收费制式。

其中,封闭式收费制式是在进出高速公路网的所有主线和匝道上布置收费站(广场),使高速公路对于征收通行费而言形成一个"封闭的"道路网络,可以确保按照车辆类型(或质量)和行驶里程进行收费。车辆在采用封闭式收费制式的高速公路网中,无论行驶里程和经过路段的多少,都只需在入口进行一次领取通行券(卡)的操作和在出口进行一次缴纳通行费的操作。因此,封闭式收费制式适用于已经形成一定规模区域路网的高速公路收费系统。

开放式收费制式是在高速公路上每隔一定距离(视路段中出入口的分布以及交通流量分布而定,通常为20~50km)设置一处收费站,而其他出入高速公路的匝道不再设置收费站。对于征收通行费而言,高速公路呈"开放"状态。如果高速公路里程较长,行驶车辆可能需要经过多个收费站,进行多次收费操作。开放式收费制式适用于路网形态比较简单、未形成规模路网的高速公路收费系统。

均一式收费制式一般将收费站设置在高速公路的各主要入口(或出口)处,道路使用者仅在进入(或离开)高速公路时进行一次缴纳通行费的操作。通行费额按同一标准收取,只考虑车辆类型,而与车辆行驶里程无关。均一式收费制式适用于路网形态比较简单且里程较短的高速公路收费系统。

高速公路收费系统根据收费操作的完成方式可以分为人工、半自动和全自动等三种收费方式。

人工收费方式是指整个收费过程全部由人工操作完成,包括判别车辆类型、计算通行费额、收款找零以及统计对账等工作,收费员劳动强度较大。人工收费方式的特点是系统简单,工程投资少,但是存在着财务管理漏洞,管理工作难度大。

半自动收费方式是利用计算机管理系统和检测、监视、控制设备完成部分收费操作,加强对于整个收费过程的监督管理,减少财务漏洞,提高收费工作效率。其中,车型判别和收款找零仍由收费员人工完成,而由计算机管理系统自动完成通行费额计算、通过车辆的检测和计数统计、收费数据的自动采集和汇总上传处理、统计分析报表的自动生成、通行券(卡)和票据的管理、车道灯和电动栏杆等车道控制设备的自动控制等,并通过视频图像监控系统对整个收费操作过程进行实时监控,对车辆分型结果进行监督和备案。半自动收费方式弥补了人工收费方式的一些不足,目前已广泛应用于我国的高速公路收费系统。但是,半自动收费方式仍然需要车辆停车完成收费操作,增加车辆旅行延误,并在交通流量较大时容易引起收费广场排队和拥堵,形成交通瓶颈。在部分经济发达地区和交通流量大的路段,半自动停车收费已经成为制约高速公路通行能力和路网运行效率的重要因素。

全自动收费方式又称为电子不停车收费方式(ETC),是一种综合运用短程无线电通信、自动检测和车辆分型、数字信号处理和信息加密等技术,在车辆行驶过程中全自动完成所有收费操作的先进的收费方式。

二、收费系统组成和运营管理

随着高速公路路网的形成,我国大部分省(市、区)都已经建成了高速公路联网收费管理系统。联网收费系统的运营管理机构通常由省(市、区)收费管理中心或区域收费管理中心、路段收费管理分中心、收费站和收费车道等组成。

收费管理中心负责全路网通行费的拆分与结算、通行券(储值卡)和票证的发行管理、数据存储和备份管理、收费系统和网络安全管理。对于开放电子不停车收费的联网收费系统,还包括车载单元(OBU)的发行管理、客户服务和账户管理等。

路段收费管理分中心负责本路段的收费日常运营管理、通行费的结算和对账核查、通行券和票证的调配管理、收费数据存储和备份管理、收费系统和网络安全管理、收费报表统计分析和查询管理。

收费站负责本收费站各收费广场和收费车道的收费运行管理,包括收费车道的调配和人员交接班管理、收费操作流程的监督核查和收费事务处理、通行券和票证的发放和调配管理、收费数据存储和备份管理。

收费车道直接完成收费操作,应具备收费车道控制、发卡、读卡、收费、验票、违章异常情况处理、数据采集存储、数据处理上传、图像监控和抓拍等功能。

三、收费系统设计

1. 收费管理体制

目前,高速公路网常采用"结算中心(或区域中心)—路段中心—收费站"三级管理体制。省级联网收费结算中心的职能是公正、准确地进行收费交易数据、通行费等的采集、结算及账务分割,将通行费的拆分结果数据下传给每个收费分中心,或者对分中心的拆分和结算结果进行校核审定,并与指定的结算银行进行账目信息的交换与结算。

收费结算中心的基本功能有:

(1)确定收费系统运行参数,并下传给各分中心、收费站,包括费率表、车型分类、黑名单、同步时钟等系统参数。

(2)接收收费站上传的收费交换原始数据和通行费拆分数据。

(3)接收收费分中心上传的收费交易统计数据及管理数据。

(4)按规定的原则进行通行费的拆分与结算,并下传拆分结算的结果,或者对分中心提交的拆分与结算进行校核、审定。

(5)与指定结算银行进行账目信息的交换和结算。

(6)对通行券收费票证等进行管理。

(7)收费数据、交通量及各种管理报表的统计与打印。

(8)查询功能。值班员或分中心管理人员可随时查询当天或历史数据,并按要求进行显示和打印。

(9)系统具有自动数据备份功能,一旦系统受到破坏或停止运行,可以尽快地恢复系统运行。

(10)系统具有自诊断功能。能自动测试中心系统的工作状况,包括与各收费分中心、收费站的通道的连接状况,并且在检测到异常时自动显示和打印诊断报告。

(11)安全功能。系统能对不同层次和职责的使用及管理人员,分别设置不同的访问操作使用权限,设置不同的操作口令和密码,防止越权存取和修改,保障数据的完整性,并对值班员的操作进行存储、记录、打印。与指定银行的数据交换或有通过公用电信网与中心进行数据通信的要有安全技术防范措施,以保证数据的安全。

(12)提供内部系统及上级管理部门有关信息。

路段收费管理中心负责所辖收费站的收费管理工作。收集、汇总和统计所辖收费站的收费数据和交通数据,对各收费站和收费广场的收费工作进行监视、控制和稽核,对所辖收费站的IC卡进行管理,接受省结算管理中心及上级主管部门的指令,向上级主管部门上报各类汇总数据。

收费站是收费业务的基层管理单位,负责所辖收费站的收费管理工作。收费站收集、汇总和统计入出口车道产生的收费数据和交通数据,对车道亭内、亭外以及收费广场的各类收费操作进行监视、控制和稽核,对所辖收费站的IC卡进行管理,接受省结算管理中心及上级主管部门的指令,向上级主管部门上报各类汇总数据。收费站除了接收上级指令,还负责下传费率、人员信息等收费的基本信息以及收费终端及收费站客户端时钟校对。

收费车道是收费系统中最底层的执行单元,完成车辆入口发卡以及出口通行费征收等工作,负责操作流程控制、收费数据存储及传输、通行费计算及拆分、IC卡操作、特情操作报警以及与计重设备通信等关键业务处理功能。

2. 省级联网收费结算中心系统组成

省级联网收费结算中心系统主要由计算机网络和收费监控系统组成,通常由千兆以太网交换机作为核心交换机互联构成计算机网络的主骨架,并通过核心路由器与下级各计算机网络构成广域网。省级联网收费结算中心主要设置收费监控核心局域网、收费业务局域网、IC卡及票据管理局域网等。收费监控系统主要采用视频监视,其主要功能在于图像接入、图像切换控制、与所辖路段收费管理中心视频控制设备的联网控制、图像记录和回放等,主要包括视频控制矩阵、大屏幕投影和监视器等设备。

3. 路段收费管理中心系统组成

路段收费管理中心系统主要由计算机网络和收费监控系统组成,通常由以太网交换机作为核心交换机互联构成计算机网络的主骨架,并通过路由器与上、下级各计算机网络构成广域网。路段收费管理中心一般设置双机热备服务器和若干功能工作站,通过以太网交换机构成星形拓扑的局域网,收费站计算机局域网和收费分中心计算机局域网通过通信系统提供的10/100M传输通道互联。

路段收费管理中心主要设置收费监控局域网、收费业务网、IC卡及票据管理局域网等。收费监控系统主要采用视频监视,其主要功能在于图像接入、图像切换控制、与所辖各收费站视频控制设备的联网控制、图像记录和回放等,主要包括视频控制矩阵和监视器等设备。

4. 收费站系统组成

收费站设置收费计算机网络和收费监控系统,通常采用以太网交换机为核心构成收费计算机网络系统,并以太网交换机与所辖各收费广场、收费车道计算机系统互联,通过路由器与上级计算机网络构成广域网。收费站一般设置双机热备服务器和若干功能工作站,通过以太网交换机构成星形拓扑的局域网,收费站计算机局域网和收费分中心计算机局域网通过通信系统提供的10/100M传输通道互联。

收费站视频控制设备主要包括视频控制矩阵和监视器等。收费站的车道控制器通过五类非屏蔽双绞线接入放置在收费亭内的以太网交换机,再通过单模光纤与收费站控制室的以太网交换机构成树形+星形拓扑结构的局域网。图11-55为收费站收费系统网络构成图。

5. 收费车道系统组成

收费车道系统是以工业控制级的车道控制机为主体,辅以一系列的车道外围设备构成。车道控制机位于每个车道的收费亭内,车道外围设备通过数字I/O接口板或RS-232接口与车道控制机相连,实现数据采集和信号控制等功能。

车道设备主要包括:车道控制机、车辆检测器(包括存在线圈、检测线圈)、手动栏杆、自动栏杆、通行信号灯、声光报警器、安全报警踏板、雾灯、雨棚信号灯、车牌自动识别设备、票据打印机(出口车道)、费额显示器(出口车道)、计重收费设备(出口车道)等。车道设备系统构成见图 11-56。

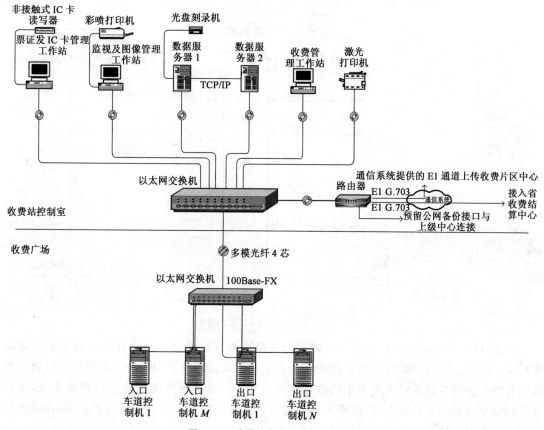

图 11-55 收费站收费系统网络构成图

收费视音频监视的范围一般包括出收费车道、入口收费车道、收费广场监视、出口收费亭监视监听、入口收费亭监视监听。采用分布监控模式,以收费站级监控为主,收费分中心控制室进行监督管理,收费广场、收费车道、收费亭摄像机视频、音频信号直接传到收费站 CCTV 视频控制矩阵,视频图像经过视频切换显示在电视墙上,并通过数字硬盘录像机进行录像。

内部对讲由收费亭和收费站控制室之间的对讲设备组成,主要包括对讲主机、电源、对讲分机和通信线路部分,对讲主机和电源安装在控制室内综合控制台上,对讲分机安装在各收费亭收费员操作台上。

安全报警系统由收费站控制室报警控制器、报警指示灯、收费亭内的脚踏开关及信号电缆组成,用于在紧急意外(如抢劫、事故)情况出现时收费站和收费亭的报警控制。

收费车道工作流程主要包括:入口操作基本流程、出口操作基本流程、正常车操作基本流程、军警车操作基本流程、公务车操作基本流程、预付车操作基本流程、紧急车操作基本流程、违章车操作基本流程、车队操作基本流程、车道关闭操作基本流程、车道设备维护状态等。

6. 通行费拆分

在联网收费模式下,通行费不再是单一路段的通行费,而是车辆通过收费路网所经过路段通行费的总和,根据确定公平合理的拆分、结算原则,准确合理地反映各收费经营路段的实际收益,实施有效的数据采集管理、清算账户管理、资金收缴和划拨管理。

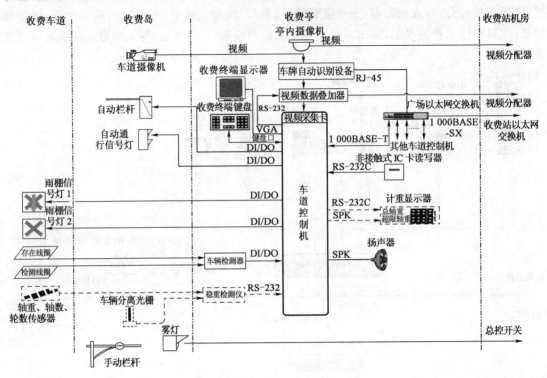

图 11-56　收费车道设备系统构成图

目前,联网收费通行费征收依据车辆的行驶路径和各路段对不同收费车型或车重确定收费标准。收费系统应用软件主要通过查询费率表和多义性路径识别两种方式收取通行费。省级结算中心按照各路段经审查确定的收费标准制订出收费路网内统一的通行费费率表,然后下发到每个收费站和收费车道,收费车道通过查询接收到的费率表进行通行费收取,并以该费率表为依据对车辆的通行费进行拆分。

联网通行费的拆分结算有多种模式,根据拆分数据是否集中,分为集中式拆分结算模式和分布式拆分结算模式两种。

集中式拆分结算模式是收费车道将结算日的全部收费数据在规定时间上传到结算中心,结算中心对通行费的处理、拆分、结算进行集中处理,各收费经营管理单位及下属收费系统不再拆分结算通行费。

分布式拆分结算模式(包括车道拆分、双重拆分结算模式)是通行费的拆分地点选在收费车道(或收费站、或路段中心),对每笔通行费进行拆分后,与收费原始数据一起上传到结算中心并有由其验证。双重拆分结算模式是路段分中心、结算中心两级系统独立完成每笔通行费拆分,由结算中心比对和验证拆分、结算结果。

四、收费广场规划设计

1. 建设规模

收费广场的建设规模主要取决于交通量、收费车道的服务时间和服务水平。收费广场的建设规模应满足一定发展年限的使用要求,在此基础上尽量减少占用土地资源并节约建设投资和运营费用。根据《收费公路联网收费技术要求》(中华人民共和国交通运输部 2007 年第 35 号公告发布),收费设施的设计规划年限应符合表 11-19 的规定。

收费设施的规划年限　　　　　　　　　　　　　　　　　　　　　表 11-19

设　　施	规　划　年　限	
	一般收费站	联合收费站
收费系统机电设备	使用开始 5 年	使用开始 10 年
收费岛、收费广场、地下通道、天棚	使用开始 15 年	使用开始 20 年(一般情况下预留 2~4 条电子不停车收费车道)
收费站广场、站房区用地、建筑和土方工程	使用开始 20 年	

(1)收费车道数计算

对于新建项目,应采用工程可行性研究报告提供的预测交通量作为计算收费车道数量的依据。对于改造项目,应开展交通量调查和预测,以经主管部门批准的交通量数据作为计算收费车道数量的依据。

①标准设计小时交通量(DHV)。标准设计小时交通量(DHV)采用第 30 位小时交通量,其与年平均日交通量(AADT)的关系如式(11-6)所示:

$$DHV = AADT \cdot K \cdot D \tag{11-6}$$

式中:K——设计小时交通量系数,根据收费公路所在位置、地区经济发展情况、气候特征等因素确定,K 的标准值为 0.12,近郊公路的 K 取值范围为 0.085~0.11,其他公路的 K 取值范围为 0.12~0.15;

D——交通量方向不均衡分布系数,根据收费公路所在位置和功能等因素确定,D 的标准值为 0.6,取值范围为 0.5~0.6。

K 和 D 的取值可以根据当地交通量观测资料作适当调整。

②收费车道的服务时间和设计服务水平。通常,开放式和混合式收费车道的平均服务时间按 12~14s 计算;封闭式入口收费车道的平均服务时间按 6~8s 计算,出口收费车道的平均服务时间按 14~20s 计算,省界联合收费车道的平均服务时间按 20~26s 计算;非自由流的专用 ETC 车道的平均服务时间按 2~3s 计算。

对于实行计重收费的收费广场用于计算收费车道数的年平均日交通量(AADT)可按照式(11-7)进行修正:

$$AADT(计重) = AADT \cdot (1 + 0.8R) \tag{11-7}$$

式中:R——大中型货车(含集装箱货车)占有率。

设计服务水平由平均等待车辆数表示,一般按 1.0 辆选取。特别困难时,可以放宽至 3 辆。

③收费车道数的确定。在新规划设计收费广场时,应不考虑设置往复变向车道和一岛多亭车道。任何一个收费广场的入口/出口车道数均不得少于两条,并至少设置一条超宽车道。省界合建主线收费站的车道总数不宜超过三十条。

收费车道数可以根据预测标准设计小时交通量和收费车道的预测平均服务时间以及设计服务水平,通过查表(表 11-20)法确定。

收费车道数计算表 表11-20

车道数 \ 服务时间	6s	8s	10s	14s	16s	18s	20s	26s
1	300	230	180	130	110	100	90	70
2	847	640	510	360	320	280	250	200
3	1 420	1 070	850	610	530	480	430	330
4	2 000	1 500	1 200	860	750	670	600	460
5	2 590	1 940	1 550	1 110	970	860	780	600
6	3 180	2 380	1 910	1 360	1 190	1 060	960	730
7	3 770	2 830	2 260	1 620	1 410	1 260	1 130	870
8	4 360	3 270	2 620	1 870	1 640	1 450	1 310	1 010
9	4 960	3 720	2 980	2 130	1 860	1 650	1 490	1 150
10	5 560	4 170	3 330	2 380	2 080	1 850	1 670	1 280
11	6 150	4 610	3 690	2 640	2 310	2 050	1 850	1 420
12	6 740	5 050	4 040	2 890	2 530	2 250	2 020	1 560
13	7 340	5 510	4 400	3 150	2 750	2 450	2 200	1 690
14	7 940	5 950	4 760	3 400	2 980	2 650	2 380	1 830
15	8 530	6 400	5 120	3 660	3 200	2 840	2 560	1 970
16	9 130	6 850	5 480	3 910	3 420	3 040	2 740	2 110
17	—	7 300	5 840	4 170	3 650	3 240	2 920	2 250
18	—	7 740	6 200	4 430	3 870	3 440	3 100	2 380
19	—	8 190	6 550	4 680	4 100	3 640	3 280	2 520
20	—	8 640	6 910	4 940	4 320	3 840	3 460	2 660
21	—	9 070	7 260	5 180	4 540	4 030	3 630	2 790
22	—	—	7 630	5 450	4 770	4 240	3 810	2 930
23	—	—	7 990	5 710	4 990	4 440	4 000	3 070
24	—	—	8 360	5 960	5 220	4 640	4 170	3 210
25	—	—	8 700	6 220	5 440	4 840	4 350	3 350

注：DHV值超过9 000，则无实用意义。

2. 收费广场线形和路面设计

收费广场直线段范围内的路面应采用混凝土路面。主线收费广场直线段长度宜大于150m（极限值为100m）；匝道收费广场直线段长度宜大于70m（极限值为50m）。若采用计重收费，应根据收费岛的增长适当增加直线段的长度，使满足直线段与渐变段的交点距收费岛头（尾）端部的距离不小于20m（主线收费广场为35m）。

主线收费广场宜设置在直线段或不设超高的平曲线上。匝道收费广场所处平面线形的最小半径宜大于200m。

收费广场设置在竖曲线上时，宜设置在凸形竖曲线的顶部，不应设置在凹形竖曲线的底部。竖曲线半径最小为800m，最大纵坡一般为2%，极限值为3%。主线收费站广场的最小坡长一般为800m，极限值为700m；匝道收费站广场的最小坡长一般为100m，极限值为50m。

收费站广场上的横坡，标准值为1.5%，最大值为2.0%。

收费广场渐变段的渐变率一般为 1/7～1/5,最大渐变率极限值为 1/3。

主线站收费广场中心收费岛端部至中央分隔带端部的距离应不小于 50m;主线站收费广场设置往复变向车道时,中心收费岛端部至中央分隔带端部的距离应满足设置活动渠化设施所需的距离,使车辆行驶不至于勉强。

对于匝道收费站,从收费广场中心线至匝道分岔点的距离应大于 75m,至被交叉公路的平交点距离应不小于 150m。

3.收费站房区的规划

收费站房一般布置在出口一侧。收费站房区的规划分为建筑面积和用地面积。表 11-21 所列指标的高限适用于六车道公路,低限适用于四车道公路。

收费站房区建筑面积指标 表 11-21

收费设施类型	建筑面积(m²/座)	收费车道数(条)	收费设施类型	建筑面积(m²/座)	收费车道数(条)
主线收费站	1 500～1 700	12	每增减 1 车道	100	1
匝道收费站	800～1 000	6			

收费站房区用地指标,应根据收费车道数、加减速车道的长度等因素确定,规模一般不宜超过表 11-22 所列指标。

收费站房区用地面积指标(单位:m²) 表 11-22

收费设施类型	用地指标	收费设施类型	用地指标
主线收费站	8 667～10 000	每增减 1 车道	417～467
匝道收费站	3 333～4 667		

4.收费广场标志标线

收费广场应严格按照《道路交通标志和标线》(GB 5768—1999)设置标志标线设施。每条收费车道的正上方应设置标志牌区分收费车道的类别。计重收费广场前应设置"计重收费减速慢行"和"限速 5 公里"的标志。

主线收费站、大型收费站、计重收费广场应设置减速标线。

电子不停车收费车道前方 2km、1km 和 500m 处应设置预告标志和路面标记。

5.收费广场照明和其他附属设施

收费广场应设置照明和消防等附属设施。收费广场应预埋(留)电力和通信管道。

当收费广场的收费车道数不少于 8 条时,宜设置收费员专用人行通道。人行通道的净宽宜大于 2.0m,净高宜大于 2.2m,并应设置照明、排水设施和光、电缆通道。

五、收费车道、收费岛和天棚设计

1.收费车道

收费车道的宽度应符合表 11-23 要求。

收费车道设计宽度(单位:m) 表 11-23

收费方式 车道类型	电子不停车收费		人工半自动收费		
	标准值	一般值	标准值	一般值	高寒积雪地区
内侧车道	3.5	3.2、3.75	3.2	3.0、3.5	3.5
超宽车道	4.0	3.5、4.5	4.0	4.0、4.5	4.0、4.5

2. 收费岛

收费岛的设计应以防撞、保护收费人员和设备的安全为主,并兼顾整体风格的协调和美观。岛头的混凝土强度等级不低于C40,并按《道路交通标志和标线》的要求喷涂立面标记。

收费岛的设计应符合表11-24要求。

收费岛设计要求　　　　　　　　　　表11-24

收费方式	电子不停车收费				人工半自动收费			
	主线收费站		匝道收费站		主线收费站		匝道收费站	
	标准值	一般值	标准值	一般值	标准值	一般值	标准值	一般值
设计速度	60km/h		40km/h		停车缴费		停车缴费	
岛长(m)	60	48～60	48	36～60	36	28～36	28	24～28
岛高(m)	0.25～0.30		0.25～0.30		0.25～0.30		0.25～0.30	

3. 收费天棚

收费天棚的主要功能是遮挡雨雪,收费天棚的通行净高一般为5.5～6.0m。收费天棚的设计宽度应符合表11-25要求。

收费天棚设计宽度　　　　　　　　　　表11-25

项　目	收费天棚设计宽度(m)	适用条件
标准值	16～18	一般地区
一般值	18～20	华东、华南、西南沿海地区
特殊值	20～24	大型收费站

六、联网收费系统IP地址分配和域名系统设计

根据收费公路的管理需求,将覆盖全国的收费公路联网收费系统规划为一个分布式、多层次、广域的四级树形网络体系结构。国家公路网管理中心(预留过渡性跨省联网收费管理中心)为一级节点,省级管理中心为二级节点,路段管理中心为三级节点,收费站为四级节点。

联网收费系统IP地址分配原则如下:

(1)全国收费公路联网收费网络系统使用统一的A类IP地址10.0.0.0～10.255.255.255。对于省编码小于55且联网范围较广的省份,可以使用10.200+省编码.0.0～10.200+省编码.255.255网段的IP地址。

(2)国家公路网管理中心和跨省联网收费管理中心、各省级管理中心使用A类保留地址10.254.0.0～10.255.255.255。其中,10.255.221.0～10.255.255.255用于2M广域网IP地址分配;10.254.0.0～10.255.220.255用于局域网IP地址分配。

(3)各省收费公路联网收费网络系统可使用以下两段IP地址:10.省编码.0.0～10.省编码.255.255,以及10.100+省编码.0.0～10.100+省编码.255.255。省编码根据《中华人民共和国行政区划代码》(GB/T 2260—2007)规定的各省、市、自治区、特别行政区代码表的数字码的前两位取值。

(4)各省A类地址块应划分为广域网地址块、局域网地址块和预留地址块,并可按管理中心、区域管理中心、路段分中心进行子网方式管理。

(5)省内收费系统IP地址的具体规划、利用、回收工作应由管理中心负责。

(6)每段IP地址的前10位保留为DSN服务器、数据库服务器、路由器、系统主机等重要

设备使用,收费系统设备、监控系统设备、通信系统设备、自动办公设备以及其他电脑设备的IP地址紧跟在后面。

域名系统设计原则如下:

(1)联网收费网络系统采用Internet域名系统(DSN)进行服务器和主机的命名及IP地址解析。

(2)国家公路网管理中心的顶级域名为"CNST",跨省联网收费管理中心的顶级域名为"SUBC-NST1"。

(3)为方便各省联网收费网络系统的管理,所有网内主机应有唯一的、能反映本机任务特征且规范易记的主机名字。

(4)联网收费系统的DSN采用树形结构,管理中心设置主DSN服务器,省内区域联网收费管理中心、路段收费分中心设置次级DSN服务器。

(5)各省收费公路联网收费网络系统域名的分配和管理由管理中心负责。

(6)各省的域名的命名法为"××ST"。其中,"××"是GB/T 2260—2007规定的各省、市、自治区、特别行政区代表码的字母码。

其他各级域名由管理中心负责统一设计和分配。

第六节 高速公路信息通信系统

一、高速公路通信系统概述

高速公路通信系统是实现高速公路智能化管理必不可少的基础设施,是实现监控系统和收费系统的数据、语音和图像等信息准确而及时传输的网络平台。

随着高速公路网规模不断扩大,通信系统已基本实现省级联网,跨省区域互通及全国联网也已提出新的需求。

高速公路的通信业务的需求也在不断增长,其特点如下:

①业务种类多,包括语音、数据、图像业务;

②业务分布均匀且流量不大,即沿线各站点均同时具有语音、数据、图像三类业务的需求,与公网相比各站点的业务流量不大,主要满足专网内部各业务的互通需求;

③业务流向集中,即基本均为通信站(收费站、停车区、服务区等)—通信分中心(管理处、路中心等)—通信省中心(省结算总中心、监控总中心等)自下而上的逐级汇集型业务,为集中型业务。

高速公路通信系统的具体业务需求种类如下。

(1)语音业务

普通电话接入是高速公路通信系统中最基本的业务类型,用户遍及省中心、分中心、收费站、隧道管理所和服务区,目前主要分为办公电话、指令电话、紧急电话三种。

(2)数据业务

高速公路的数据业务主要有收费数据、监控数据、办公自动化OA数据等。

收费数据作为高速公路业务运营的主要数据,必须保证其安全性、可靠性及数据的一致性,一般设主用通道和备用通道两路信息:一路为各收费站—收费分中心—收费总中心;另一路为各收费站直接去结算总中心即省中心。

监控数据有两类：一类用于外场设备至监控站和隧道监控站或大桥监控站至监控分中心；另一类用于监控分中心至监控总中心，将在分中心收集到的可变情报板和路边站等外场设备监控信息统一传送到总中心。

办公自动化业务数据，一般为收费站、服务区等通信站—分中心—省中心。

(3)图像业务

高速公路图像通信业务主要包括图像监控(包括收费图像、监控图像)和会议电视。

二、高速公路通信系统组成

目前，高速公路通信系统的网络结构一般采用分级模式，由省级中心到各路段分中心为干线网，各分中心到各收费站和沿线设施为接入网。

高速公路通信系统主要包括传输、语音交换、数据网络等子系统。传输子系统为语音、收费数据、监控数据、图像监控、会议电视、办公自动化等各业务提供传输通道，一般采用IP干线传输网络或是基于SDH发展而成的MSTP多业务传送平台。语音交换子系统主要采用程控交换方式，构成内部公务电话网络。数据网络主要采用以太网技术。

三、高速公路通信系统设计

高速公路通信系统设计应考虑以下几方面：

(1)高速公路作为专网系统，其通信系统的建设首先要从高速公路的需求和业务特点出发，保证高速公路交通监控、收费数据和监控视频数据的可靠传输，优质话路的提供以及逐步发展的会议电视系统信息、呼叫中心、电子商务、物流平台等业务的实现。

(2)高速公路通信技术以满足业务基本需求为出发点，选取先进、成熟、具有融合未来业务需求的通信技术，构建通信网络。

(3)在设备的选取和网络的建设上适度安排容量和功能上的建设规模和速度，为网络的演进做好准备。

随着数据业务的增加，IP技术快速发展，因此在设备选型和技术方向的选择上，充分考虑系统的平滑演进，重点选择能向分组化、宽带多媒体过渡的设备。接入网的发展采取光缆尽量靠近用户的发展战略，积极采用光纤接入网设备，为发展宽带接入提供基础。因地制宜，采用灵活的接入方式。为改善目前高速公路通信网缺乏应急通信措施和部分单位光纤无法铺设的问题，应将宽带无线接入技术作为重点发展的技术之一。

通信网最终的建设目标是为高速公路信息网搭建一个可运营、可管理、可扩展的基础平台，各种现有的和将来可能出现的应用均可基于此平台得以最低成本的实现，并逐步向下一代的综合性网络过渡。

参考文献

[1] 中华人民共和国行业标准.JTG B01—2003 公路工程技术标准.北京:人民交通出版社,2004.

[2] 中华人民共和国行业标准.JTG D20—2006 公路路线设计规范.北京:人民交通出版社,2006.

[3] 中华人民共和国行业标准.JTG D81—2006 公路交通安全设施设计规范.北京:人民交通出版社,2006.

[4] 中华人民共和国行业标准.JTG F71—2006 公路交通安全设施施工技术规范.北京:人民交通出版社,2006.

[5] 中华人民共和国国家标准.GB 5768—2009 道路交通标志和标线.北京:中国标准出版社,2009.

[6] 交通部公路司.新理念公路设计指南.北京:人民交通出版社,2005.

[7] 郭忠印,方守恩.道路安全工程.北京:人民交通出版社,2003.

[8] 朱照宏,符锌砂,李方,等.道路勘测设计软件开发与应用指南.北京:人民交通出版社,2003.

[9] 交通部规划研究院.国家高速公路网规划,2004.

[10] Günter Weise, Walter Durth. Straßenbau Planung und Entwurf. Verlagfür Bauwesen Berlin,1997.

[11] 高速公路丛书编委会.高速公路规划与设计//高速公路丛书.北京:人民交通出版社,1998.

[12] 张廷楷.高速公路线形设计.上海:同济大学出版社,1997.

[13] 张金水.道路勘测与设计.2版.上海:同济大学出版社,2009.

[14] 日本道路公团.日本高速公路设计要领.西安:陕西旅游出版社,1991.

[15] 孙家驷.公路勘测设计.重庆:重庆大学出版社,1994.

[16] 张雨化.道路勘测设计.北京:人民交通出版社,1997.

[17] 陈胜营,汪亚干,张剑飞.公路设计指南.北京:人民交通出版社,2000.

[18] AASHTO. A Policy on Geometric Design of Highway and Streets,2004.

[19] 王伯惠.道路立交工程.大连:大连理工大学出版社,1992.

[20] 中国公路学会《交通工程手册》编委会.交通工程手册.北京:人民交通出版社,1998.

[21] 美国交通研究委员会.道路通行能力手册:美国交通研究委员会专题报告209号.任福田,译.北京:中国建筑工业出版社,1991.

[22] 冯桂炎.公路航测选线.北京:人民交通出版社,1990.

[23] 景天然.联邦德国道路设计.北京:人民交通出版社,1987.

[24] 顾孝烈.测量学.上海:同济大学出版社,1990.